# 汽车底盘构造与控制技术

主　编　王佳珺　杨　帆
副主编　袁立嘉　王　影　张　皓

东北师范大学出版社
·长春·

### 图书在版编目(CIP)数据

汽车底盘构造与控制技术 / 王佳珺,杨帆主编.
长春:东北师范大学出版社,2024.5—ISBN 978-7
-5771-1441-5

Ⅰ.U472.41

中国国家版本馆 CIP 数据核字第 202422MQ01 号

□责任编辑:贾秀艳　　□封面设计:创智时代
□责任校对:徐　莹　　□责任印制:侯　建　军

东北师范大学出版社出版发行
长春净月经济开发区金宝街 118 号(邮政编码:130117)
电话:0431-84568096
网址:http://www.nenup.com
东北师范大学音像出版社制版
长春惠天印刷有限责任公司印装
长春市绿园区城西镇红民村桑家窝堡屯(邮政编码:130062)
2024 年 5 月第 1 版　2024 年 5 月第 1 次印刷
幅面尺寸:185 mm×260 mm　印张:13.75　字数:322 千
定价:39.80 元

# 前言

随着汽车工业的迅猛发展,汽车保有量的不断增加,汽车售后维修企业对技术人才的需求量也越来越大,特别需要大量接受过系统知识学习,对新技术、新工艺更为熟悉,技术扎实的应用型人才。为了适应紧缺型技术人才的培养需求,我们通过总结多年来的教学、培训经验,编写了此教材。

本教材根据教育部职业院校汽车运用与维修专业教学指导方案和国家职业技能等级认证标准中的汽车底盘维修典型工作任务编写而成。本教材的编写,充分体现了教学内容的系统性、先进性和实用性,在对多家汽车维修企业调研的基础上,参阅了大量文献资料,结合多位骨干教师的教学、培训和实训经验,系统地阐述了汽车底盘各个系统的结构、工作原理、常见故障及检修方法,做到理论与实践合理穿插,突出综合技能培养。全书包括汽车传动系统的诊断与维修和行驶与操纵系统的诊断与维修两大部分,共包含八个项目:离合器与液力变矩器、手动变速器、自动变速器、驱动桥与万向传动装置、车轮与轮胎、行驶系统、转向系统和制动系统。每个项目都有典型故障案例辅助,涉及基础知识、检测与故障诊断、故障维修、新技术拓展等方面的内容。

本教材的编写有以下特点:

1. 形成科学的知识体系。把底盘维护知识进行详细的分解,然后相应地放到各个项目里去,使知识体系变得更加紧凑与合理,有利于学生的理解与掌握。

2. 增加了新技术的相关知识。自动变速器、空气悬架系统、电控助力转向系统、防抱死制动系统、电控行驶平稳系统等新技术均有介绍。

3. 注重知识的应用价值和可操作性,做到理论与实践的紧密结合。

4. 关注职业岗位对人才的素质要求,力求与国家职业资格标准衔接,重在职业能力培养。

本教材由辽宁丰田金杯技师学院王佳珺、杨帆担任主编,辽宁丰田金杯技师学院袁立嘉、王影、张皓担任副主编。由王佳珺负责第一部分项目一和项目二的编写,杨帆负责第二部分项目五和项目七的编写,袁立嘉负责第一部分项目四和第二部分项目六的编写,王影负责第二部分项目八的编写,张皓负责第一部分项目三的编写。教材在编写过程中得到了许多专家、同行的大力支持,他们为教材的编写提出了宝贵意见,同时,教材的编写查阅了大量的文献资料,在此一并表示感谢!

由于编者水平和经验有限,书中难免有错误和不妥之处,敬请广大读者批评、指正。

编者
2024 年 2 月

# 目　　录

## 第一部分　传动系统的诊断与维修

**项目一　离合器与液力变矩器** …………………………………………………… 003

　任务 1.1　离合器检修 ………………………………………………………… 003
　　1.1.1　离合器概述 ……………………………………………………… 004
　　1.1.2　膜片弹簧离合器的结构与工作原理 …………………………… 008
　　1.1.3　离合器的维护与保养 …………………………………………… 016
　　1.1.4　膜片弹簧离合器的检修 ………………………………………… 017
　任务 1.2　液力变矩器检修 …………………………………………………… 018
　　1.2.1　液力变矩器功用 ………………………………………………… 018
　　1.2.2　液力变矩器的结构 ……………………………………………… 019
　　1.2.3　液力变矩器的工作特性 ………………………………………… 019
　　1.2.4　液力变矩器的检修 ……………………………………………… 024

**项目二　手动变速器检修** ………………………………………………………… 025

　任务 2.1　变速器概述 ………………………………………………………… 025
　任务 2.2　手动变速器结构 …………………………………………………… 028
　任务 2.3　同步器 ……………………………………………………………… 034
　任务 2.4　手动变速器操纵机构 ……………………………………………… 037

**项目三　自动变速器检修** ………………………………………………………… 043

　任务 3.1　电控液力自动变速器检修 ………………………………………… 043
　　3.1.1　自动变速器基础知识 …………………………………………… 044
　　3.1.2　齿轮传动系统检修 ……………………………………………… 052
　　3.1.3　液压控制系统 …………………………………………………… 058
　　3.1.4　电子控制系统 …………………………………………………… 061
　任务 3.2　DSG 自动变速器检修 ……………………………………………… 072
　　3.2.1　DSG 直接换挡变速器简介 ……………………………………… 072

3.2.2　02E-6型DSG变速器 ………………………………………………… 073

**项目四　驱动桥** ………………………………………………………………… 079

　任务4.1　驱动桥的检修 ……………………………………………………… 079

　　4.1.1　驱动桥的作用 ……………………………………………………… 079

　　4.1.2　驱动桥的组成 ……………………………………………………… 080

　　4.1.3　驱动桥部件 ………………………………………………………… 080

　任务4.2　万向传动装置的检修 ……………………………………………… 087

　　4.2.1　万向传动装置概述 ………………………………………………… 087

　　4.2.2　主要组成部件 ……………………………………………………… 088

## 第二部分　行驶与操纵系统的诊断与维修

**项目五　车轮与轮胎总成** ……………………………………………………… 097

　任务5.1　车轮的检修 ………………………………………………………… 097

　任务5.2　轮胎的检修 ………………………………………………………… 101

**项目六　汽车行驶系统** ………………………………………………………… 111

　任务6.1　汽车行驶系综述 …………………………………………………… 111

　　6.1.1　汽车行驶系统 ……………………………………………………… 111

　　6.1.2　车架 ………………………………………………………………… 114

　任务6.2　车桥的检修 ………………………………………………………… 118

　任务6.3　悬架系统的检修 …………………………………………………… 122

**项目七　汽车转向系统检修** …………………………………………………… 133

　任务7.1　机械转向系统检修 ………………………………………………… 133

　　7.1.1　转向系统概述 ……………………………………………………… 134

　　7.1.2　机械转向系主要部件 ……………………………………………… 138

　　7.1.3　机械转向系统的检修 ……………………………………………… 154

　任务7.2　汽车动力转向系统检修 …………………………………………… 154

　　7.2.1　汽车动力转向系概述 ……………………………………………… 154

　　7.2.2　液压助力转向系统的主要部件 …………………………………… 155

　　7.2.3　电动式动力转向系统简介 ………………………………………… 163

## 项目八　汽车制动系统检修 ………………………………………………………… 165

### 任务 8.1　常规制动系统检修 ……………………………………………………… 165
- 8.1.1　汽车制动系概述 ………………………………………………………… 166
- 8.1.2　制动器 …………………………………………………………………… 168
- 8.1.3　制动传动装置 …………………………………………………………… 182
- 8.1.4　制动压力调节装置 ……………………………………………………… 187
- 8.1.5　制动系统基本检查与检修 ……………………………………………… 190

### 任务 8.2　电控制动系统检修 ……………………………………………………… 190
- 8.2.1　制动防抱死系统（ABS）……………………………………………… 190
- 8.2.2　驱动防滑系统（ASR）………………………………………………… 207
- 8.2.3　电控行驶平稳系统（ESP）…………………………………………… 209

## 参考文献 ……………………………………………………………………………… 211

# 第一部分　传动系统的诊断与维修

# 项目一　离合器与液力变矩器

## 项目描述

有一位丰田卡罗拉轿车车主将车缓慢开到服务站，反映该车起步时，松开离合器踏板后，起步非常迟缓；加速时，车速不能随发动机转速增加而提高；爬坡时，感觉更明显，发动机转速升高，但车辆行驶无力，严重时会从离合器部位发出焦煳气味，需要维修。

## 项目分析

离合器是传动系与发动机相连接的部件，通常安装在发动机与变速器之间，用以连接或切断对变速器的动力传递。该车驾驶人在松开离合器踏板后不能起步或起步缓慢；爬坡时，发动机转速升高，而车速不随之升高。根据故障现象，初步判断为离合器传动功能故障。其故障原因主要为：离合器操纵机构故障、飞轮故障、离合器从动盘故障或离合器压盘故障。

通过本项目的学习，同学们可以掌握汽车离合器的相关知识，能够完成离合器主要部件的检修，找到故障的真正原因。

## 知识及任务

## 任务 1.1　离合器检修

**学习目标**

**1. 知识目标**
(1) 了解离合器功用、分类、要求及工作原理。
(2) 掌握膜片弹簧离合器的结构及工作原理。
(3) 了解各类型离合器的操纵机构。
(4) 了解离合器的常见故障。

**2. 技能目标**
(1) 能够完成离合器总成的拆装。
(2) 能够对离合器从动盘进行更换。
(3) 能够正确检修离合器。
(4) 能够完成离合器常见故障的分析。

### 1.1.1　离合器概述

#### 一、离合器的功用

离合器的功用是可靠地切断或者传递发动机传向变速器（传动系统）的动力。具体功用包含以下四个方面。

**1. 使发动机与传动系逐渐接合，保证汽车平稳起步**

离合器的常态是结合状态，汽车起步时，需要暂时切断动力，挂上挡位之后才能起步，这时驾驶员应缓慢抬起离合器踏板，使离合器的主、从动部分逐渐接合，与此同时，逐渐踩下加速踏板，以增加发动机的输出转矩，这样发动机的转矩便可由小到大传给传动系。当牵引力足以克服汽车起步时的行驶阻力时，汽车便由静止开始缓慢逐渐加速，实现平稳起步。

**2. 暂时切断发动机的动力传动，保证变速器换挡平顺**

汽车在行驶过程中，由于行驶条件的改变，需要不断变换挡位。对于常见齿轮变速器，换挡时不同的齿轮副要退出啮合或进入啮合，这就要求换挡前踩下离合器踏板，暂时中断发动机的动力传动，便于退出原有齿轮副的啮合或进入新齿轮副的啮合。如果没有离合器或离合器分离不彻底使动力不能完全中断，就会导致原有齿轮副之间会因压力大而难以脱开，而待啮合齿轮副之间因圆周速度不同而难以进入啮合，勉强啮合也会产生很大的冲击和噪声，甚至会打齿，严重时造成变速器不能工作。

**3. 限制所传递的转矩，防止传动系过载**

当汽车进行紧急制动时，若没有离合器，则发动机将因和传动系刚性连接而急剧降低转速，因而其中所有运动件将产生很大的惯性力矩（其数值可能大大超过发动机正常工作时所发出的最大扭矩），对传动系造成超过其承载能力的载荷，而使机件损坏。有了离合器，便可以依靠离合器主动部分和从动部分之间的打滑消除这一危险。因此，我们需要离合器来限制传动系所承受的最大扭矩，保证安全。

**4. 可显著降低发动机带来的扭振冲击，延长变速齿轮寿命**

发动机传到传动系统的转速和转矩是周期性变化的，它会使传动系统产生扭转振动，这将使传动系统的零部件受到交变性冲击载荷，导致寿命下降，零件损坏。现在离合器的从动盘一般都带有扭转减振器，它可以有效地防止传动系统的扭转振动，显著降低发动机带来的扭振冲击，延长变速齿轮寿命。

#### 二、离合器的分类

**1. 汽车上常用离合器形式**

汽车上应用的离合器主要有以下三种形式。

（1）摩擦离合器：指利用主、从动部分的摩擦作用来传递转矩的离合器。目前在汽车上广泛采用。

（2）液力耦合器：指利用液体作为传动介质的离合器。原来多用于自动变速器，目前在汽车上几乎不采用。

（3）电磁离合器：指利用磁力传动的离合器，如在空调中应用的就是这种离合器。

**2. 摩擦式离合器分类**

（1）按从动盘的数目分类

目前汽车上广泛应用摩擦式离合器。按从动盘的数目可以分为单片式和双片式离合器。单片式离合器一般使用在乘用车、客车及部分中小型客车上，因为发动机的最大转矩一般不是很大，单片从动盘就可以满足动力传递要求。双片式离合器增加了一个从动盘，在其他条件不变的情况下，比单片离合器所传递的转矩增大 1 倍，多用于重型车辆上。

（2）按压紧弹簧的形式分类

摩擦式离合器按照压紧弹簧的形式分类，分为螺旋弹簧离合器、膜片弹簧离合器（如图 1-2）等。螺旋弹簧离合器按压紧弹簧的布置方向可分为周布弹簧离合器（如图 1-3）和中央弹簧离合器（如图 1-4），它们分别沿压盘圆周和中央布置。膜片弹簧离合器采用膜片弹簧。目前使用最多的离合器是膜片弹簧离合器。

图 1-1　摩擦片　　　　图 1-2　膜片弹簧离合器外观

### 三、离合器的要求

以离合器的功用为参考，离合器应该满足以下要求。

（1）接合时应平顺柔和，保证汽车平稳起步，减少冲击。

（2）分离时应迅速彻底，保证变速器换挡平顺和发动机启动顺利。

（3）保证可靠地传递发动机的最大转矩，又能防止传动系过载。

（4）旋转部分的平衡性好，且从动部分的转动惯量小。

（5）具有良好的通风散热能力，防止离合器温度过高。

（6）操纵轻便，以减轻驾驶员的疲劳。

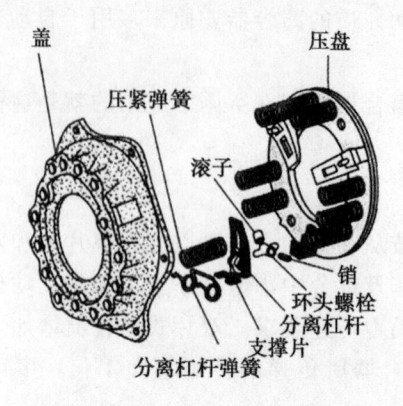

图1-3 周布弹簧离合器

图1-4 中央弹簧离合器

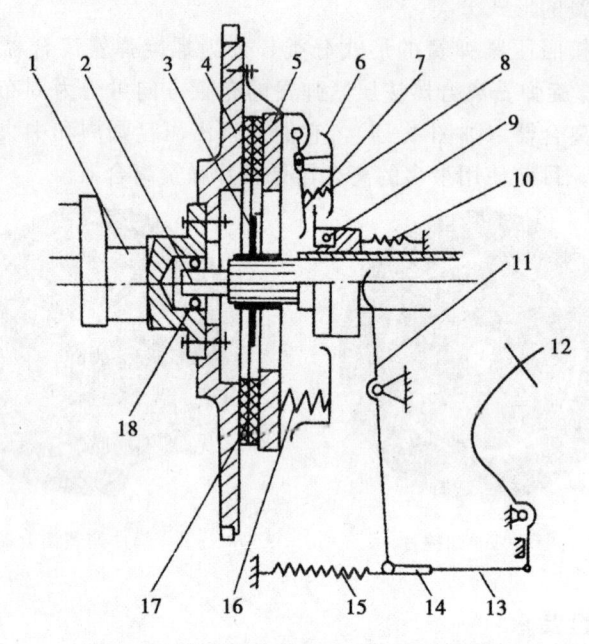

图1-5 摩擦式离合器的基本组成示意图

1-曲轴；2-从动轴（变速器一轴）；3-从动盘；4-飞轮；5-压盘；6-离合器盖；7-分离杠杆；
8-回位弹簧；9-分离轴承和分离套筒；10-回位弹簧；11-分离叉；12-离合器踏板；
13-分离拉杆；14-拉杆调节叉；15-回位弹簧；16-压紧弹簧；17-从动盘摩擦片；18-轴承

## 四、离合器的基本组成

摩擦式离合器的基本组成如图1-5所示。一般将离合器分为主动部分、从动部分、压紧机构、操纵机构等四个部分。主动部分包括飞轮、离合器盖和压盘。离合器盖用螺栓固定在飞轮上，压盘后端圆周上的凸台伸入离合器盖的窗口中，并可沿窗口轴向移动。这样，当发动机转动，动力便经飞轮、离合器盖传到压盘，并一起转动。

从动部分包括从动盘和从动轴。从动盘带有双面的摩擦衬片，离合器正常接合时分别与飞轮和压盘相接触；从动盘通过花键毂装在从动轴的花键上，从动轴是手动变速器的输入轴（一轴），其前端通过轴承支承在曲轴后端的中心孔中，后端支承在变速器壳体上。

压紧机构有若干根沿圆周均匀布置的压紧弹簧，它们装在压盘与离合器盖之间，用来将压盘和从动盘压向飞轮，使飞轮、从动盘和压盘三者压紧在一起。

操纵机构由离合器踏板、分离拉杆、调节叉、分离叉、分离套筒、分离轴承、分离杠杆、回位弹簧等组成。

### 五、离合器的工作原理

离合器的常态是结合状态，它工作就是接合—分离—接合的循环状态。以图1-5为示意图，它的工作包含三个状态。

**1. 接合状态**

离合器在接合状态下，操纵机构各部件在回位弹簧的作用下回到图1-5所示的各自位置，分离杠杆内端与分离轴承之间保持有一定的间隙，压紧弹簧将飞轮、从动盘和压盘压紧在一起，发动机的转矩经过飞轮及压盘通过从动盘两个摩擦面的摩擦作用传给从动盘，再由从动轴输入变速器。

**2. 分离过程**

分离离合器时，驾驶员踩下离合器踏板，分离套筒和分离轴承在分离叉的推动下，先消除分离轴承与分离杠杆内端之间的间隙，然后推动分离杠杆内端前移，使分离杠杆外端带动压盘克服压紧弹簧作用力后移，摩擦作用消失，离合器的主、从动部分分离，中断动力传动。

**3. 接合过程**

接合离合器时，驾驶员缓慢抬起离合器踏板，在压紧弹簧的作用下，压盘向前移动并逐渐压紧从动盘，使接触面间的压力逐渐增加，摩擦力矩也逐渐增加；当飞轮、压盘和从动盘之间接合还不紧密时，所能传动的摩擦力矩较小，离合器的主、从动部分有转速差，离合器处于打滑状态；随着离合器踏板的逐渐抬起，飞轮、压盘和从动盘之间的压紧程度逐渐紧密，主、从动部分的转速也渐趋相等，直到离合器完全接合而停止打滑，接合过程结束。

### 六、离合器自由间隙和离合器踏板自由行程

离合器在正常接合状态下，分离杠杆内端与分离轴承之间应留有一个间隙，一般为几个毫米，这个间隙称为离合器自由间隙。如果没有自由间隙，从动盘摩擦片磨损变薄后压盘将不能向前移动压紧从动盘，这将导致离合器打滑，使离合器所能传动转矩下降，车辆行驶无力，而且会加速从动盘的磨损。

为了消除离合器的自由间隙和操纵机构零件的弹性变形所需要的离合器踏板行程称为离合器踏板自由行程。可以通过拧动调节叉来改变分离拉杆的长度对踏板自由行程进行调整。

## 1.1.2　膜片弹簧离合器的结构与工作原理

膜片弹簧离合器在现代汽车上得到了广泛应用,不仅在轿车上采用,而且在轻型、中型货车,甚至在重型货车上也得到应用。

### 一、推式、拉式膜片弹簧离合器

膜片弹簧离合器根据分离指内端的受力方向不同,可分为推式膜片和拉式膜片弹簧离合器,如图1-6所示。当分离离合器时,分离指内端受力方向指向压盘时,称为推式膜片弹簧离合器,而分离指内端受力方向离开压盘时,则称为拉式膜片弹簧离合器。

上述两种膜片弹簧离合器的结构特点是:装配时,推式膜片弹簧离合器的推片锥顶朝后(离开压盘方向),大端靠在压盘上,对压盘施加压力(如图1-6a所示);拉式膜片弹簧的安装与推式相反,膜片弹簧的锥顶朝前(指向压盘方向),其大端靠在离合器盖上,膜片弹簧的中部对压盘施加压力(如图1-6b所示)。

分析这两种膜片弹簧离合器可知:在同样压盘尺寸下,拉式膜片弹簧离合器可采用直径较大的膜片弹簧,从而可提高压紧力和转矩容量;或者在传递相同转矩的情况下,尺寸较小的拉式膜片弹簧离合器可以代替尺寸较大的推式膜片弹簧离合器。因此,拉式膜片弹簧离合器的结构更紧凑、简单,质量更小,从动盘转动惯量也小,可以减少换挡时齿轮轮齿间的冲击,更便于换挡。拉式膜片弹簧离合器在提高转矩容量、分离效率以及减轻操作强度、冲击和噪声,提高寿命方面,都比推式离合器好。所以,拉式膜片弹簧离合器是一种很有发展前途的离合器。一汽大众生产的捷达、高尔夫轿车的离合器就是拉式膜片弹簧离合器。如图1-7所示。

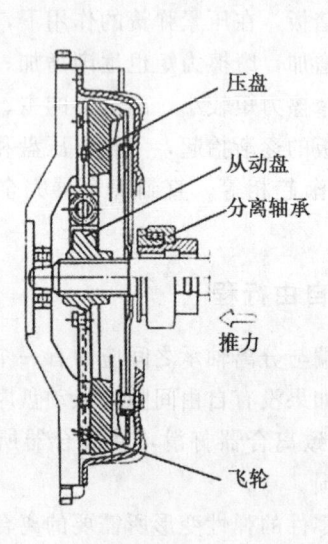

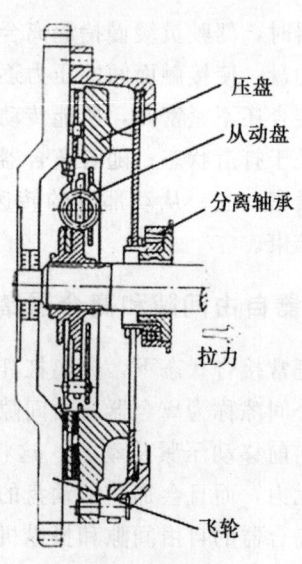

(a) 推式膜片弹簧离合器　　(b) 拉式膜片弹簧离合器

图1-6　推式膜片弹簧离合器和拉式膜片弹簧离合器

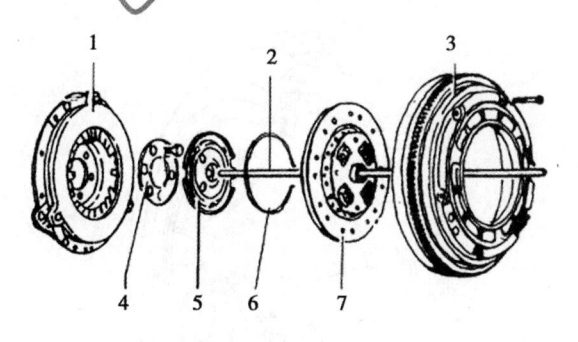

图 1-7 捷达轿车拉式膜片弹簧离合器零部件分解

1-离合器压盘；2-离合器分离推杆；3-飞轮；4-中间板；5-离合器分离盘；
6-卡环；7-离合器从动盘

## 二、膜片弹簧离合器的结构

膜片弹簧离合器构造如图 1-8、图 1-9、图 1-10 所示。膜片弹簧离合器由主动部分、从动部分、压紧机构和操纵机构组成。

### 1. 主动部分

主动部分由飞轮、离合器盖和压盘组成。离合器盖通过螺栓固定在飞轮上，为了保持正确的安装位置，离合器盖通过定位销进行定位。压盘与离合器盖之间通过周向均布的三组或四组传动片来传递转矩。传动片用弹簧钢片制成，每组两片，一端用铆钉铆在离合器盖上，另一端用螺钉连接在压盘上。

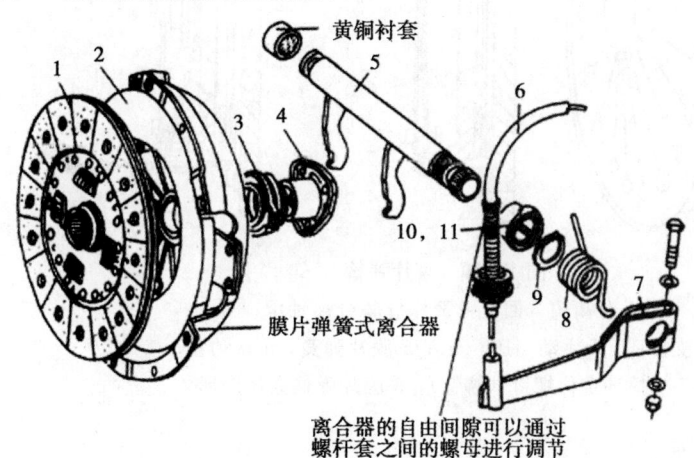

图 1-8 桑塔纳 2000 型离合器总成

1-离合器从动盘；2-膜片弹簧与压盘；3-分离轴承；4-分离套筒；5-分离轴；
6-拉索；7-传动杆；8-弹簧；9-卡簧；10, 11-轴承套及密封件

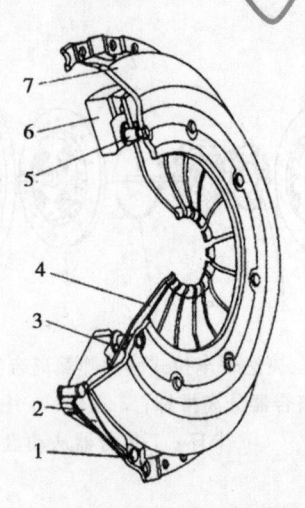

图 1-9 膜片弹簧离合器盖和压盘示意图

1-铆钉；2-传动片；3-支承环；4-膜片弹簧；
5-支承铆钉；6-压盘；7-离合器盖

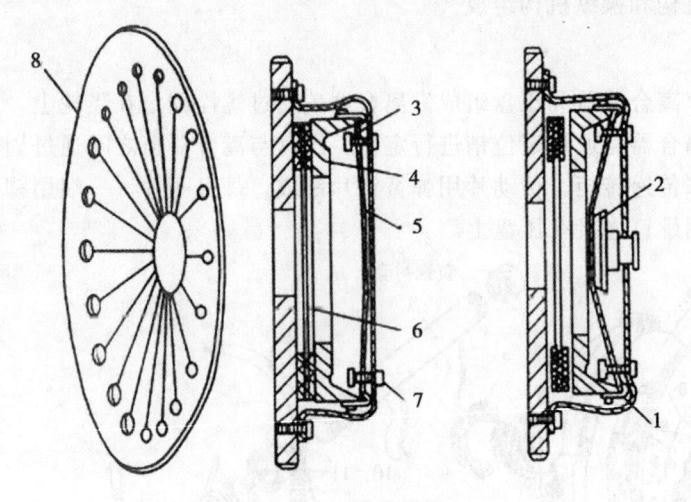

图 1-10 膜片弹簧

1-分离钩（回位弹簧片）；2-分离轴承；
3-支撑环；4-主动（压）盘；5-膜片弹簧；6-从动盘；
7-支撑环定位螺钉（铆钉）；8-膜片弹簧立体图形

## 2. 从动部分

从动部分包括从动盘和从动轴。从动盘一般都带有扭转减振器。发动机传到传动系的转速和转矩是周期性变化的，使传动系产生扭转振动，这将使传动系的零部件受到冲击性交变载荷，使寿命下降、零件损坏。采用扭转减振器可以有效防止传动系的扭转振动。带扭转减振器的从动盘的结构和原理如图 1-11 所示。

从动盘钢片外圆周铆接有波浪形弹簧钢片，摩擦衬片分别铆接在弹簧钢片上，从动盘钢片与减振器盘铆接在一起，这两者之间夹有摩擦垫圈和从动盘毂。从动盘毂、从动盘钢片和减振器盘上都有六个圆周均布的窗孔，减振弹簧装在窗孔中。

当从动盘受到转矩时，转矩从摩擦衬片传到从动盘钢片，再经减振弹簧传给从动盘毂，此时弹簧将被压缩，吸收发动机传来的扭转振动。

### 3. 压紧机构

压紧机构是膜片弹簧，其径向开有若干切槽，形成弹性杠杆。切槽末端有圆孔，固定铆钉穿过圆孔，并固定在离合器盖上。膜片弹簧两侧装有钢丝支承环，这两个钢丝支承环是膜片弹簧工作时的支点。膜片弹簧的外缘通过分离钩与压盘联系起来。膜片弹簧普遍采用优质薄弹簧钢板制成，钢板常用材料为 $60Si_2MnA$，形状为碟形，凹面进行喷丸处理，开有 18 个径向切槽，切槽内端开通，外端为圆孔，形成多个弹性杠杆，它既是压紧杠杆，又是分离杠杆，简化了离合器的结构。

### 4. 操纵机构

操纵机构包含离合器踏板、分离拉杆、分离叉、分离套筒、分离轴承等。操纵机构类型比较多，会在后面介绍。

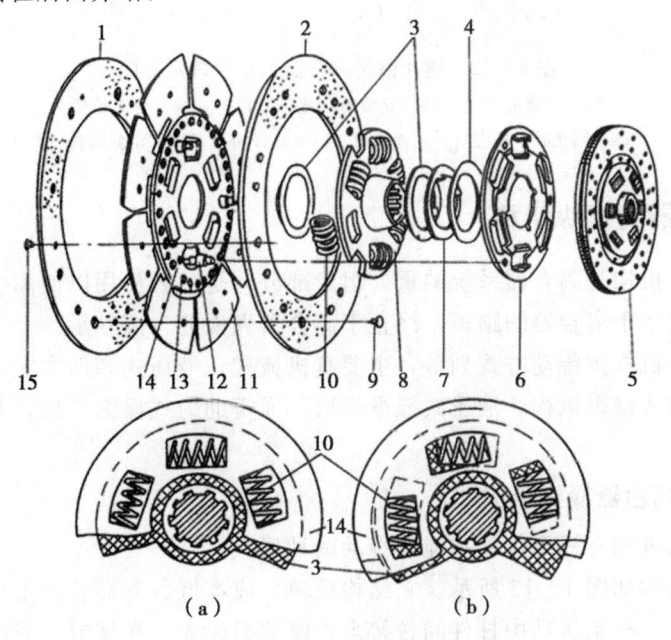

图 1-11 带扭转减振器的从动盘
(a) 不工作时；(b) 工作时

1，2-摩擦衬片；3-摩擦垫圈；4-碟形垫圈；5-装合后的从动盘总成；6-减振器盘；7-摩擦板；
8-从动盘毂；9，13，15-铆钉；10-减振弹簧；11-波浪形弹簧钢片；12-止动销；14-从动盘钢片

## 三、膜片弹簧离合器的工作原理

如图 1-12 所示，当离合器盖未固定到飞轮上时，膜片弹簧不受力而处于自由状态，如图 1-12（a）所示。此时离合器盖 2 与飞轮 1 之间有一距离。当离合器盖用螺栓固定到飞轮上时，由于离合器盖靠向飞轮，消除距离后，离合器盖 2 通过支承环 5，膜片弹簧 4 使其产生弹性变形（膜片弹簧锥顶角增大），此时膜片弹簧的外圆周对压盘 3 产生压紧力而使离合器处于接合状态，如图 1-12（b）所示。当踩下离合器踏板时，分

离轴承被推向前移，使膜片弹簧压在支承环 5 上，并以此为支点产生反向锥形变形，膜片弹簧 4 的外圆周向后翘起，通过分离钩 6 拉动压盘 3 后移使离合器分离，如图 1-12(c) 所示。

从上面的介绍可以知道，膜片弹簧离合器既是压紧弹簧，又是分离杠杆，使得离合器的结构大大简化了。另外膜片弹簧的弹簧特性优于圆柱螺旋弹簧，工作可靠，操纵轻便，所以膜片弹簧离合器的应用越来越广泛，在各种车型上都有应用。

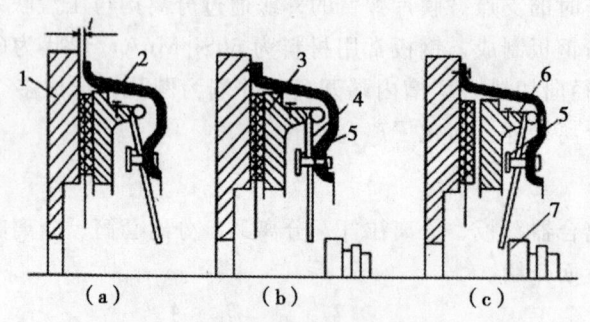

图 1-12 膜片弹簧离合器工作原理示意图
(a) 安装前位置；(b) 安装后（接合）位置；(c) 分离位置
1-飞轮；2-离合器盖；3-压盘；4-膜片弹簧；5-膜片弹簧支承圈；6-分离钩；7-分离轴承

## 四、离合器的操纵机构

离合器操纵机构是离合器系统的重要组成部分，是驾驶员用以使离合器分离、接合的一套装置，它始于离合器的踏板，终止于离合器壳内的分离轴承。

离合器操纵机构按传动方式划分，主要有机械式、液压式和助力式。在乘用车中应用较多的有机械式操纵机构、液压式操纵机构、弹簧助力式操纵机构，其中液压式操纵机构应用最多。

**1. 机械式离合器操纵机构**

机械式操纵机构有杆系传动和绳索传动两种形式。

杆系传动机构如图 1-13 所示。它结构简单、成本低、寿命长、工作可靠，广泛应用于各型汽车上。杆系传动中杆件间铰接多，摩擦损失大，车架或车身变形以及发动机位移时会影响其正常工作。在平头车、后置发动机汽车等离合器需要远距离操纵时，合理布置杆系比较困难。

绳索传动机构如图 1-14 所示。它可消除杆系传动机构的一些缺点，并能采用便于驾驶员操纵的吊挂式踏板，适合远距离操纵。但绳索寿命较短，拉伸刚度较小，拉伸变形导致踏板行程不足，故只适用于轻型、微型汽车和某些轿车。

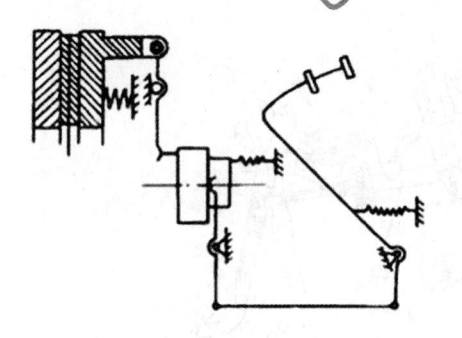

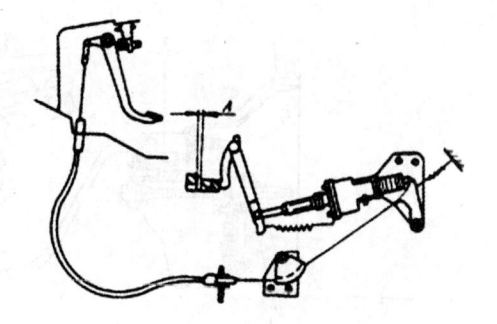

图 1-13 杆系传动操纵机构　　　　图 1-14 绳索传动操纵机构

**2. 液压式离合器操纵机构**

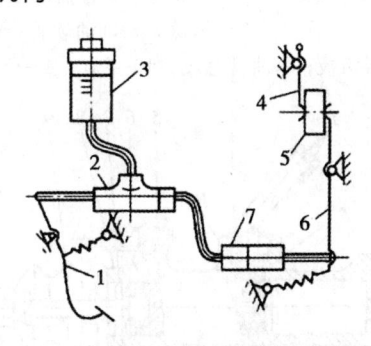

图 1-15 液压式操纵机构示意图

1-离合器踏板；2-主缸（总泵）；3-储液罐；4-分离杠杆；5-分离轴承；6-分离叉；7-工作缸（分泵）

液压式离合器操纵机构如图 1-15 所示。它具有摩擦阻力小、传递效率高、接合平顺等优点。它结构比较简单，便于布置，不受车身和车架变形的影响，是汽车普遍采用的一种操纵方式。

以桑塔纳 2000GSi 型轿车为例，它的离合器液压操纵系统由离合器踏板、储液罐、进油软管、离合器主缸、离合器工作缸、油管总成、分离叉、分离轴承等组成，如图 1-16 所示。

储液罐有两个出油孔，分别把制动液供给制动主缸和离合器主缸。

离合器主缸的结构如图 1-17 所示，主缸体借补偿孔 A、进油孔 B 通过进油软管与储液罐相通。主缸内装有活塞，活塞中部较细，且为"十"字形断面，使活塞右方的主缸内腔形成油室。活塞两端装有皮碗。活塞左端中部装有单向阀，经小孔与活塞右方主缸内腔的油室相通。当离合器踏板处于初始位置时，活塞左端皮碗位于补偿孔 A 与进油孔 B 之间，两孔均开放。

离合器工作缸的结构如图 1-18 所示，工作缸内装有活塞、皮碗、推杆等，缸体上还设有放气螺塞。当管路内有空气而影响操纵时，可拧松放气螺塞进行放气。工作缸活塞直径略大于主缸活塞直径，故液压系统稍有增力作用，以补偿液流通道的压力损失。

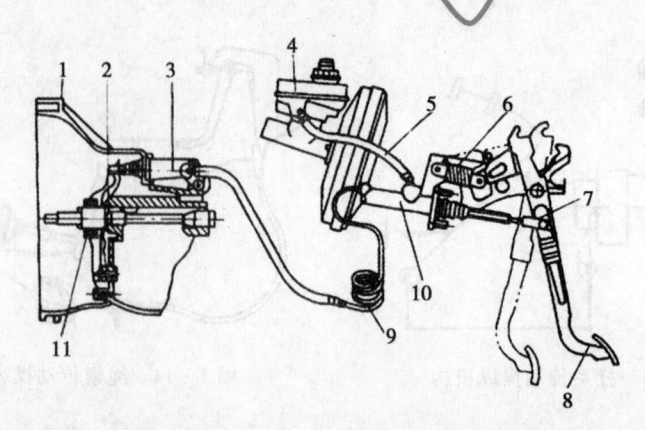

图 1-16　桑塔纳 2000GSi 型轿车离合器液压操纵系统

1-变速器壳体；2-分离叉；3-工作缸；4-储液罐；5-进油软管；6-助力弹簧；7-推杆接头；
8-离合器踏板；9-油管总成；10-主缸；11-分离轴承

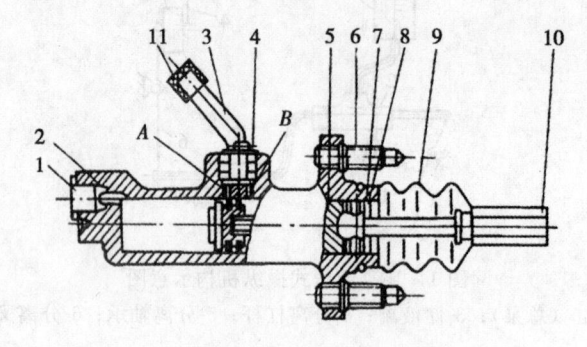

图 1-17　离合器主缸的结构

1-保护塞，2-壳体；3-管接头；4-皮碗；5-阀芯；6-固定螺栓；7-卡簧；8-挡圈；9-护套；
10-推杆；11-保护套；A-补偿孔；B-进油孔

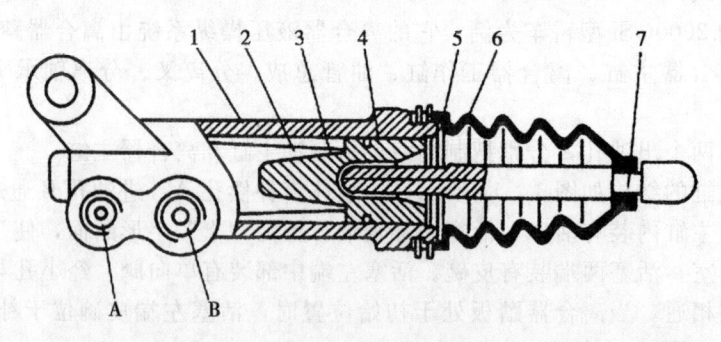

图 1-18　离合器工作缸的结构

1-壳体；2-活塞；3-管接头；4-皮碗；5-挡圈；6-保护套；7-推杆；
A-放气孔；B-进油孔

### 3. 助力式离合器操纵机构

在中型或重型汽车上，离合器压紧弹簧力很大，为了减小所需踏板力，又不致因传动机构杠杆比过大而加大踏板行程，可在机械式或液压式操纵机构的基础上加设各种助力装置，其中常用的有弹簧式和气压式两种。

弹簧助力式离合器操纵机构，在离合器处于接合状态时助力臂销轴中心位于固定销轴中心与离合器踏板轴中心连线之下，弹簧作用给离合器踏板一个逆时针方向的力矩。在踏下离合器踏板初期，顺时针方向的踏板力矩要克服逆时针方向的弹簧力矩。当助力臂销轴中心转到固定销轴中心与离合器踏板轴中心连线时，弹簧对离合器踏板的作用力矩为零。当助力臂销轴中心转到固定销轴中心与离合器踏板轴中心连线以上时，弹簧作用给离合器踏板一个顺时针方向的力矩，起助力作用。

如图 1-19 所示为某轿车弹簧助力式操纵机构的示意图。当离合器踏板完全放松时，即离合器接合，此时助力弹簧轴线位于踏板转轴下方。踩下离合器踏板，踏板绕自身转轴顺时针转动，压缩助力弹簧，此时助力弹簧实际是起到阻碍的作用，即助力弹簧的伸张力产生一个阻碍踏板转动的逆时针力矩 F·L，但这个力矩是比较小的。当踏板转动到助力弹簧的轴线与踏板转轴处于一条直线上时，该阻碍力矩为零。随着踏板的进一步踩下，助力弹簧轴线位于踏板转轴上方，此时助力弹簧的伸张力产生一个有助于踏板转动的顺时针力矩 F·L。在踏板后段行程是最需要助力作用的，因而这种弹簧助力式操纵机构可以有效地减轻驾驶员的疲劳。

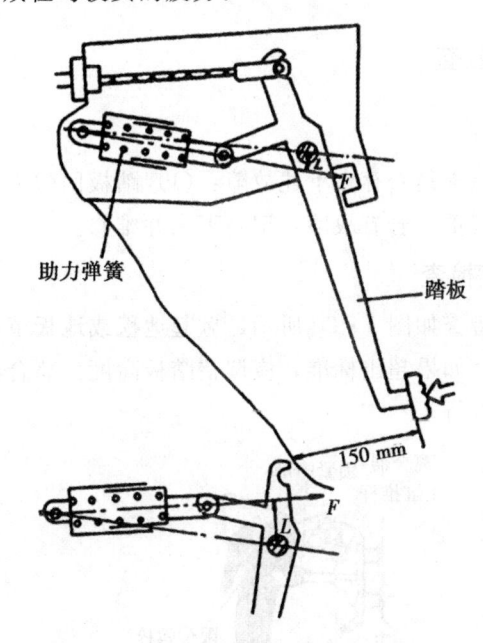

图 1-19 弹簧助力式操纵机构

气压助力式离合器操纵机构一般是利用由发动机带动的空气压缩机提供的能量作为主要的操纵能源，驾驶员的肌体则作为辅助的和后备的操纵能源。由于包括空气压缩机、储气罐在内的一整套压缩空气源，结构较复杂，重量也大，所以单为离合器操纵机构设置整套能源系统是不适宜的，一般都是与汽车的气压制动系统及其他气动设备共用一套压缩空气源。气压助力装置可以装设在机械式操纵机构中，也可以装设在液压式操纵机构中。

## 1.1.3 离合器的维护与保养

离合器的维护检查主要包括离合器贮液罐液面高度检查及液压操纵机构泄漏检查、离合器踏板检查、离合器工作情况检查、离合器液压系统排气等。

### 一、离合器贮液罐液面高度及液压操纵机构泄漏检查

**1. 离合器贮液罐液面高度检查**

检查主缸贮液罐内离合器液（制动液）面的高度，如果低于"MAX"的标记，则应补加，并要进一步检查离合器液压操纵机构是否有泄漏的部位。

**2. 离合器液压操纵机构泄漏检查**

液压操纵机构泄漏检查主要是检查主缸与油管、工作缸与油管及油封等部位是否有离合器液的痕迹。

### 二、离合器踏板检查

**1. 常规故障检查**

踩下离合器踏板，检查是否存在下述故障：(1) 踏板回弹无力；(2) 异响；(3) 踏板过度松动；(4) 踏板沉重。若有故障，记录下来并维修。

**2. 离合器踏板高度检查**

离合器踏板高度的检查如图 1-20 所示，掀起地毯或地板革，用直尺测量地面到离合器踏板上表面的距离。如果超出标准，应调整踏板高度。离合器踏板高度的调整可以通过踏板后的限位螺栓进行。

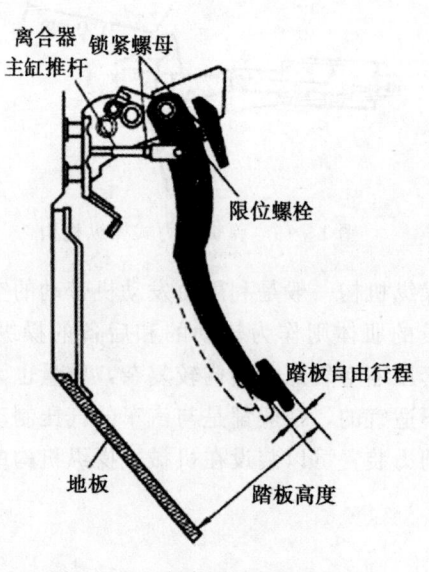

图 1-20 离合器踏板的检查

### 3. 离合器踏板自由行程检查

踏板自由行程的检查如图1-20所示，用一个直尺抵在驾驶室地板上，先测量踏板完全放松时的高度，再用手轻按踏板，当感到阻力增大时再测量踏板高度，两次测量的高度差即为踏板的自由行程。

踏板自由行程的调整如图1-20所示，液压式操纵机构一般是调整主缸推杆的长度，先将主缸推杆锁紧螺母旋松，然后转动主缸推杆，从而调整踏板自由行程，调整后应将锁紧螺母旋紧。

有些车辆的操纵机构具有自调装置，如捷达乘用车，可以免除离合器踏板自由行程的调整。

### 4. 离合器分离点的检查

启动发动机，使发动机怠速运转。在没有踩下离合器踏板时慢慢地换挡到倒车挡。逐渐踩下离合器踏板，测量踏板的自由行程到齿轮噪声停止进入啮合位置的行程量。

## 三、离合器工作情况检查

车辆可靠驻停，拉起驻车制动手柄。起动发动机，发动机怠速运转，踩下离合器踏板，换到1挡或倒挡，检查是否有噪声，是否换挡平稳。如果有噪声或换挡不平稳，说明离合器分离不彻底。

## 四、离合器液压系统排气

离合器液压操纵系统在经过检修之后，管路内可能进入空气，在添加制动液时也可能使液压系统中进入空气。空气进入后，由于缩短了主缸推杆行程即踏板工作行程，从而使离合器分离不彻底。因此，液压系统检修后或怀疑液压系统进入空气时，就要排除液压系统中的空气。排除液压系统中的空气步骤如下。

(1) 将主缸贮液罐中的制动液加至规定高度，升起汽车。
(2) 在工作缸的放气阀上安装一软管，接到一个盛有制动液的容器内。
(3) 排空气需要两个人配合工作，一人慢慢地踏离合器踏板数次，感到有阻力时踏住不动，另一人拧松放气阀直至制动液开始流出，然后再拧紧放气阀。
(4) 连续按上述方法操作几次，直到流出的制动液中不见气泡为止。
(5) 空气排除干净之后，需要再次检查及调整踏板自由行程。
(6) 再次检查主缸贮液罐液面高度，必要时添加。

## 1.1.4 膜片弹簧离合器的检修

## 任务 1.2　液力变矩器检修

**学习目标**

**1. 知识目标**
(1) 了解液力变矩器的功用、结构及工作原理。
(2) 了解提高液力变矩器的方法。
(3) 掌握液力变矩器的检修方法。

**2. 技能目标**
(1) 能够正确检修液力变矩器。

### 1.2.1　液力变矩器功用

液力变矩器位于发动机和机械变速器之间，以自动变速器油（ATF）为工作介质，主要完成以下功用。

(1) 传递转矩。发动机的转矩通过液力变矩器的主动元件，再通过 ATF 传给液力变矩器的从动元件，最后传给变速器。

(2) 无级变速。根据工况的不同，液力变矩器可以在一定范围内实现转速和转矩的无级变化。

(3) 自动离合。液力变矩器由于采用 ATF 传递动力，当踩下制动踏板时，发动机也不会熄火，此时相当于离合器分离；当抬起制动踏板时，汽车可以起步，此时相当于离合器接合。

(4) 驱动油泵。ATF 在工作的时候需要油泵提供一定的压力，而油泵一般是由液力变矩器壳体驱动的。

(5) 储存能量。能够起到飞轮的作用，使发动机运转平稳。

(6) 由于采用 ATF 传递动力，液力变矩器的动力传递柔和，且能防止传动系过载。

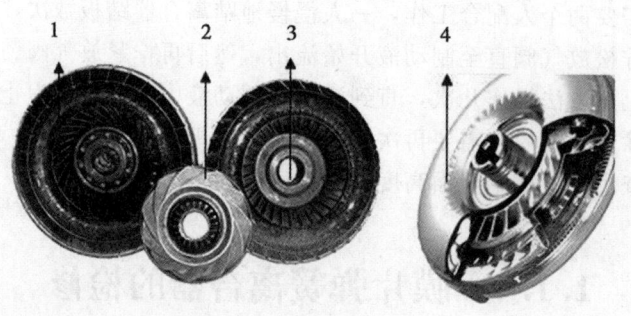

图 1-21　液力变矩器
1-涡轮；2-导轮；3-泵轮；4-总成

## 1.2.2　液力变矩器的结构

如图 1-22 所示，液力变矩器通常由泵轮、涡轮和导轮三个元件组成，称为三元件液力变矩器。也有的采用两个导轮，则称为四元件液力变矩器。

如图 1-23 所示，液力变矩器总成封在一个钢制壳体（变矩器壳体）中，内部充满 ATF。液力变矩器壳体通过螺栓与发动机曲轴后端的飞轮连接，与发动机曲轴一起旋转。泵轮位于液力变矩器的后部，与变矩器壳体连在一起。涡轮位于泵轮前，通过带花键的从动轴向后面的机械变速器输出动力。导轮位于泵轮与涡轮之间，通过单向离合器支承在固定套管上，只能单向旋转（顺时针旋转）。泵轮、涡轮和导轮上都带有叶片，液力变矩器装配好后形成环形内腔，其间充满 ATF。

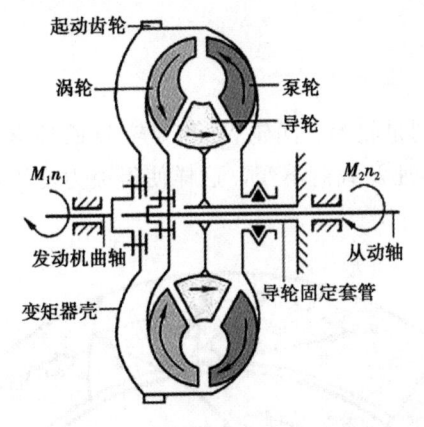

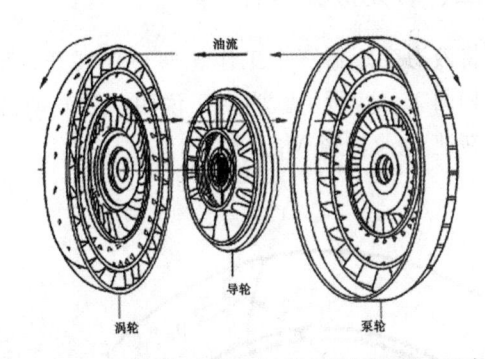

图 1-22　液力变矩器结构图　　　图 1-23　ATF 在液力变矩器中的循环流动示意图

## 1.2.3　液力变矩器的工作特性

### 一、工作原理

液力变矩器工作时，壳体内充满液压轴，发动机带动外壳旋转，泵轮叶片间的液压轴在离心力的作用下，从内缘流向外缘。当泵轮转速大于涡轮转速时，泵轮叶片外缘的液压大于涡轮外缘的液压，油液在绕着泵轮轴线做圆周运动的同时，在上述压差的作用下由泵轮流向涡轮。泵轮顺时针旋转，油液将带动涡轮同样按顺时针方向旋转。如果涡轮静止或涡轮的转速比泵轮的转速小得多，则液体传递给涡轮的动能就很小，而大部分能量在油液从涡轮返回泵轮的过程中损失了，油液在涡轮叶片外缘流向内缘的过程中，圆周速度和动能逐渐减小。当油液回到泵轮后，泵轮对油液做功，使之在泵轮叶片内缘流向外缘的过程中动能和圆周速度渐次增大，再流向涡轮，如图 1-24 所示。其展开示意图如图 1-24 所示。

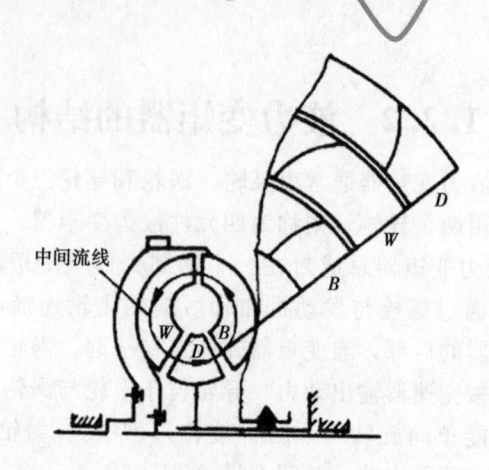

图1-24 液力变矩器工作原理展开示意图

## 二、转矩放大特性

将液力变矩器三个工作轮假想地展开,得到泵轮B、涡轮W和导轮D的环形平面图,如图1-25所示。为便于说明,设发动机转速及载荷不变,这样使得液力变矩器泵轮的转速$n_B$及转矩$M_B$为常数。

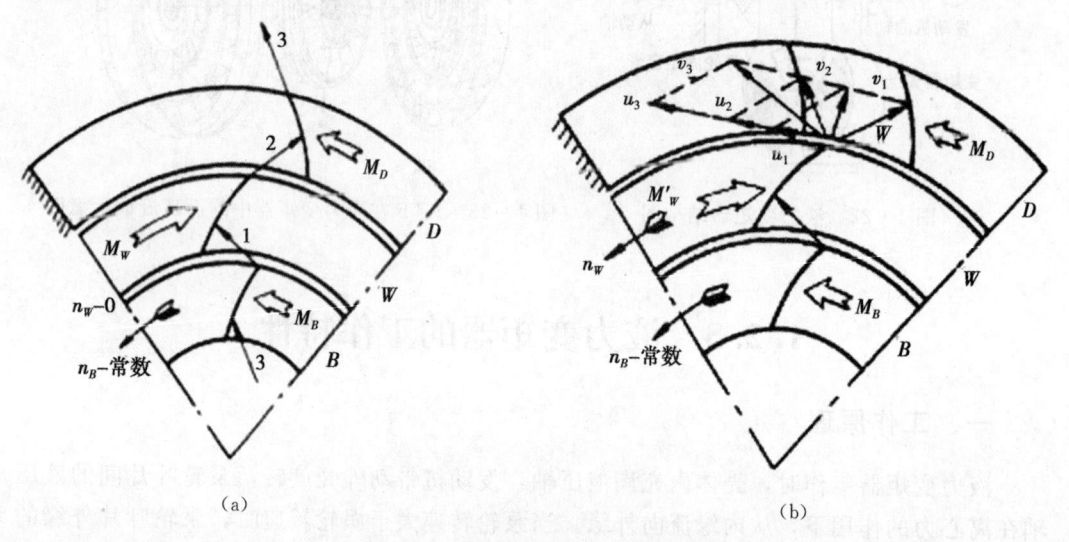

(a)

(b)

图1-25 液力变矩器工作原理图
(a) $n_W=0$时;(b) $n_W \neq 0$时

当发动机启动而汽车还未起步时,涡轮转速$n_W=0$,如图1-25(a)所示。变速器油在泵轮叶片的带动下,以一定的绝对速度沿图中箭头1的方向冲向涡轮叶片,对涡轮有一作用力,产生绕涡轮轴的转矩。因此时涡轮静止不动,液流则沿着叶片流出涡轮并冲向导轮,其方向见图中箭头2所示,该液流对导轮产生作用力矩。然后液流再从固定不动的导轮叶片沿箭头3的方向流回到泵轮中。当液流流过叶片时,对叶片作用有冲击力矩,液流此时也收到叶片的反作用力矩,其大小与作用力矩相等,方向相反。作用力矩与发作用力矩的方向及大小与液流进出工作轮的方向有关。设泵轮、涡轮和导轮对液流的作用力矩分别为 $M_B$、$M_W$ 和 $M_D$，方向如图中箭头所示。根据液流受力平衡条件，三者在数值上满足关系式 $M_W=M_B+M_D$，即涡轮转矩等于泵轮转矩与导轮转矩之和。显然，此时涡轮转矩 $M_W$ 大于泵轮转矩 $M_B$，即液力变矩器起了增大转矩的作用。

当液力变矩器输出的转矩，经传动系统传到驱动车轮上所产生的牵引力足以克服汽车起步阻力时，汽车起步并开始加速，与之相连的涡轮转速 $n_W$ 也从零起逐渐增加。设液流沿叶片方向流动的相对速度为 $W$，沿圆周方向运动的牵动速度为 $u$，设泵轮转速不变，即液流在涡轮出口处的相对速度不变。由图 1-25（b）可知，冲向导轮叶片的液流的绝对速度 $v$ 将随牵连速度 $u$ 的增大而逐渐向左倾斜，使导轮上所受转矩值逐渐减小，即液力变矩器的转矩放大作用随之减小。

### 三、耦合工作特性

当涡轮转速增大到泵轮转速的 85% 时，由涡轮流出的液流正好沿导轮出口方向冲向导轮，由于液体流经导轮时方向不变，故导轮转矩 $M_D=0$，使得涡轮转矩与泵轮转矩相等，即 $M_W=M_B$，处于耦合工作状态。

若涡轮转速继续增大，液流绝对速度方向继续向左倾斜，冲击导轮叶片的反面，导轮转矩方向与泵轮转矩方向相反；若导轮仍然固定不动，则涡轮转矩 $M_W=M_B-M_D$，即液力变矩器输出转矩反而比输入转矩小。为此绝大多数液力变矩器在导轮机构中增设了单向离合器，也称自由轮机构。单向离合器在液力变矩器中起单向导通的作用，当涡轮与泵轮转速差较大时，单向离合器处于锁止状态，导轮不能转动。涡轮转速升高到一定程度后，单向离合器导通，即导轮空转，变矩器不能改变输出转矩，液力变矩器进入耦合工作区。

液力变矩器靠单向离合器实现耦合功能。单向离合器又称为自由轮机构、超越离合器，其功用是实现导轮的单向锁止，即导轮只能顺时针转动而不能逆时针转动，使得液力变矩器在高速区实现耦合传动。

常见的单向离合器有楔块式和滚柱式两种结构形式。

楔块式单向离合器如图 1-26 所示，由内座圈、外座圈、楔块、保持架等组成。导轮与外座圈连为一体，内座圈与固定套管刚性连接，不能转动。当导轮带动外座圈逆时针转动时，外座圈带动楔块逆时针转动，楔块的长径与内、外座圈接触，如图 1-26（a）所示由于长径长度大于内、外座圈之间的距离，所以外座圈被卡住而不能转动。当导轮带动外座圈顺时针转动时，外座圈带动楔块顺时针转动，楔块的短径与内、外座圈接触，如图 1-26（b）所示由于短径长度小于内、外座圈之间的距离，所以外座圈可以自由转动。

滚柱式单向离合器如图 1-27 所示，由内座圈、外座圈、滚柱、叠片弹簧等组成。当导轮带动外座圈顺时针转动时，滚柱进入楔形槽的宽处，内、外座圈不能被滚柱楔紧，外座圈和导轮可以顺时针自由转动。当导轮带动外座圈逆时针转动时，滚柱进入楔形槽的窄处，内、外座圈被滚柱楔紧，外座圈和导轮固定不动。

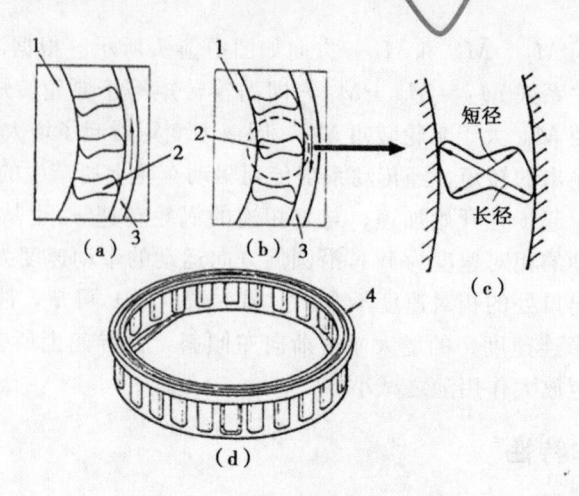

图 1-27 楔块式单向离合器

(a) 不可转动；(b) 可以转动；(c) 楔块结构；(d) 楔块式单向离合器
1-内座圈；2-楔块；3-外座圈；4-保持架

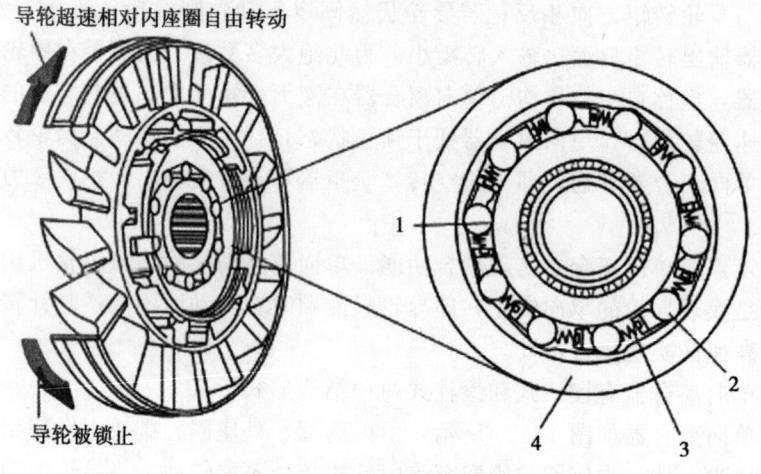

图 1-27 滚柱式单向离合器
1-叠片弹簧；2-外座圈；3-滚柱；4-内座圈

## 四、无级变速特性

随着涡轮转速的逐渐提高，涡轮输出转矩会逐渐下降，并且这种变化是连续的。同样，如果涡轮上的载荷增加了，涡轮转速就下降，而且涡轮输出的转矩增加正好适应载荷的增加。

可以把液力变矩器的工作过程概括为两个工况：一是变矩，另一个是耦合。当泵轮与涡轮转速相差较大，或者说在低速区时，液力变矩器实现变矩（增矩）；当涡轮转速达到泵轮转速的 85%～90%，或者说在高速区时，液力变矩器实现耦合传动，即输出（涡轮）转矩等于输入（泵轮）转矩。

## 五、失速特性

液力变矩器失速状态是指涡轮载荷过大而停止转动，但泵轮保持旋转的现象。此时液力变矩器只有动力输入没有输出，全部能量转化为热能。因此，液力变矩器中 ATF 温度会急剧上升，对变矩器造成严重伤害。失速点转速是指涡轮停止转动时的液力变矩器输入转速，它与发动机转矩，变矩器尺寸，导轮、涡轮叶片角度有关。

## 六、锁止特性

锁止离合器简称 TCC，是英文 Torque Converter Clutch 的缩写。

锁止离合器可以将泵轮和涡轮直接连接起来，即将发动机与机械变速器直接连接起来，这样减少液力变矩器在高速比时的能量损耗，提高了传动效率，提高汽车在正常行驶时的燃油经济性，并防止 ATF 油过热。

带锁止离合器的液力变矩器主要由泵轮、涡轮及带扭转减振器的锁止离合器组成，如图 1-28 所示。

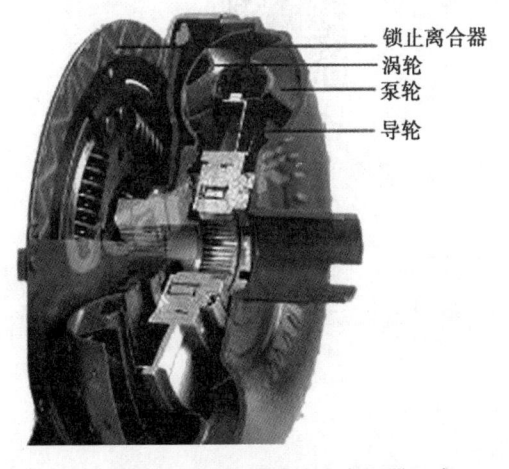

图 1-28 闭锁式液力变矩器组成

锁止离合器的主动盘就是液力变矩器壳体，从动盘是可在轴向移动的压盘。为了减少离合器结合和分离瞬间的冲击，从动盘内圈上带有弹性减振盘，然后与涡轮输出轴相连。主动盘和从动盘相接触的工作面上有摩擦片。从动盘左右两侧的油液由锁止控制电磁阀控制。

当从动盘左右两侧保持相同的压力，锁止离合器处于分离状态时，动力须经液力变矩器传递，可充分发挥液力传动减振吸振、自动适应行驶阻力剧烈变化的优点，适合于汽车起步、换挡或在坏路面上行驶工况使用。当锁止电磁阀控制从动盘左侧的油压降低，而右侧的油液压力仍较高时，在此压差的作用下，从动盘通过摩擦片压紧在主动盘上，锁止离合器接合。动力经锁止离合器实现机械传动，变矩器输入（泵轮）轴与输出（涡轮）轴成为刚性连接，传动效率较高，提高了汽车的行驶速度和燃油经济性。

当锁止离合器接合时，导轮单向离合器即脱开，导轮自由旋转。泵轮和涡轮虽然是同速转动，但与导轮有一定的转速差，因此，在液力变矩器内仍有少量液流做循环流动，从而有一定的液力损失，即使成为直接机械传动，传动效率也略低于100%。

电控自动变速器必须同时满足以下五个方面的条件，ECU才能锁止离合器进入锁止工况。

(1) 发动机冷却液温度不低于53 ℃—65 ℃（因车型而异）。

(2) 挡位开关指示变速器处于行驶挡（N位和P位不能锁止）。

(3) 制动灯开关必须指示没有进行制动。

(4) 车速必须高于37 km/h—65 km/h（因车型而异，大部分自动变速器三挡进入锁止工况，少数变速器在二挡时进入锁止工况）。

(5) 来自节气门开度的传感器信号，必须高于最低电压，以指示节气门处于开启状态。

## 1.2.4　液力变矩器的检修

# 项目二　手动变速器检修

**项目描述**

有一辆丰田花冠轿车车主将车开到服务站，反映该车在变换挡位时不能顺利地挂入新挡位，同时，换挡时伴有齿轮撞击声，需要维修。

**项目分析**

变速器是传动系最重要的总成，其性能的好坏会影响到汽车的多种使用性能。手动变速器换挡困难是汽车底盘故障中的最常见问题。在故障检测过程中，应遵循故障诊断原则与排除思路，进行所有可能原因的分析。手动变速器换挡困难的原因可能有：离合器故障、变速器操纵机构故障、齿轮变速机构故障。

通过这个项目的学习，我们可以在掌握手动变速器相关知识的基础上，分析并解决手动变速器的常见故障。

**学习目标**

1. 知识目标
（1）理解齿轮变速原理。
（2）理解典型手动变速器的作用和工作原理。
（3）掌握同步器的结构和工作原理。
（4）理解变速器换挡机构的工作过程。
（5）掌握锁止机构的工作原理。
（6）了解变速器的典型故障诊断方法。

2. 技能目标
（1）掌握变速器专用工具的使用方法。
（2）能够完成变速器的拆装。
（3）能够检修变速器的各零部件。
（4）能分析并排除与手动变速器相关的故障。

**知识及任务**

## 任务2.1　变速器概述

手动变速器（Manual Transmission，简称MT）又称机械式变速器，即必须用手拨动变速杆（俗称"挡把"），才能改变变速器内的齿轮啮合位置，改变传动比，从而达到变速目的的机构。轿车手动变速器大多为四挡或五挡有级式齿轮传动变速器，并且通常带同步器，换挡方便，噪音小。手动变速在操纵时必须踩下离合，方可拨动变速杆。

## 一、变速器的功用

（1）实现变速、变矩。通过改变传动比改变输出转速与扭矩，满足汽车起步、爬坡、高速行驶等驾驶的需要。

（2）实现倒车。发动机的旋转方向是固定的，不能改变，为了实现汽车的倒向行驶，变速器中设置了倒挡。

（3）实现中断动力传动。在发动机启动和怠速运转、变速器换挡、汽车滑行和暂时停车等情况下，都需要中断发动机的动力传动，因此变速器中设有空挡。

## 二、变速器的类型

### 1. 按传动比的变化方式分

（1）有级式变速器。有级式变速器采用齿轮传动，具有若干个定值传动比。

（2）无级式变速器。无级式变速器英文缩写为CVT，它的传动比的变化是连续的。目前的无级变速器一般都是采用金属带传动动力，通过主、从动带轮直径的变化实现无级变速的。这种变速器在中、高级轿车的应用中越来越多，如：奥迪A4L、A6L。

（3）综合式变速器。综合式变速器是由液力变矩器和有级齿轮式变速器组成的，一般由电脑来自动实现换挡，所以多把这种变速器称为自动变速器。

### 2. 按变速器操纵方式分

按变速器操纵方式可分为手动变速器、自动变速器和手动自动一体变速器三种。

（1）手动变速器。手动变速器的英文缩写为MT，即Manual Transmission的缩写。它是通过驾驶员用手操纵变速杆来选定挡位，并直接操纵变速器的换挡机构进行挡位变换的。

（2）自动变速器。自动变速器的英文缩写为AT，即Automatic Transmission的缩写。这种变速器的自动控制系统根据发动机的负荷和车速的变化情况自动地选定挡位，并进行挡位变换，即自动地改变传动比。驾驶员只需要操纵加速踏板控制车速。

（3）手动自动一体变速器。这种变速器可以自动换挡，也可以手动换挡，比较典型的如奥迪A6的Tiptronic，上海帕萨特1.8T也装有手动自动一体变速器。

本情境将介绍手动、有级、齿轮变速器，一般简称为手动变速器。

## 三、普通齿轮变速器的工作原理

### 1. 变速变矩原理

手动变速器是利用不同齿数的齿轮啮合传动实现转速和转矩变化的。一对齿数不同的齿轮啮合传动时可以变速。两齿轮的转速与其齿数成反比。设主动轮转速为$n_1$，齿数为$z_1$，转矩为$M_1$；从动轮转速为$n_2$，齿数为$z_2$，转矩为$M_2$，则两轮传动比（主动轮转速与从动轮转速之比）$i_{12}$ 为：

$$i_{12}=\frac{n_1}{n_2}=\frac{z_2}{z_1}$$

当 $z_1 < z_2$ 时，$i > 1$，$n_2 < n_1$，称为减速主动传动（如图 2-1a 所示）；当 $z_1 > z_2$ 时，$i < 1$，$n_2 > n_1$，称为增速传动（如图 2-1b 所示），这就是齿轮传动的变速原理。

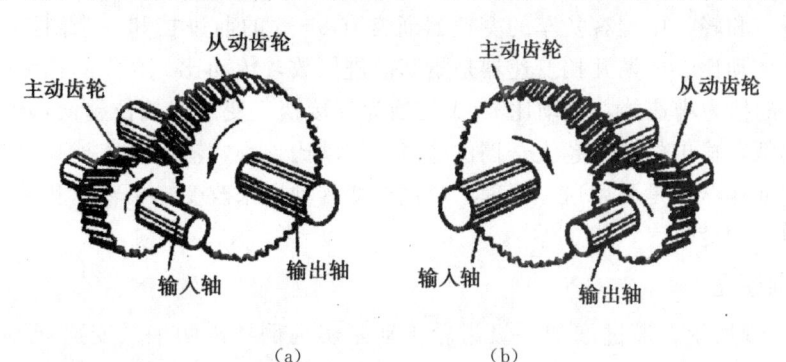

图 2-1 齿轮传动基本原理
（a）减速运动；（b）加速运动

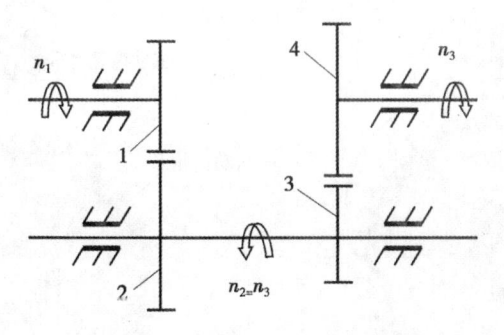

图 2-2 两级齿轮传动示意图
1，3-主动齿轮；2，4-从动齿轮

图 2-2 所示为两级传动示意图。齿轮 1 为主动齿轮，驱动齿轮 2 转动，齿轮 3 与齿轮 2 在同一轴上，齿轮 3 驱动齿轮 4 转动并输出动力，此时由齿轮 1 传到齿轮 4 的传动比为：

$$i_{14}=\frac{n_1}{n_4}=\frac{z_2 \cdot z_4}{z_1 \cdot z_3}=i_{12} \cdot i_{34}$$

根据以上计算可以总结出多级齿轮传动的传动比为：

$$i=\frac{\text{所有从动齿轮齿数的乘积}}{\text{所有主动齿轮齿数的乘积}}=\text{各级齿轮传动比的乘积}$$

在齿轮传动中，如不计能量损失，根据能量守恒定律，输入功率等于输出功率，即

$$P_1=P_2 \quad \text{而} \quad P_1=\frac{M_1 n_1}{9550}, \quad P_2=\frac{M_2 n_2}{9550}$$

式中，$P_1$、$P_2$ 分别表示输入功率、输出功率，单位是 $kW$；$n_1$、$n_2$ 分别表示输入

转速、输出转速,单位是 $r/min$;$M_1$、$M_2$ 分别表示输入转矩、输出转矩,单位是 $N.m$。

由 $P_1=P_2$ 可得

$$i_{12}=\frac{n_1}{n_2}=\frac{M_2}{M_1} \quad 同理可得 \quad i_{14}=\frac{n_1}{n_4}=\frac{M_4}{M_1}$$

一般轿车和轻、中型客货车的变速器通常有 3~6 的前进挡和一个倒挡,每个前进挡对应一个传动比。所谓几挡变速器是指其前进挡数,传动比 $i>1$ 的挡为降速挡,传动比 $i<1$ 的挡为增速挡,传动比 $i=1$ 的挡为直接挡。变速器挡位越低,传动比越大,输出转速越低,输出的转矩越大;挡位越高,传动比越小,输出转速越高,输出的转矩越小。汽车变速器就是利用这一原理,通过改变传动比来改变输出转速和转矩,以适应汽车行驶阻力的变化。

**2. 变向原理**

如图 2-3 所示,通过增加一级齿轮传动副实现倒挡。两轴式变速器在前进挡时,动力由输入轴传给输出轴,只经过一对齿轮传动,两轴的转动方向相反。倒挡时,动力由输入轴传给倒挡轴,再由倒挡轴传给输出轴,经过两对齿轮传动,输入轴与输出轴转动方向相同。

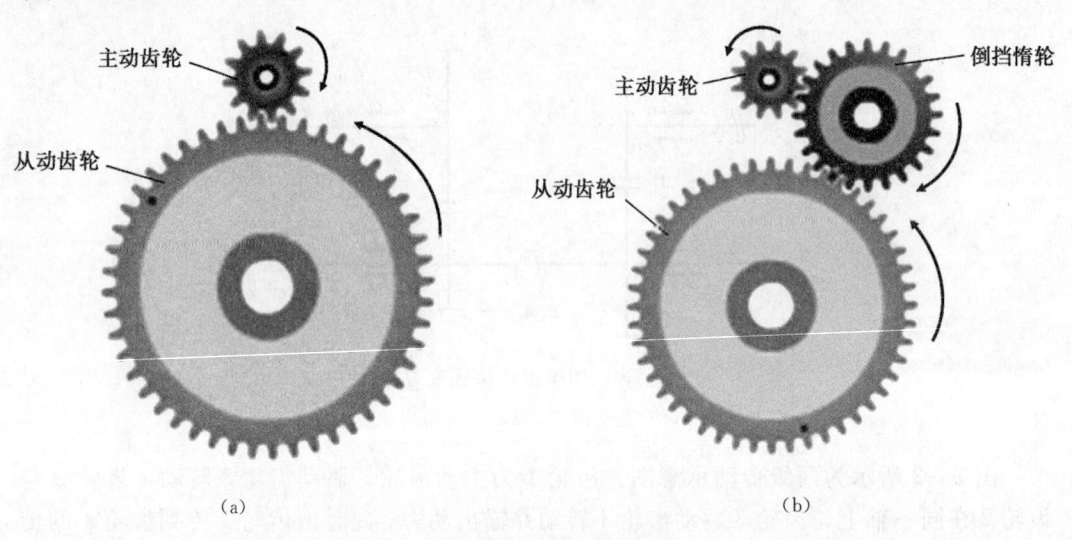

图 2-3 前进挡与倒挡的对比
(a)前进挡;(b)倒挡

## 任务 2.2　手动变速器结构

**一、二轴式齿轮变速器传动机构工作过程**

二轴式变速器用于发动机前置前轮驱动的汽车,一般与驱动桥合称为手动变速驱动桥。目前,我国常见的国产轿车均采用这种变速器,如宝来、桑塔纳、捷达、花冠、威驰、富康、奥迪等。下面介绍大众宝来所采用的 MQ200-02T 变速器。

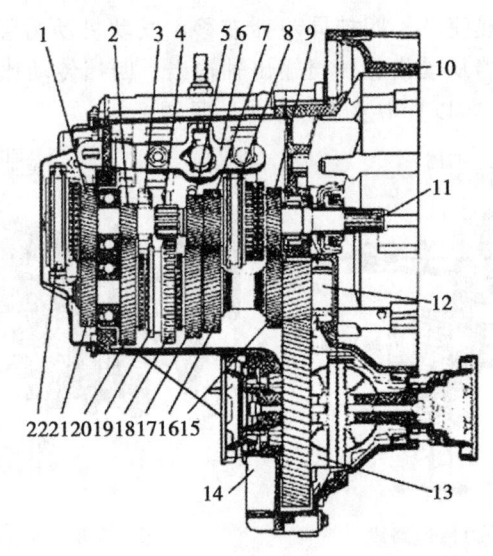

图 2-4 一汽宝来 MQ200-02T 变速器

1，2，4，5，7，9-五、一、倒、二、三、四挡主动齿轮；3-倒挡齿轮；6-换挡操纵装置；
8-3/4 挡同步器；10-离合器壳；11-输入轴；12-输出轴；13-差速器；14-变速器壳体；
15，16，17，18，20，21-四、三、二、倒、一、五挡从动齿轮；19-1/2 挡同步器；22-5 挡同步器

一汽宝来 MQ250 变速器各挡齿轮动力传递路线如下。

一挡：操纵换挡装置使一、二挡同步器左移，发动机动力经输入轴、一挡主动齿轮、一挡从动齿轮、同步器接合套和花键毂传至输出轴输出。一挡传动比 $n_1=33:10=3.3$，由于一挡传动比数值较其他挡位大，可产生较大的减速增矩效果，有利于汽车起步，见图 2-5。

二挡：操纵换挡装置使一、二挡同步器右移，发动机动力经输入轴、二挡主动齿轮、二挡从动齿轮、同步器接合套和花键毂传至输出轴输出。二挡传动比 $n_2=35:18=1.944$，仍产生减速增矩效果，但相对于一挡车速较快，有利于汽车升速，见图 2-6。

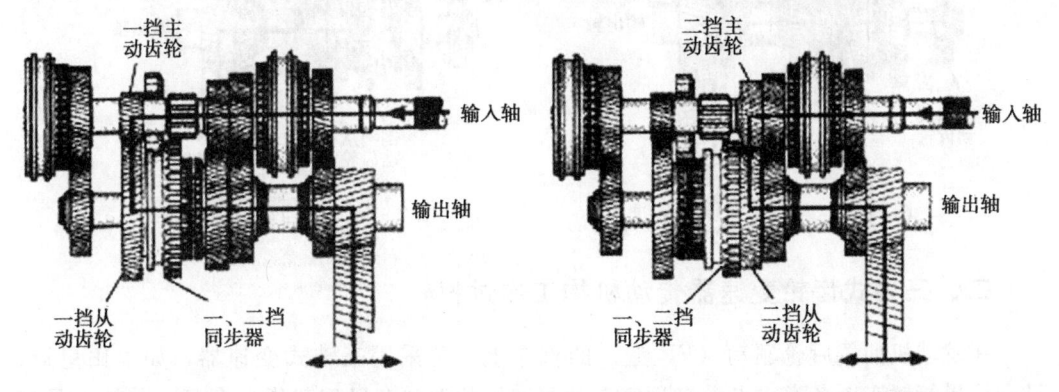

图 2-5 一挡动力传递路线　　　　图 2-6 二挡动力传递路线

三挡：操纵换挡装置使三、四挡同步器左移，发动机动力经输入轴、同步器花键毂、三挡主动齿轮、三挡从动齿轮传至输出轴输出。三挡传动比 $n_3=34:26=1.308$。

仍产生减速增矩效果，但相对于二挡车速较快，有利于汽车升速，见图2-7。

四挡：操纵换挡装置使三、四挡同步器右移，发动机动力经输入轴、同步器花键毂、四挡主动齿轮、四挡从动齿轮传至输出轴输出。四挡传动比 $n_4=35:34=1.029$，由于四挡传动比接近1，所以近似直接挡效果，见图2-8。

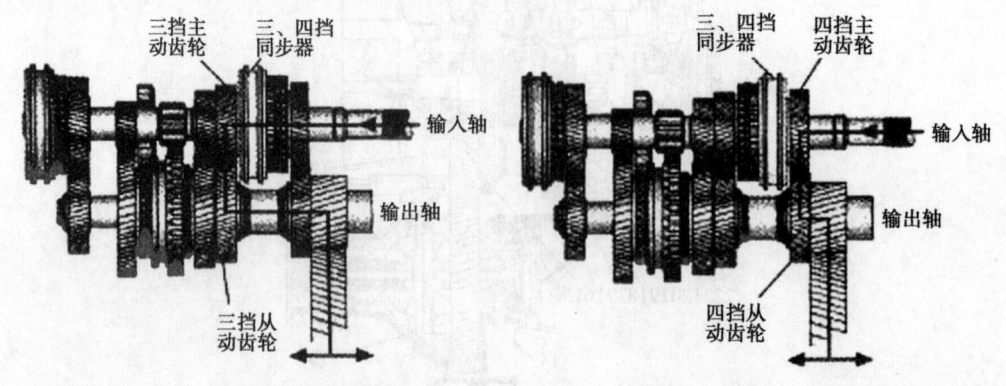

图2-7 三挡动力传递路线　　　　图2-8 四挡动力传递路线

五挡：操纵换挡装置使五挡同步器右移，发动机动力经输入轴、同步器花键毂、五挡主动齿轮、五挡从动齿轮传至输出轴输出。五挡传动比 $n_5=36:43=0.837$，由于五挡传动比小于1，所以产生超速效果，输出转速增加，转矩减小，见图2-9。

倒挡：操纵换挡装置使倒挡轴上的倒挡齿轮移向与处于空挡位置的一、二挡同步器接合套外壳上的直齿轮啮合，发动机动力经倒挡主动齿轮，倒挡齿轮，倒挡从动齿轮，一、二挡同步器花键毂传至输出轴输出。因为相对于其他前进挡位多出一个传动齿轮，改变了传动方向，所以得到反向输出效果，见图2-10。

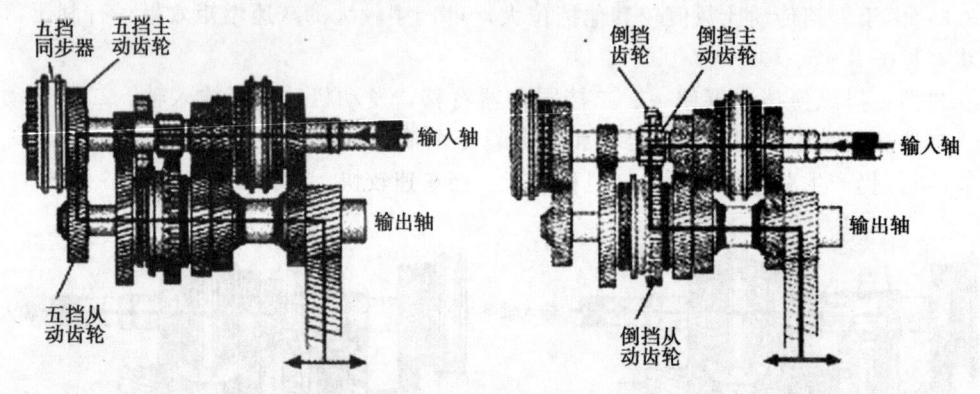

图2-9 五挡动力传递路线　　　　图2-10 倒挡动力传递路线

## 二、三轴式齿轮变速器传动机构工作过程

在发动机前置后轮驱动（FR型）的汽车上，常采用三轴式变速器，如丰田皇冠、日产公爵等轿车，各类皮卡、轻型客车及国产解放型和东风型载货汽车等。其特点是传动比范围较大，有直接挡，传动效率高。

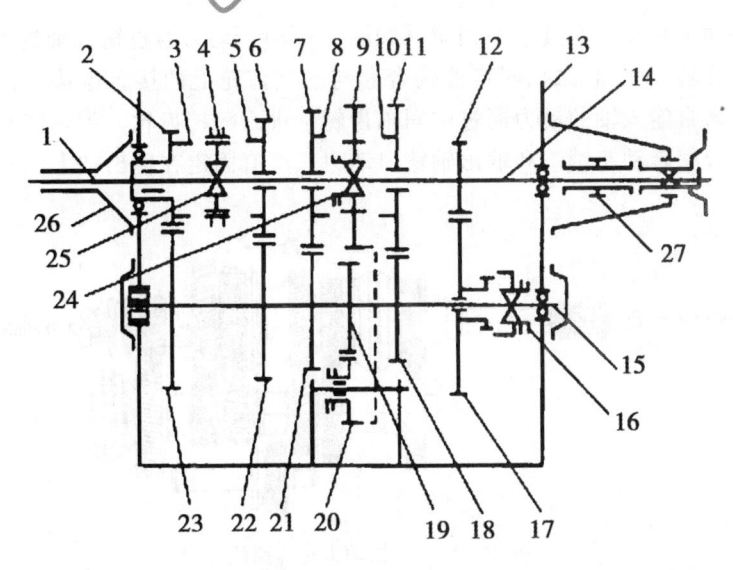

图 2-11 三轴变速器

1——轴；2—一轴常啮合齿轮；3—一轴常啮合齿轮四挡接合齿圈；4、9-同步器接合套；5-三挡齿轮接合齿圈；6—二轴三挡齿轮；7—二轴二挡齿轮；8—二挡齿轮接合齿圈；10—一挡齿轮接合齿圈；11-二轴一挡齿轮；12-二轴五挡齿轮；13-变速器壳体；14—二轴；15-中间轴；16-五挡同步器；17-中间轴五挡齿轮；18-中间轴一齿轮；19-中间轴倒挡齿轮；20-倒挡轴及倒挡中间移动齿轮；21-中间轴二挡齿轮；22-中间轴三挡齿轮；23-中间轴常啮合齿轮；24、25-花键毂；26-轴承盖；27-回油螺纹

典型五速变速箱，其原理如图 2-11 所示，有三根主要的传动轴，一轴、二轴和中间轴，所以称为三轴式变速器。另外还有倒挡轴。所有五个前进挡斜齿轮组件保持常啮合。它们分别由一挡/二挡同步器、三挡/四挡同步器和五挡同步器启动。每一同步器都由其自己的换挡拨叉启动。这三个换挡拨叉均由变速箱的单独拨叉轴带着滑动。只有倒挡中间轮由另一拨叉轴滑动拨动与倒挡直齿轮啮合。变速箱中与地板固定的变速杆用弹簧加载，所以驾驶员要接合倒挡齿轮必须推下或拉上此杆。

下面分析各挡位的动力传递路线。

（1）空挡的动力路线。空挡时（如图 2-12），输入轴驱动中间轴齿轮但无动力传到变速箱中。由于齿轮均处于啮合状态，输出轴上所有齿轮均转动，但动力并不传递到输出轴，因为同步器未与任何齿轮接合。

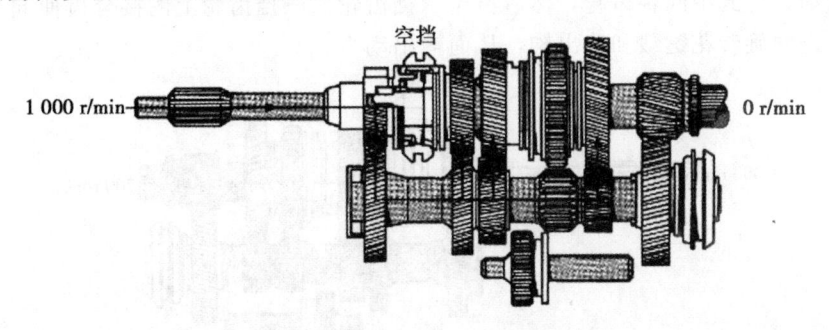

图 2-12 空挡时动力传递路线

（2）一挡动力路线。当处于一挡时（如图2-13），动力通过输入轴进入变速箱，并使中间轴齿轮旋转。一挡/二挡同步器接合套与一挡齿轮上的接合齿接合，将齿轮锁定在输出轴上。来自输入轴的动力通过中间轴齿轮，进入一挡齿轮。齿轮转动同步器接合套，同步器接合套转动花键毂和输出轴输出动力。所有固定在输出轴上的其他齿轮都自由旋转。

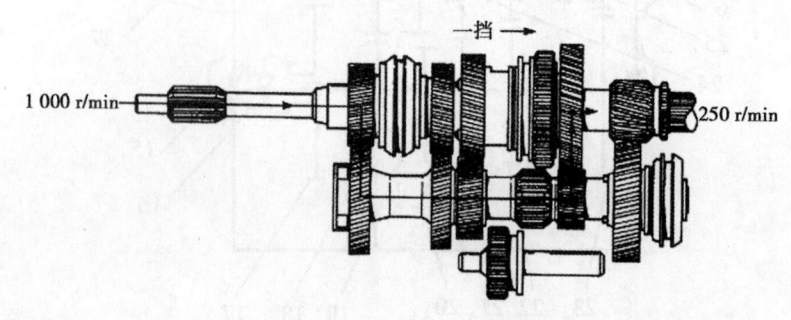

图2-13 一挡动力传递路线

（3）二挡动力路线。当处于二挡时（如图2-14），输入轴再次驱动中间轴齿轮。一挡/二挡同步器接合套滑动与二挡齿轮的接合齿接合，将之锁定在输出轴上。动力通过第一轴进入中间轴齿轮，再传至二挡齿轮。二挡齿轮的接合齿旋转同步器接合套，同步器接合套则使花键毂和输出轴旋转，从而输出动力。

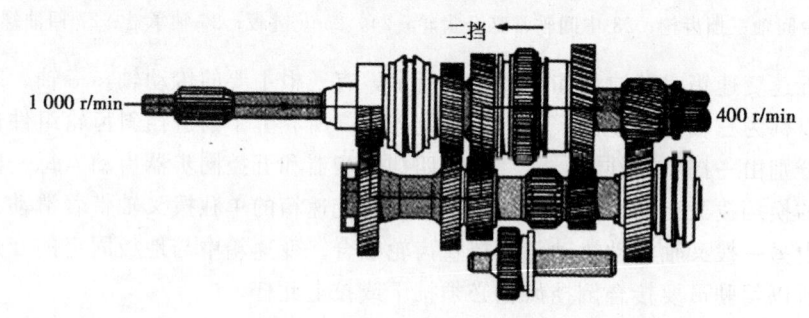

图2-14 二挡动力传递路线

（4）三挡动力路线。三挡使由输入轴驱动的中间轴齿轮被机械地锁定于输出轴上的三挡齿轮（如图2-15）。三挡/四挡同步器接合套移动与三挡齿轮的接合齿接合。来自第一轴的动力传到中间轴齿轮，然后传至三挡齿轮。三挡齿轮上的接合齿使同步器接合套旋转，进而旋转花键毂和输出轴，从而输出动力。

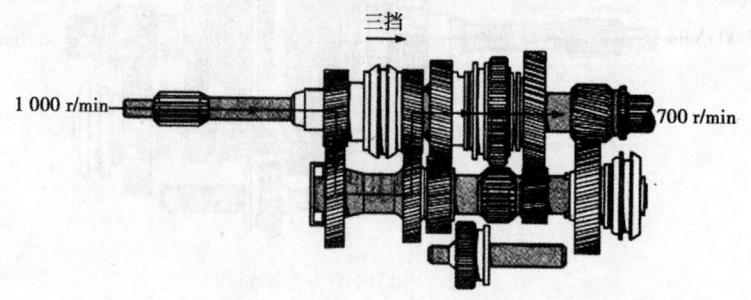

图2-15 三挡动力传递路线

(5) 四挡动力路线。四挡使输出轴机械地锁定到输入轴上(如图 2-16)。三挡/四挡同步器接合套移动使输入齿轮的接合齿接合。动力从输入轴流入,通过同步器接合套和花键毂,然后通过输出轴输出动力。两轴的直接连接,使输出轴以与输入轴相同的速度旋转,从而提供直接传动。

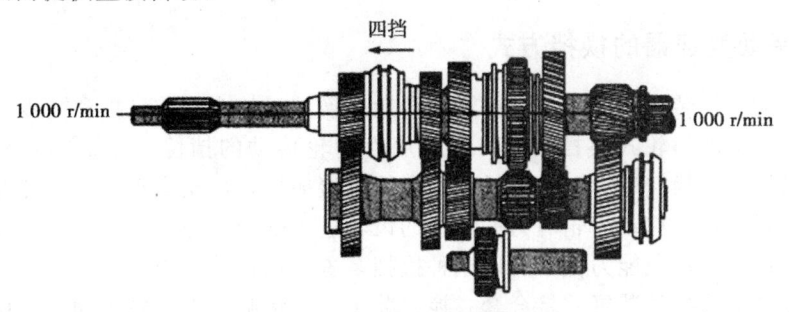

图 2-16 四挡动力传递路线

(6) 五挡动力路线。五挡使由输入轴驱动的中间轴齿轮带动五挡齿轮旋转(如图 2-17)。五挡同步器接合套移动与五挡齿轮上的接合齿接合。输入轴上的动力传到中间轴齿轮,然后传到五挡齿轮。动力通过同步器接合套和花键毂传到输出轴输出。因此,输出轴以比输入轴更高的速度旋转。

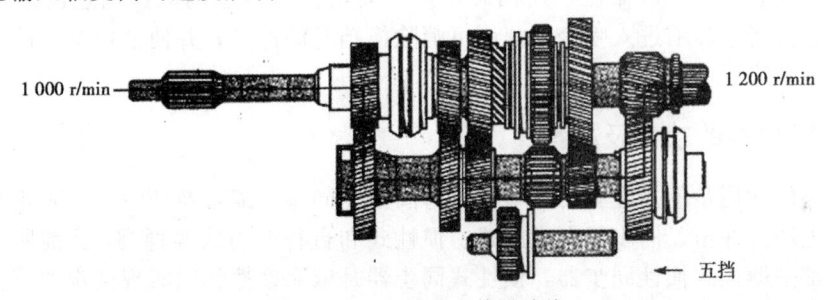

图 2-17 五挡动力传递路线

(7) 倒挡动力路线。在倒挡位置,若变速箱具有同步器倒挡齿轮,则倒挡同步器接合套移动与倒挡齿轮接合。动力通过输入轴流入,进入中间轴齿轮,通过倒挡中间轮进入输出轴上的倒挡齿轮。倒挡齿轮旋转同步器接合套,同步器接合套以相反方向旋转花键毂和输出轴。

若倒挡齿轮为非同步的齿轮,则倒挡换挡中继杆滑动倒挡中间轮与中间轴上的倒挡齿轮和输出轴上的倒挡齿轮啮合(如图 2-18)。倒挡中间轮使输出轴倒挡齿轮逆时针旋转。中间轴逆时针旋转,并使输出轴顺时针旋转,从而使车辆移动。

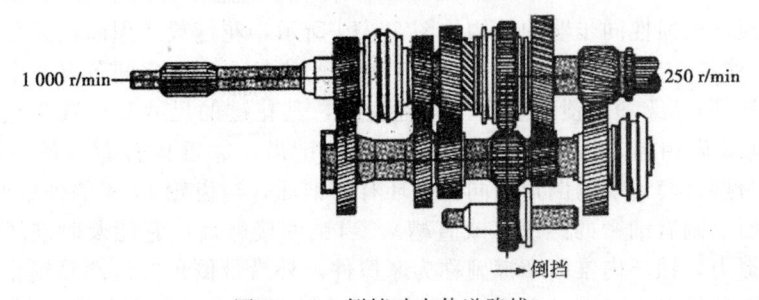

图 2-18 倒挡动力传递路线

# 任务 2.3　同步器

## 一、手动变速器的换挡方式

变速器的换挡装置有三种：直齿滑动齿轮式换挡、接合套式换挡和同步器式换挡。

（1）直齿滑动齿轮式换挡装置。在采用直齿轮传动的挡位（如某些变速器中的倒挡）中常采用这种换挡装置。它通过移动齿轮直接换挡，齿轮为直齿，内孔有花键孔套在花键轴上，由拨叉移动齿轮与另一轴上的齿轮进入啮合或退出啮合。由于直齿轮传动冲击大，噪声大，承载能力低，所以这种换挡装置应用得越来越少。

（2）接合套式换挡装置。接合套式换挡装置用于常啮合斜齿轮传动的挡位，它利用移动套在花键毂上的接合套与传动齿轮上的接合齿圈相啮合或退出来进行换挡。该换挡装置接合齿短，换挡时拨叉移动量小，故操作轻便，换挡元件承受冲击的工作面积增加，使换挡冲击减小，换挡元件的寿命增长。

（3）同步器式换挡装置。它是在接合套式换挡装置的基础上又加装了同步元件而构成的一种换挡装置，可以保证在换挡时使接合套与待啮合齿圈的圆周速度迅速达到同步，并防止二者同步前进入啮合，从而可消除换挡时的冲击，并使换挡操纵简单，故同步器式换挡被广泛应用。

## 二、同步器的功用及类型

同步器的功用是使接合套与待啮合的齿圈迅速同步，缩短换挡时间，防止在同步前啮合而产生换挡冲击。同步器有常压式、惯性式和自行增力式等种类，目前所采用的同步器几乎都是摩擦式惯性同步器，惯性式同步器是依靠摩擦作用实现同步的，在其上面设有专门机构，以保证接合套与待啮合的花键齿圈在达到同步之前不能接触，从而避免齿间冲击。按锁止装置不同，惯性同步器又可分为锁环式惯性同步器和锁销式惯性同步器。锁环式同步器又分为齿环式同步器和增力式同步器（Porsche）。而齿环式同步器根据同步锥面的数量不同又可分为：单锥式、双锥式和多锥式几种。

## 三、同步器的构造及工作原理

**1. 单锥面锁环式同步器**

（1）构造

单锥面锁环式惯性同步器的结构如图 2-19 所示，花键毂 7 用内花键套装在二轴外花键上，用垫圈、卡环轴向定位。花键毂 7 两端与齿轮 1 和 4 之间各有一个青铜制成的锁环（即同步环）5 和 9。锁环上有短花键齿圈，其花键的尺寸和齿数与花键毂、齿轮 1 和 4 的外花键齿相同。两个齿轮和锁环上的花键齿，靠近接合套 8 的一端都有倒角（锁止角），与接合套齿端的倒角相同。锁环有内锥面，与齿轮 1，4 的外锥面锥角相同。在锁环内锥面上制有细密的螺纹（或直槽），当锥面接触后，它能及时破坏油膜，增加锥面间的摩擦力。锁环内锥面摩擦副称为摩擦件，外沿带倒角的齿圈是锁止件，锁环上还有三个均布的缺口 12。三个滑块 2 分别装在花键毂 7 上三个均布的轴向槽 11 内，沿槽可以轴向移动。滑块被两个弹簧圈 6 的径向力压向接合套，滑块中部的凸起部位压嵌在接合套中部的环槽 10 内。滑块和弹簧是推动件。滑块两端伸入锁环 5 的缺口 12 中，滑块窄，缺口宽，两者之差等于锁环的花键齿宽。锁环相对滑块顺转和逆转都只能转动半个齿宽，且只有当滑块位于锁环缺口的中央时，接合套与锁环才能接合。

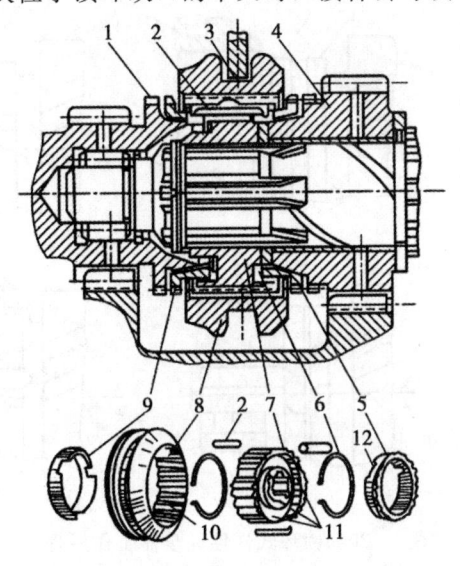

图 2-19 单锥面锁环式同步器
1——轴常啮合齿轮的接合齿圈；2-滑块；3-拨叉；4-二轴齿轮；5，9-锁环（同步环）；
6-弹簧圈；7-花键毂；8-接合套；10-环槽；11-三个轴向槽；12-缺口

（2）工作原理

以二挡换三挡为例说明同步器的工作原理，如图 2-20 所示。①空挡位置，接合套 8 刚从二挡退入空挡时，如图 2-20（a）所示，三挡齿轮 1、接合套 8、锁环 9 以及与其有关联的运动件，因惯性作用而沿原方向继续旋转（图示箭头方向）。由于齿轮 1 是高挡齿轮（相对于二挡齿轮来说），所以接合套 8、锁环 9 的转速低于齿轮 1 的转速。②挂挡，欲换入三挡时，驾驶员通过变速杆使拨叉 3 推动接合套 8 连同滑块 2 一起向左移动，如图 2-20（b）所示，滑块又推动锁环移向齿轮 1，使锥面接触。驾驶员作用在接合套上的轴向推力，使两锥面有正压力 N，又因两者有转速差，所以产生摩擦力矩。通过摩擦作用，齿轮 1 带动锁环相对于接合套向前转动一个角度，使锁环缺口靠在滑块的另一侧（上侧）为止，此时接合套的内齿与锁环上错开了约半个齿宽，接合套的齿端倒角面与锁环的齿端倒角面互相抵住。③锁止，驾驶员的轴向推力使接合套的齿端倒角面与锁环的齿端倒角面之间产生正压力，形成一个企图拨动锁环相对于接合套反转的力矩，称为拨环力矩。这样，在锁环上同时作用着方向相反的摩擦力矩和拨环力矩，同步器的结构参数可以保证在同步前（存在摩擦力矩）拨环力矩始终小于摩擦力矩，所以在同步之前无论驾驶员施加多大的操纵力，都不会挂上挡，即产生锁止作用，如图 2-20（b）所示。④同步啮合，随着驾驶员施加于接合套上的推力加大，摩擦力矩不断增加，使齿轮 1 的转速迅速降低。当齿轮 1、接合套 8 和锁环 9 达到同步时，作用在锁环上的摩擦力矩消失。此时在拨环力矩的作用下，锁环 9、齿轮 1 以及与之相连的各零件都对于接合套反转一角度，滑块 2 处于锁环缺白的中央如图 2-20（c）所示，键齿不再抵触，锁环的锁止作用消除。接合套压下弹簧圈继续左移（滑块脱离接合套的内环槽而不能左移），与锁环的花键齿圈进入啮合。进而再与齿轮1进入啮合，如图2-20（d），换入三挡。

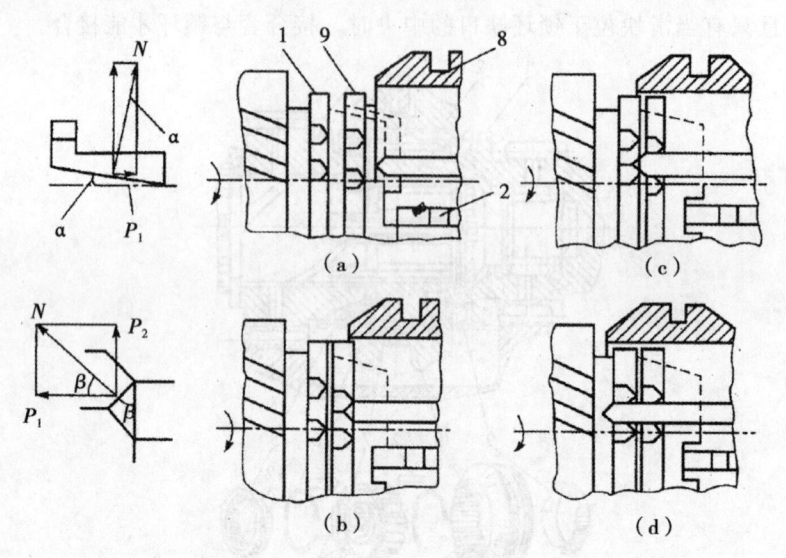

图2-20 锁环式惯性同步器工作原理
1-待啮合齿轮的接合齿圈；2-滑块；8-接合套；9-锁环（同步环）

锁环式同步器尺寸小、结构紧凑、摩擦力矩也小，多用于轿车和轻型车辆。

### 2. 双锥面锁环式同步器

通常双锥面同步器为三个环组成：内环、中环和同步环。中环是插在齿轮上的，它与两个锥面都可以结合，所以中环所受的力有可能是内环方向过来的力，也可能是同步环方向过来的力，双锥同步器的中环作用就在于此，所以双锥同步器和单锥同步器相比，能适当增大换挡时同步器摩擦力，使换挡变得轻快。特别是在挡位较低的1挡和2挡，同步器更是直接影响了车辆起步时的舒适性和动力性能的发挥。基于以上这些原因，MQ200在1挡和2挡设计采用了双锥面同步器（图2-21），它的圆锥环的面积约增加了2倍，从而使得同步性能提升了50%，换挡力度也相应地减少了一半，这便是MQ200操控舒适性良好的重要原因之一。

图2-21 MQ200变速器1/2挡双锥面同步器

## 任务 2.4　手动变速器操纵机构

### 一、变速器操纵机构的功用与要求

变速器操纵机构的功用是保证驾驶员根据汽车使用条件，准确可靠地使变速器挂入所需要的挡位工作，并可随时使之退入空挡。为了使变速器在任何情况下都能准确、安全、可靠地工作，对变速器操纵机构提出下列要求。

（1）能防止变速器自动换挡和自动脱挡，为此，在操纵机构中应设有自锁装置。

（2）能保证变速器不会同时挂入两个挡位，以免造成发动机熄火或零部件的损坏。为此，在操纵机构中应设有互锁装置。

（3）能防止误挂倒挡，为此，在操纵机构中应设有倒挡锁装置。

### 二、变速器操纵机构的类型及构造

变速器操纵机构根据其变速操纵杆（简称变速杆或换挡杆）与变速器的相互位置的不同，可分为直接操纵式和远距离操纵式两种类型。

#### 1. 直接操纵式操纵机构

直接操纵式变速器的变速杆及所有换挡操纵装置都设置在变速器盖上，驾驶员可直接操纵变速杆来拨动变速器盖内的换挡操纵装置进行换挡。它具有换挡位置易确定、换挡快、换挡平稳等优点。一般前置发动机后轮驱动汽车的变速器距离驾驶员座位较近，使用此种操纵形式较多。如图 2-22 为解放 CA1092 型汽车六挡变速器操纵机构示意图。

拨叉轴 7，8，9 和 10 的两端均支撑于变速器盖的相应孔中，可以轴向滑动。所有的拨叉和拨块都以弹性销固定于相应的拨叉轴上。三挡、四挡拨叉 2 的上端带有拨块。拨叉 2 和拨块 3，4，14 的顶部制有凹槽。变速器处于空挡时，各凹槽在横向平面内对齐，叉形拨杆 13 下端的球头即伸入这些凹槽中。选挡时可使变速杆绕其中部球形支点横向摆动，则其下端推动叉形拨杆 13 绕换挡轴 11 的轴线摆动，从而使叉形拨杆下端球头对准与所选挡位对应的拨块凹槽，然后使变速杆纵向摆动，带动拨叉轴及拨叉向前或向后移动，即可实现挂挡。例如，横向摆动变速杆使叉形拨杆下端球头深入拨块 3 顶部凹槽中，拨块 3 连同拨叉轴 9 和拨叉 5 即沿纵向向前移动一定距离，便可挂入二挡；若向后移动一段距离，则挂入一挡。当使叉形拨杆下端球头深入拨块 14 的凹槽中，并使其向前移动一段距离时，便挂入倒挡。

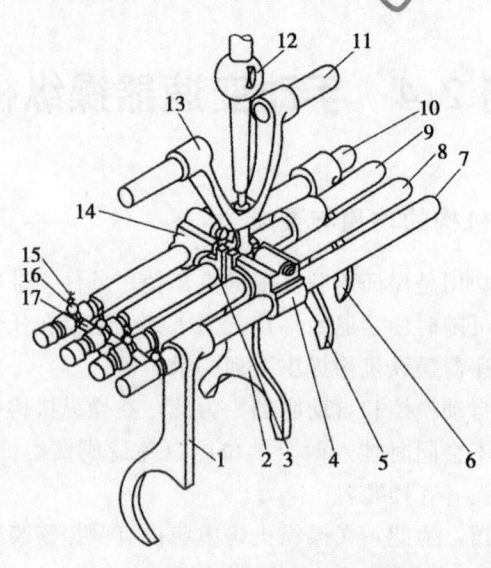

图 2-22　六挡变速器直接操纵式操纵机构

1-五挡、六挡拨叉；2-三挡、四挡拨叉；3-一挡、二挡拨块；4-五挡、六挡拨块；5-一挡、二挡拨叉；6-倒挡拨叉；7-五挡、六挡拨叉轴；8-三挡、四挡拨叉轴；9-一挡、二挡拨叉轴；10-倒挡拨叉轴；11-换挡轴；12-变速杆；13-叉形拨杆；14-倒挡拨块；15-自锁弹簧；16-自锁钢球；17-互锁销

不同变速器由于挡位数及挡位排列位置不同，其拨叉和拨叉轴的数量及排列位置也不相同。例如，上述的六挡变速器的六个前进挡用了三根拨叉轴，倒挡独立使用了一根拨叉轴，共有四根拨叉轴；五挡变速器具有三根拨叉轴，其二、三挡和四、五挡各占一根拨叉轴，一挡和倒挡共用一根拨叉轴。

### 2. 远距离操纵式操纵机构

发动机前置前轮驱动或发动机后置后轮驱动的汽车上，通常汽车变速器距离驾驶员座位较远，因而变速杆不能直接布置在变速器盖上，变速杆和变速器之间通常需要用连杆机构连接，进行远距离操纵。为此在变速杆与变速器之间加装了一套传动杆件，构成远距离操纵的形式。它具有变速杆占据驾驶室空间小、驾驶室乘坐方便等优点，但换挡操作的准确性和可靠性稍差。

图 2-23 所示为变速杆安装在驾驶室地板上的典型双钢索换挡联动装置（捷达、宝来），其变速杆在驾驶员座位近旁，穿过驾驶室地板安装在车架上，中间通过一根选挡拉索传递变速杆的左右摆动动作 B 实现选挡，挂挡拉索传递变速杆的前后移动动作 A 实现挂挡。丰田花冠、威驰、东南菱帅、北京现代等都是采用此种操纵形式。

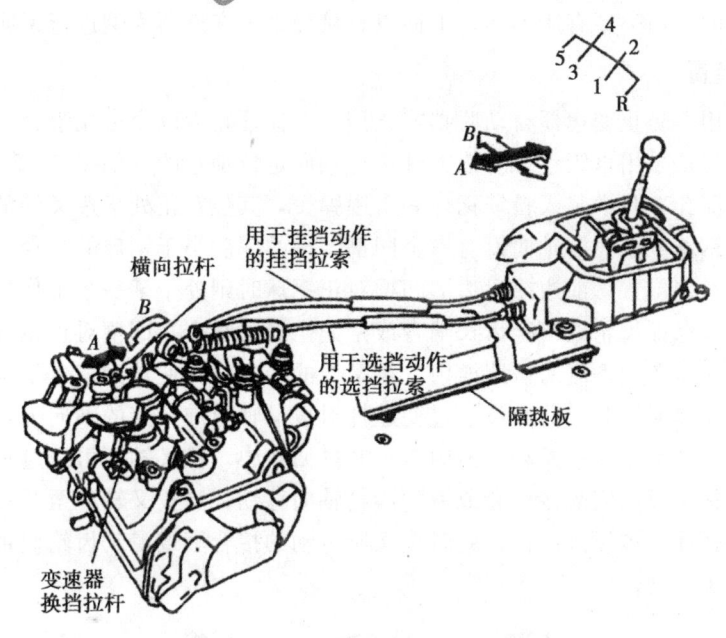

图 2-23 典型双钢索换挡联动装置（捷达、宝来）

还有一些轿车和轻型货车的变速杆被安装在转向柱管上，如图 2-24 所示，因此，变速杆与变速器之间也是通过一系列的传动件进行传动，这是远距离操纵的另一种形式。它具有变速杆占用驾驶室空间小，乘坐空间大、舒适等优点，在很多美国产车型中较为多见。

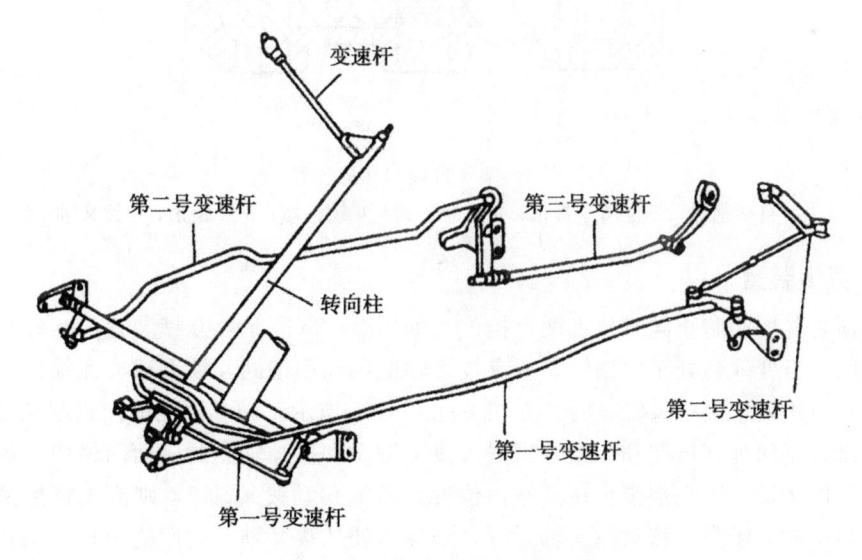

图 2-24 柱式换挡操纵装置

### 三、锁止装置

为了保证变速器在任何情况下都能准确、安全、可靠地工作，变速器操纵机构一般都具有换挡锁装置。换挡锁装置包括自锁装置、互锁装置和倒挡锁装置。不同变速器的换挡锁止装置的结构类型有所不同，下面以直接操纵式变速器为例进行说明。

**1. 自锁装置**

自锁装置用于防止变速器自动脱挡或挂挡，并保证轮齿以全齿宽啮合。大多数变速器的锁止装置都是采用自锁钢球对拨叉轴进行轴向定位锁止的。如图 2-25 所示，在变速器盖中钻个深孔，孔中装入自锁钢球和自锁弹簧，其位置正处于拨叉轴的正上方，每根拨叉轴对着钢球 1 表面沿轴向设有三个凹槽，槽的深度小于钢球的半径。中间的凹槽对正钢球时为空挡位置，前边或后边的凹槽对正钢球时则处于某一个工作挡位置，相邻凹槽之间的距离保证齿轮处于全齿长啮合或是完全退出啮合，凹槽对正钢球时，钢球便在自锁弹簧的压力作用下嵌入该凹槽内，拨叉 3 的轴向位置便被固定，不能自行挂挡或自行脱挡。当需要换挡时，驾驶员通过变速杆对拨叉轴施加一定的轴向力，克服自锁弹簧的压力而将自锁钢球从拨叉轴凹槽中挤出并推回孔中。拨叉轴 6 可滑过钢球进行轴向移动，并带动拨叉及相应的接合套或滑动齿轮轴向移动，当拨叉轴移至其一个凹槽与钢球相对正时，钢球又被压入凹槽，此时拨叉所带动的接合套或滑动齿轮便被拨入空挡或被拨入另一个工作挡位。

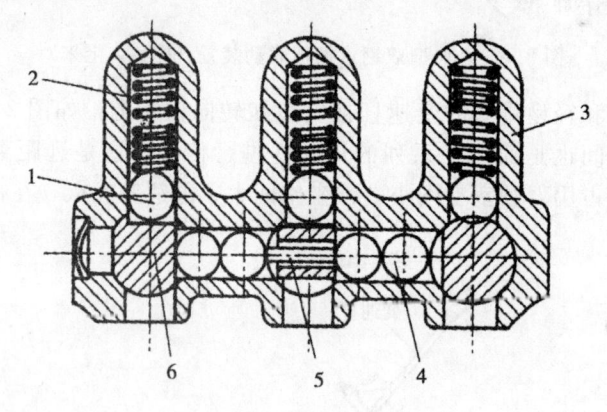

图 2-25 自锁和互锁装置

1-自锁钢球；2-自锁弹簧；3-变速器盖；4-互锁钢球；5-互锁销；6-拨叉轴

**2. 互锁装置**

互锁装置用于防止同时挂上两个挡位。如图 2-26 所示，互锁装置由互锁钢球和互锁销组成。当变速器处于空挡时，所有拨叉轴的侧面凹槽同互锁钢球、互锁销都在一条直线上。当移动中间拨叉轴 3 时，如图 2-26（a）所示，轴 3 两侧的内钢球从其侧凹槽中被挤出，而两外钢球 2 和 4 则分别嵌入拨叉轴 1 和拨叉轴 5 的侧面凹槽中，因而将拨叉轴 1 和拨叉轴 5 刚性地锁止在其空挡位置。若欲移动拨叉轴 5，则应先将拨叉轴 3 退回到空挡位置。于是在移动拨叉轴 5 时，钢球 4 便从拨叉轴 5 的凹槽中被挤出，同时通过互锁销 6 和其他钢球将拨叉轴 3 和拨叉轴 1 均锁止在空挡位置，如图 2-26（b）所示。同理，当移动拨叉轴 1 时，则拨叉轴 3 和拨叉轴 5 被锁止在空挡位置，如图 2-26（c）所示。由此可知，互锁装置工作的机理是当驾驶员用变速杆推动某一拨叉轴时，自动锁止其余拨叉轴，从而防止同时挂上两个挡位。

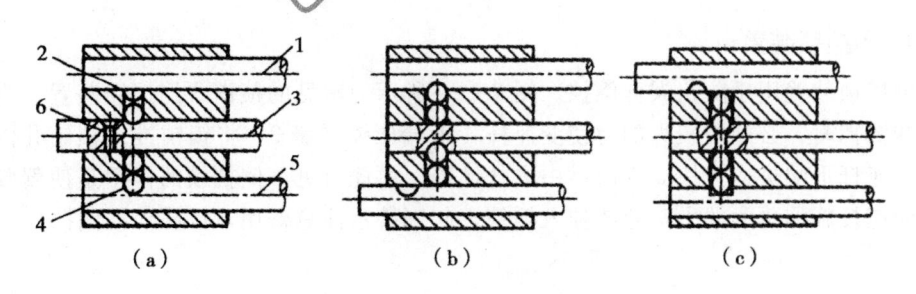

图 2-26 互锁装置示意图

1,3,5-拨叉轴；2,4-互锁钢球；6-互锁销

有的车辆变速器上采用的自锁装置为转动钳口式的，如上海 SH1040 轻型载货汽车的变速器，其操纵机构见图 2-27。变速杆下端球头放在钳口中，钳形板可绕轴摆动。需要换挡时，变速杆先拨动钳形板处于某一拨叉轴的凹槽中，然后换入需要的挡位，其他两个挡位的拨叉凹槽被钳形爪挡住，起到互锁作用。

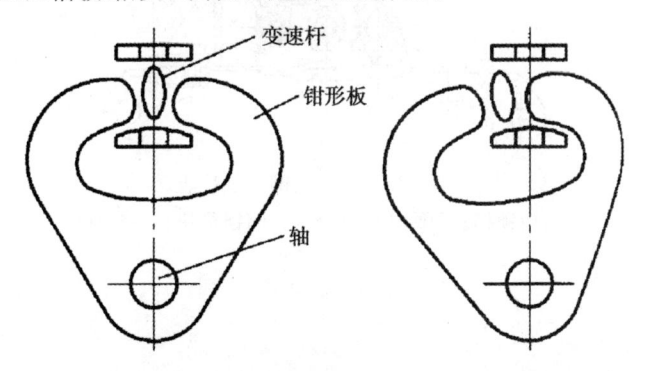

图 2-27 转动钳口式锁止装置

有的变速操纵机构将自锁装置和互锁装置合二为一，如图 2-28 所示。空心锁销 1 内装有自锁弹簧 2。图中所示位置为空挡，此时两锁销内端面距离 a 等于槽深 b，不可能同时拨动两根拨叉轴，起互锁作用。另外，自锁弹簧的预紧力和空心锁销 1 对拨叉轴又起到自锁作用。北京 BJ2020N 型越野车采用这种类型的操纵机构。

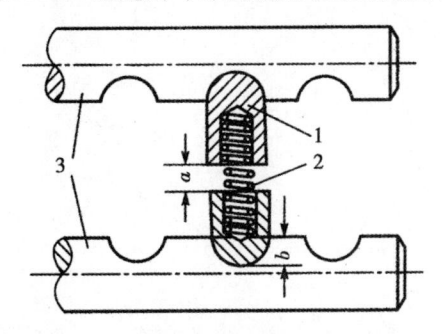

图 2-28 合二为一的自锁和互锁装置

1-锁销；2-锁止弹簧；3-拨叉轴

### 3. 倒挡锁装置

倒挡锁装置用于防止误挂倒挡。图 2-29 所示为常见的锁销式倒挡锁装置。当驾驶员想挂倒挡时，必须用较大的力使变速杆 4 下端压缩弹簧 2，将锁销推入锁销孔内，才能使变速杆下端进入拨块 3 的凹槽中进行换挡。由此可见，倒挡锁的作用是使驾驶员必须对变速杆施加更大的力，才能挂入倒挡，起到警示注意作用，以防误挂倒挡。

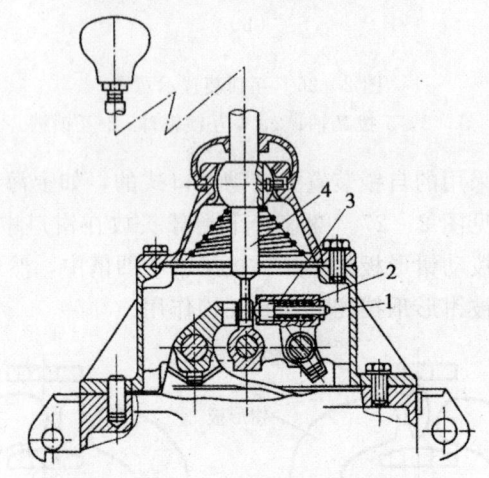

图 2-29 锁销式倒挡锁装置
1-倒挡锁销；2-倒挡锁弹簧；3-倒挡拨块；4-变速杆

# 项目三　自动变速器检修

### 项目描述

有一位丰田轿车车主反映该车装有自动变速器，在汽车起步时，由停车挡或空挡挂入倒挡或前进挡时汽车振动较严重，起步后无明显现象。

### 项目分析

自动变速器由于操作简单、换挡平顺、行驶的平稳性好，所以目前自动挡的汽车占比逐渐增加。自动变速器的故障率相对较小，其主要有常见的十几种故障。上述故障为换挡冲击的故障，主要的原因可能有：发动机怠速过高、主油路油压过高或换挡执行元件打滑。

通过这个项目的学习，我们可以在掌握自动变速器相关知识的基础上，分析并解决自动变速器的常见故障。

### 知识及任务

## 任务 3.1　电控液力自动变速器检修

**学习目标**

**1. 知识目标**

(1) 了解自动变速器的组成、工作原理及优缺点。
(2) 掌握自动变速器汽车的使用方法。
(3) 了解齿轮传动机构的基本组成。
(4) 熟悉各种控制阀的作用与工作原理。
(5) 了解自动变速器电控系统的组成。
(6) 能够对实车的电控系统进行检测，并对结果进行正确分析。

**2. 技能目标**

(1) 掌握自动变速器的液位检查方法。
(2) 掌握自动变速器油的更换方法。
(3) 能够正确拆装自动变速器的齿轮传动部分。
(4) 能够对齿轮传动部分进行正确检修。
(5) 能对油泵进行检修。
(6) 能对变速器油冷却器进行检修。
(7) 能够对实车的电控系统进行检测，并对结果进行正确分析。
(8) 能够完成自动变速器性能检测。

## 3.1.1 自动变速器基础知识

### 一、自动变速器分类

自动变速器可以按结构和控制方式、车辆驱动方式、挡位数的不同来分类。

**1. 按结构和控制方式分类**

自动变速器按结构、控制方式的不同，可以分为液力式自动变速器、无级自动变速器和机械式自动变速器。

(1) 机械式自动变速器

机械式自动变速器简称 AMT，它是在原有手动变速器的基础上增加了电子控制系统，来自动控制离合器的接合、分离和变速器挡位的变换。

(2) 无级自动变速器

无级自动变速器简称 CVT，它是采用传动带和工作直径可变的主、从动轮相配合来传递动力，可以实现传动比的连续改变。这也是一种具有广阔发展前景的自动变速器。

(3) 电控液力式自动变速器

电控液力式自动变速器是目前应用最广泛、技术最成熟的自动变速器。按照变速机构（机械变速器）的不同，电控液力自动变速器又可以分为行星齿轮自动变速器和平行轴齿轮自动变速器，行星齿轮自动变速器应用最广泛。

**2. 按车辆的驱动方式分类**

自动变速器按车辆驱动方式的不同，可以分为自动变速器和自动变速驱动桥。

**3. 按自动变速器前进挡的挡位数分类**

按照自动变速器选挡杆置于前进挡时的挡位数，可以分为四挡、五挡、六挡等，目前比较常见的是五挡和六挡自动变速器，部分高档轿车配置 08 挡自动变速箱。

### 二、自动变速器组成

液力自动变速器主要由液力变矩器、机械变速器、液压控制系统、电子控制系统和冷却滤油装置等组成，如图 3-1 所示。

**1. 液力变矩器**

液力变矩器是一个通过自动变速器油（ATF）传递动力的装置，其主要功用是：在一定范围内自动、连续地改变转矩比，以适应不同行驶阻力的要求；具有自动离合器的功用。在发动机不熄火、自动变速器位于动力挡（D 或 R 位）的情况下，汽车可以处于停车状态。驾驶员可通过控制节气门开度控制液力变矩器的输出转矩，逐步加大输出转矩，实现动力的柔和传递。

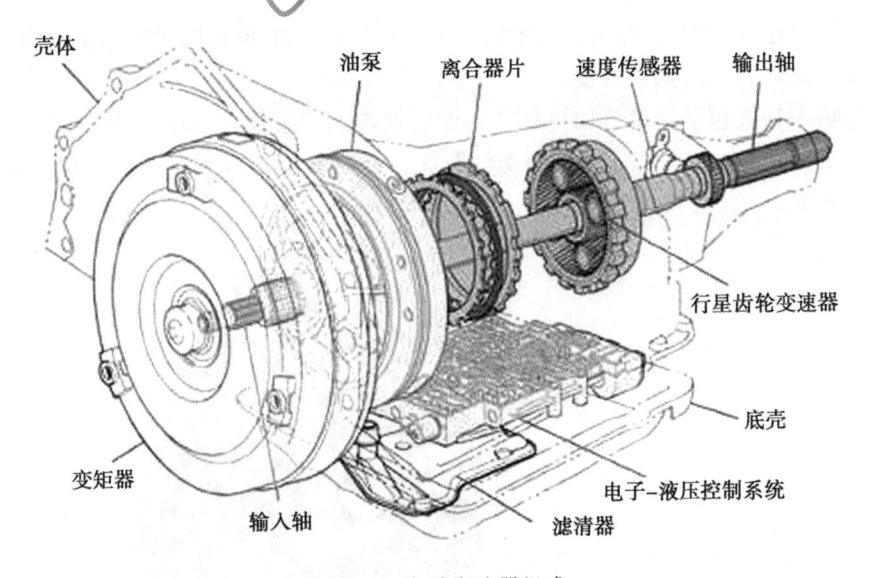

图 3-1 自动变速器组成

**2. 机械变速器**

由行星齿轮机构或平行轴齿轮机构组成，不同的运动状态组合可得到不同的速比，实现不同的挡位，其功用主要有：在液力变矩器的基础上再将转矩增大 2~4 倍，以提高汽车的行驶适应能力；实现倒挡传动；实现空挡。

**3. 液压控制系统**

液压控制系统是由油泵（图 3-2）、各种控制阀及与之相连通的液压换挡执行元件（如离合器、制动器等）组成的液压控制回路。汽车行驶中根据驾驶员的要求和行驶条件的需要，控制离合器和制动器的工作状况的改变来实现机械变速器的自动换挡。

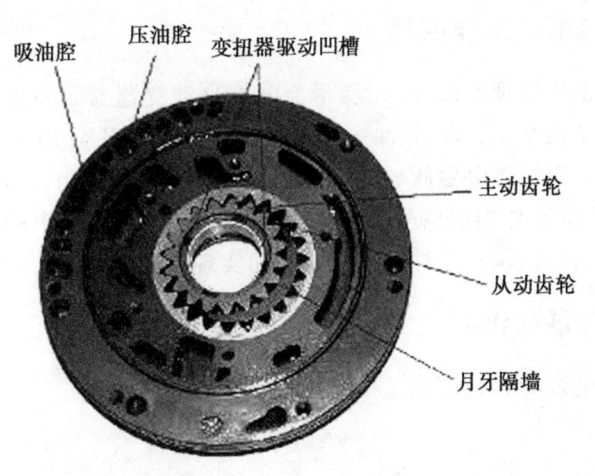

图 3-2 自动变速器油泵

**4. 电子控制系统**

电子控制系统由信号输入装置、电控单元和执行器（电磁阀）组成。自动变速器的各种控制信号输入 ECU，经 ECU 处理后发出控制指令控制液压系统中的各种电磁阀，实现自动换挡，并改善换挡性能。

信号输入装置包括：节气门电位计、变速器转速传感器、车速传感器、发动机转速传感器、多功能开关（图 3-3）、制动灯开关、强制低速挡开关、变速器机油温度传感器多功能开关。

多功能开关

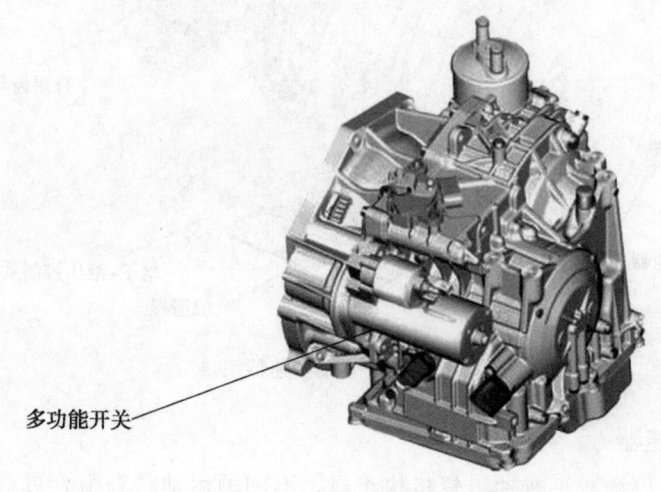

图 3-3　多功能开关

### 5. 冷却滤油装置

自动变速器油（ATF）在自动变速器工作过程中会因冲击、摩擦产生热量，并还要吸收齿轮传动过程中所产生的热量，油温会升高。ATF 是通过油冷却器与冷却液或空气进行热量交换的。自动变速器工作中各部件磨损产生的机械杂质，由滤油器从油中过滤分离出去，以减少机械的磨损、堵塞液压油路和控制阀卡滞。

## 三、自动变速器的工作原理

自动变速器的工作原理如图 3-4 所示。电控自动变速器是将发动机的转速、节气门开度、车速、发动机水温、ATF 油温等参数信号输入 ECU，ECU 根据这些信号，按照设定的换挡规律，向换挡电磁阀、油压电磁阀等发出动作控制信号，换挡电磁阀和油压电磁阀再将 ECU 的动作控制信号转变为液压控制信号，阀板中的各控制阀根据这些液压控制信号，控制换挡执行元件的动作，从而实现自动换挡。

## 四、自动变速器的优点

（1）整车具有更好的驾驶性能。
（2）良好的行驶性能。
（3）较高的行车安全性。
（4）降低废气排放。

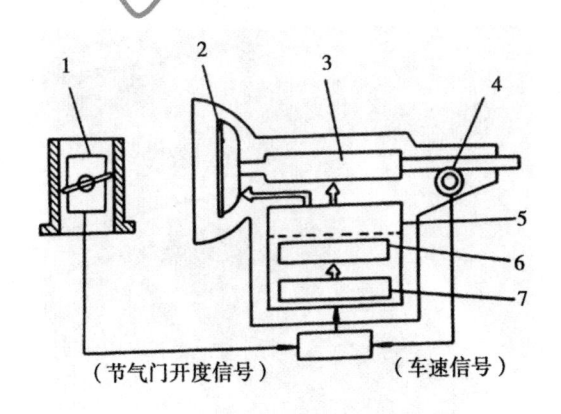

图 3-4 自动变速器工作原理

1-节气门位置传感器；2-液力变矩器；3-行星齿轮变速器；4-车速传感器；5-液压控制装置；
6-换挡阀；7-电磁阀

## 五、自动变速器的使用

### 1. 选挡杆的使用

自动变速器的选挡杆通常有6个位置，如图3-5所示。其功能如下：

P位：驻车挡。选挡杆置于此位置时，驻车锁止机构将自动变速器输出轴锁止。

R位：倒挡。选挡杆置于此位置时，液压系统倒挡油路被接通，驱动轮反转，实现倒向行驶。

N位：空挡。选挡杆置于此位置时，所有机械变速器的齿轮机构空转，不能输出动力。

D位：前进挡。选挡杆置于此位置时，液压系统控制装置根据节气门开度信号和车速信号自动接通相应的前进挡油路，变速器在换挡执行元件的控制下得到相应的传动比。随着行驶条件的变化，在前进挡中自动升降挡，实现自动变速功能。

3位：选挡杆置于此位置时，液压控制系统只能接通前进挡中的一、二、三挡油路，自动变速器只能在这三个挡间自动换挡，无法升入更高的挡位，从而避免汽车在凸凹不平的路面上频繁换挡。

2位：高速发动机制动挡。选挡杆置于此位置时，液压控制系统只能接通前进挡中的一、二挡油路，自动变速器只能在这两个挡间自动换挡，无法升入更高的挡位，从而使汽车获得发动机制动效果。

1位（也称L位）：低速发动机制动挡。选挡杆置于此位置时，汽车被锁定在前进挡的一挡，只能在该挡位行驶而无法升入高挡，发动机制动效果更强。

1位和2位多用于山区等路况的行驶，可避免频繁换挡，提高变速器的使用寿命。

图3-5　自动变速器选挡杆位置示意图

**2. 汽车驾驶时的注意事项**

（1）汽车起动

1）起动发动机时选挡操纵手柄必须停放在 P 位或 N 位。

2）汽车在停放状态下起动，必须拉紧驻车制动，踩下制动踏板，然后旋转点火开关起动发动机。在没有制动状态下起动发动机，有时会发生瞬间起步现象，容易发生意外。

3）换挡杆只有在 P 位置时才能拔下钥匙。

（2）汽车起步

发动机起动后须停留几秒钟再挂挡行车。换挡时必须查看选挡杆的位置或仪表板上挡位指示是否确实无误。选定挡位后，放松驻车制动再缓慢放松制动踏板，利用蠕动现象使汽车缓慢起步。

在寒冷的冬季，行车前先起动发动机预热1分钟后再挂挡行驶。

（3）拖车时注意事项

使用自动变速器的汽车，拖车时必须将选挡杆置于 N 挡，低速行驶（不得超过 50 km/h），每次被牵引距离不得超过 50 km。高速长距离牵引时，自动变速器内的旋转件，会因缺乏润滑而烧蚀并发生卡滞。

自动变速器自身有故障需要牵引时，后轮驱动的车型应拆去传动轴，前轮驱动的车型应支起驱动轮。

（4）倒车时注意事项

汽车完全停止行驶后，把换挡杆由 D 位换至 R 位。没有停稳时不允许从前进挡换入倒挡，也不允许从倒挡换入前进挡，否则会引起多片离合器和制动器损坏。

（5）临时停车

在等交通信号临时停车时，换挡杆停在 D 位，只需用脚制动防止汽车蠕动。这样放松制动就可以重新起步。但停车时间较长时，须拉紧驻车制动。

(6) 挡位使用中需注意的一些问题

1) 不要在 N 位上滑行。高速滑行时车速高，发动机却怠速运转，油泵出油量减少，输出轴上所有的零件仍在高速运转，会由于润滑油不足而烧坏。

2) 低速挡属于发动机强制制动挡，L 位或 1 位通常只在泥泞道路和上长坡时使用，不宜长期使用；2 位通常在不太好的路面或下坡时使用，也不宜长期使用。

3) 若自动变速器的控制单元因电气故障而导致其进入应急状态，此时只有 3、1、R 挡可以工作，应及时查明故障并排除，否则会损坏自动变速器内的多片离合器。

### 3. 节气门的巧用

(1) 快速放松节气门实现提前升挡

汽车在 D 位上一挡起步，保持节气门开度为 20%～50%，加速到 15 km/h 时，快速放松加速踏板，变速器便可立即从一挡升入二挡。然后继续踩加速踏板，加速到 30 km/h 时，再次放松加速踏板，变速器便可以从二挡升入三挡。然后再用这种方法从三挡升入四挡。

用这种快速收节气门的方式完成升挡，可以降低发动机磨损，而且没有加速油耗和加速噪声。乘坐舒适性好，换挡快。

(2) 踩下加速踏板实现提前降挡

在汽车达到规定的降挡点车速时，稍踩加速踏板，即可实现降挡。并可获得和收油门升挡时一样的好处。

## 六、自动变速器油液的检查与更换

### 1. 渗漏的检查

如图 3-6 所示，确保壳接触面，轴和拉索伸出的区域、油封、排放塞和加注塞、管道和软管接头等没有液体渗漏。同时检查油冷却软管是否有裂纹、隆起或者损坏。

图 3-6　检查油液的渗漏

### 2. 自动变速器油液面高度的检查

ATF 液面高度过高会导致主油压过高，从而出现换挡冲击振动、换挡提前等故障；

ATF油液面高度过高还会导致空气进入ATF。如果ATF液面高度过低则又会导致主油压过低，从而出现换挡滞后、离合器和制动器打滑等故障。

(1) 带有油标尺的液位检查

如图3-7所示，具体操作步骤如下。

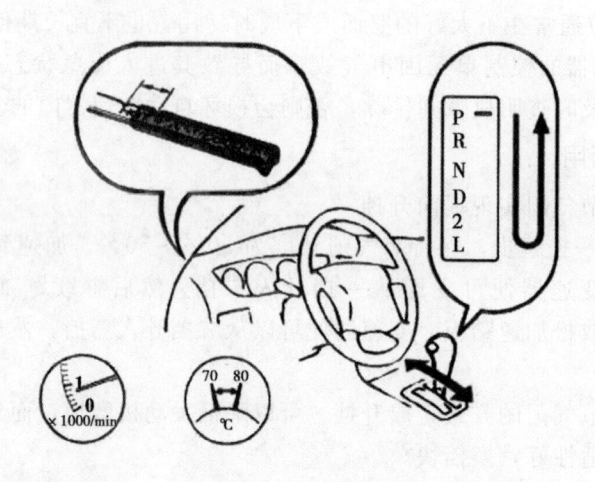

图3-7 液位检查

1) 行驶车辆，使发动机冷却液温度和自动变速器ATF油温达到正常工作温度。

2) 将车辆停在水平地面，并可靠驻车。

3) 发动机怠速运转，将选挡杆由P位换至L位，再退回P位。

4) 拉出变速器油尺，并将其擦拭干净。

5) 将油尺全部插回套管。

6) 再将油尺拉出，检查油面是否在HOT范围。

一般车辆经过1万公里的行驶里程就要检查ATF液面高度。

液位应当在正常运行的条件下检查（液温75 ℃±5 ℃）。虽然作为一个参考点给出了冷范围标记，正确的检查还是在热范围内进行。

(2) 无油标尺的液位检查

以01M自动变速器为例，说明其油面高度的检查方法。

1) 检查条件

①变速器控制单元不准进入应急状态。

②ATF油温不能超过30 ℃。

③车辆水平放置于举升机上。

④发动机怠速运转，且选挡杆置于P挡。

2) 检查方法

①连接故障诊断仪进入变速器电控系统，选择读取数据流功能，005数据组，观察第一显示区ATF油温值。

②发动机怠速运转。

③举升汽车，拆下自动变速器油底壳上用于检查油面的螺塞之后，观察螺塞孔内的溢流管，如图所示。

④当油温达到 35 ℃～45 ℃时，溢流管处应刚好有油滴出，说明油量正好；若无油滴出，则需补加 ATF 油直至溢流管处有油滴出为止。

⑤更换螺塞的密封圈，用 15N.m 力矩拧紧螺塞。

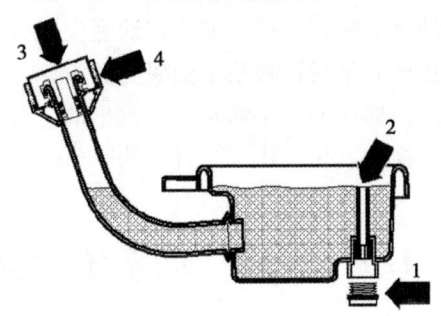

图 3-8 液位检查
1-放油螺塞；2-溢流管；3-加注口；4-加注口盖

### 3. 自动变速器油的更换

（1）更换条件

变速器在良好条件下行驶，变速器油可以使用 16 万 km 不需更换。而在恶劣环境下，汽车每行驶 8 万 km 就需要更换一次变速器油。车辆在比较恶劣的条件下使用时，一定要根据汽车的保养时间和行驶里程来更换变速器油。

恶劣条件是指：①大多数行程中，过长时间怠速或低速行驶（经常在走走停停的路况下行驶）；②多数行程车速低于 60 km/h，且发动机温度没有达到正常工作温度；③多数行程经过多尘、多沙地区；④汽车经常用于牵引作业；⑤汽车用作出租、警车等用途。

（2）更换方法

1）有放油螺塞的自动变速器

①车辆运行至自动变速器达到正常工作温度 70 ℃～80 ℃后停车熄火。

②拆下自动变速器油底壳上的放油螺塞，将油底壳内的液压油放净。

③拆下油底壳，将油底壳清洗干净。有些自动变速器的油底壳上的放油螺塞为磁性螺塞，也有些自动变速器在油底壳内专门放置一块磁铁，以吸附铁屑。清洗时必须注意将螺塞或磁铁上的铁屑清洗干净后放回。

④拆下自动变速器液压油散热器油管接头，用压缩空气将散热器内的残余液压油吹出，再接好管接头。

⑤装好管接头和放油螺塞。

⑥从自动变速器加油管中加入规定牌号的液压油。

⑦起动发动机，检查自动变速器油面高度。要注意由于新加入的油液温度较低，油面高度应在油尺刻线的下限附近。如过低，应继续加油至规定油面高度。

⑧让汽车行驶至发动机和自动变速器达到正常工作温度，再次检查油面高度是否在油尺刻线的上限附近。如过低，应继续加油直至满足规定要求为止。

⑨如果不慎加入过多液压油，使油面高于规定的高度，切不可凑合使用，应把油放

掉一些。

2) 无放油螺塞的自动变速器

有些车型的自动变速器油底壳上没有放油螺塞，应拆下整个油底壳，然后放油。拆油底壳时应先拆下后半部油底壳螺钉，拧松前半部油底壳螺钉，再将后半部油底壳撬离变速器壳体，放出部分液压油，最后再将整个油底壳拆下。

按上述方法换油时，变矩器内的液压油是无法放出的。若液压油严重变质，必须全部更换时，可先按上述方法换油，然后让汽车行驶约5min后再次换油。

## 3.1.2 齿轮传动系统检修

### 一、齿轮传动系统基础知识

**1. 齿轮传动机构功用**

液力变矩器可以在一定范围内自动无级地改变转矩和传动比，以适应行驶阻力的变化，但变矩比小，不能完全满足汽车使用的要求，必须与齿轮变速器组合使用，扩大传动比的变化范围，才能满足汽车行驶的要求。自动变速器的齿轮变速系统主要有行星齿轮系统和平行轴齿轮系统，目前绝大多数自动变速器多采用行星齿轮系统与液力变矩器配合使用。行星齿轮系统由行星齿轮机构和执行机构组成，执行机构根据自动变速器控制系统的命令放松或固定行星齿轮机构的某个元件，通过改变动力传递路线得到不同的传动比。

**2. 单排行星齿轮机构**

（1）组成

单排行星齿轮机构主要由一个太阳轮（或称为中心轮）、一个带有若干个行星齿轮的行星齿轮架和一个齿圈组成（如图3-9所示）。

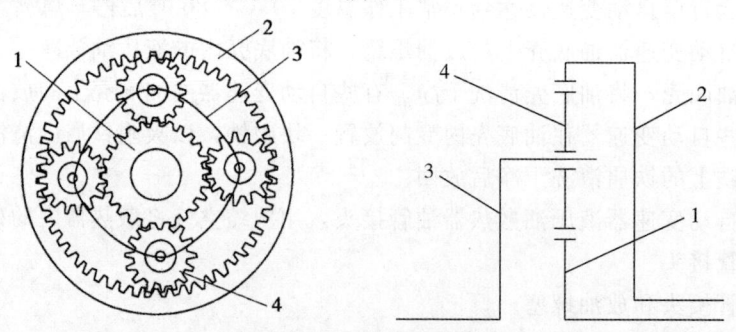

图3-9 单排行星齿轮机构

1-太阳轮；2-齿圈；3-行星齿轮架；4-行星轮

齿圈又称为齿环，有内齿，其余齿轮均为外齿轮。太阳轮位于机构的中心，行星轮与之外啮合，行星轮与齿圈内啮合。通常行星轮有3~6个，通过滚针轴承安装在行星齿轮轴上，行星齿轮轴对称、均匀地安装在行星齿轮架上。行星齿轮机构工作时，行星轮除了绕自身轴线自转外，同时还绕着太阳轮公转，行星齿轮架也绕太阳轮旋转。由于太阳轮与行星轮是外啮合,所以二者的旋转方向是相反的;而行星轮与齿圈是内啮合,则这二者的旋转方向是相同的。

(2) 运动规律

根据能量守恒定律,由作用在单排行星齿轮机构各元件上的力矩和结构参数,可以得出表示单排行星齿轮机构运动规律的特性方程式:

$$n_1 + an_2 - (1+a)n_3 = 0$$

式中,$n_1$ 为太阳轮转速;$n_2$ 为齿圈转速;$n_3$ 为行星齿轮架转速;$a$ 为齿圈齿数 $z_2$ 与太阳轮齿数 $z_1$ 之比,即 $a = z_2/z_1$,且 $a > 1$。

由于一个方程有三个变量,如果将太阳轮、齿圈和行星齿轮架中某个元件作为主动(输入)部分,让另一个元件作为从动(输出)部分,则由于第三个元件不受任何约束和限制,所以从动部分的运动是不确定的。因此为了得到确定的运动,必须对太阳轮、齿圈和行星齿轮架三者中的某个元件的运动进行约束或限制。

(3) 动力传递

通过对不同的元件进行约束和限制,可以得到不同的动力传动方式。

1) 若太阳轮为输入元件,由行星架输出,齿圈被固定。太阳轮带动行星齿轮沿静止的齿圈旋转,从而带动行星架以较慢的速度与太阳轮同向旋转,传动比为

$$i_{13} = n_1/n_3 = 1 + a$$

传动比大于2,可以作为降速挡。

2) 若输入元件是行星架,由太阳轮输出,齿圈被固定。传动比为

$$i_{31} = n_3/n_1 = 1/(1+a)$$

传动比小于1/2,变速器上很少使用。

3) 若固定元件是太阳轮,动力经齿圈输入,由行星架输出。传动比为

$$i_{23} = n_2/n_3 = 1 + 1/a$$

传动比大于1小于2,可以作为降速挡。

4) 若固定元件是太阳轮,输入元件是行星架,输出元件是齿圈。传动比为

$$i_{32} = n_3/n_2 = a/(1+a)$$

传动比大于1/2小于1,可以作为超速挡。

5) 若输入元件是太阳轮,行星架被固定,行星齿轮只能自转,并带动齿圈旋转输出动力。传动比为

$$i_{12} = n_1/n_2 = -a$$

传动比为负值,说明齿圈的旋转方向与太阳轮相反,绝对值大于1,可以作为倒挡。

6) 若输入元件是齿圈,行星架被固定,行星齿轮只能自转,并带动太阳轮旋转输出动力。传动比为

$$i_{21} = n_2/n_1 = -1/a$$

传动比为负值,说明齿圈的旋转方向与太阳轮相反,绝对值小于1,不被使用。

7) 若三元件中的两元件被连接在一起转动,则第三元件必然与这两者以相同的转速转动。传动比为1,可以作为直接挡。

8) 若所有元件均不受约束，则行星齿轮机构失去传动作用。传动比为0，可以作为空挡。

### 3. 双排行星齿轮机构

双排行星齿轮机构如图3-10所示。设太阳轮、齿圈和行星架的转速分别为 $n_1$、$n_2$ 和 $n_3$，齿数分别为 $z_1$、$z_2$ 和 $z_3$，齿圈与太阳轮的齿数比为 $a$，则其运动规律为：

$$n_1 - an_2 - (1-a)n_3 = 0$$

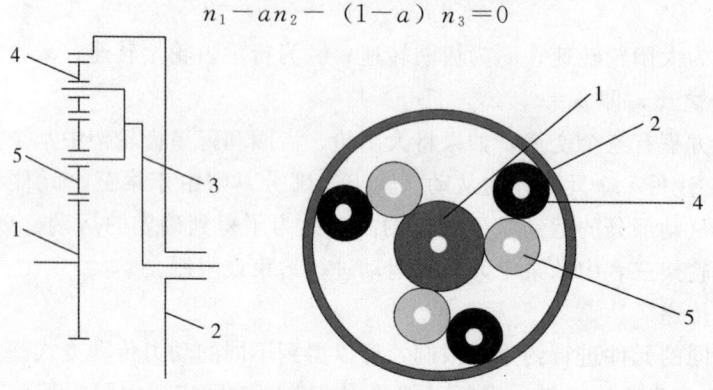

图3-10 双排行星齿轮变速机构
1-太阳轮；2-齿圈；3-行星架；4-外行星齿轮；5-内行星齿轮

对于单排行星齿轮，若要实现多个挡位，则需要切换不同的元件输出，将会导致自动变速器结构和控制机构更为复杂。因此，目前多以多个行星排不同的组合实现4—6个挡位。常见的行星齿轮变速器有辛普森式的和拉维娜式的。

### 4. 换挡执行机构

行星齿轮变速器中的所有齿轮都处于常啮合状态，其挡位变换必须通过对行星齿轮机构的基本元件进行不同方式的约束（即固定或连接某些基本元件）来实现。能对这些基本元件实施约束的机构，就是行星齿轮变速器的换挡执行机构。

执行机构主要由离合器、制动器和单向离合器三种执行元件组成，离合器和制动器以液压方式控制行星齿轮机构元件的旋转，而单向离合器则以机械方式对行星齿轮机构的元件进行锁止。

（1）离合器

离合器的作用是将变速器的输入轴和行星排的某个基本元件连接，或将行星排的某两个基本元件连接在一起，使之成为一个整体转动。

自动变速器中所用的离合器为湿式多片离合器，通常由离合器鼓、离合器活塞、回位弹簧、钢片、摩擦片、花键毂等组成，其结构见图3-11所示。

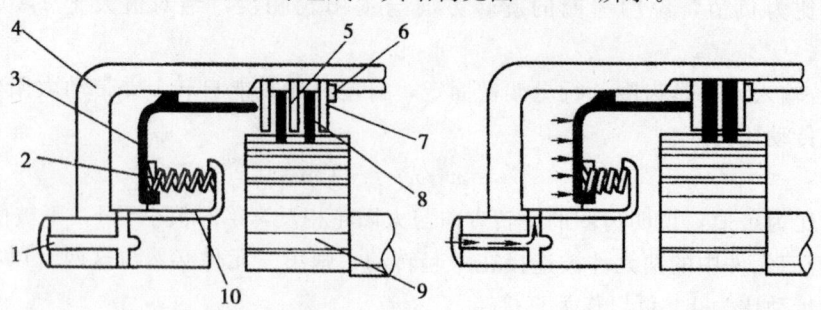

(a)　　　　　　　　(b)

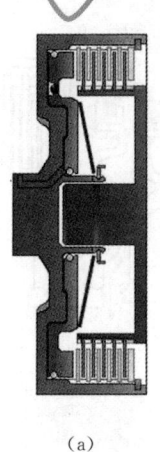

图 3-11　多片离合器

(a) 分离状态；(b) 结合状态

1-主动元件；2-回位弹簧；3-活塞；4-离合器鼓；5-钢片；6-卡环；7-压盘；
8-摩擦片；9-花键毂；10-弹簧保持座

离合器鼓 4 通过花键与主动元件 1 相连或与其制成一体，钢片 5 通过外缘键齿与离合器鼓 4 的内花键槽配合，与主动元件 1 同步旋转。离合器花键毂 9 与行星齿轮机构的主动元件制成一体，摩擦片 8 通过内缘键齿与花键毂 9 相连，钢片和摩擦片均可以轴向移动，压盘 7 固定于离合器鼓键槽中，用以限制钢片、摩擦片的位移量，其外侧安装了限位卡环 6，活塞装于离合器鼓内，回位弹簧 2 一端抵于活塞 3 端面，另一端支撑在保持座 10 上，回位弹簧有周布螺旋弹簧、中央布置螺旋弹簧和中央布置碟形弹簧 3 种不同形式。

当离合器处于分离状态时，活塞在回位弹簧的作用下处于左极限位置，钢片、摩擦片间存在一定间隙。当压力油经油道进入活塞左腔室后，液压力克服弹簧张力使活塞右移，将所有钢片、摩擦片依次压紧，离合器结合，该元件成为输入元件，动力经主动元件、离合器鼓、钢片、摩擦片和花键毂传至行星齿轮机构。油压撤出后，活塞在回位弹簧的作用下回位，离合器分离，动力传递路线被切断。

离合器处于分离状态时，活塞左端的离合器液压缸内不可避免地残留有少量变速器油，当离合器鼓随同主动元件一起旋转时，残留的变速器油在离心力的作用下被甩向液压缸的外缘，并在该处产生一定的油压，若离合器鼓的转速较高，该油压将推动活塞压向离合器片，力图使离合器结合，从而导致钢片和摩擦片间出现不正常滑磨，影响离合器的使用寿命。为了防止出现这种现象，在离合器活塞或离合器鼓左端的壁面上设有一个由钢球组成的安全阀，见图 3-12 所示。当压力油进入液压缸 2 内时，单向球阀 1 在油压的作用下压紧在阀座上，安全阀处于关闭状态，保证了油压缸的密封，见图 3-12 (a)。当液压缸内的压力油通过油路排出时，缸体内的液压力下降，单向球阀在离心力的作用下离开阀座，阀处于开启状态，残留在缸内的液压油因离心力的作用从安全阀的阀孔排出，使离合器得以彻底分离，见图 3-12 (b)。

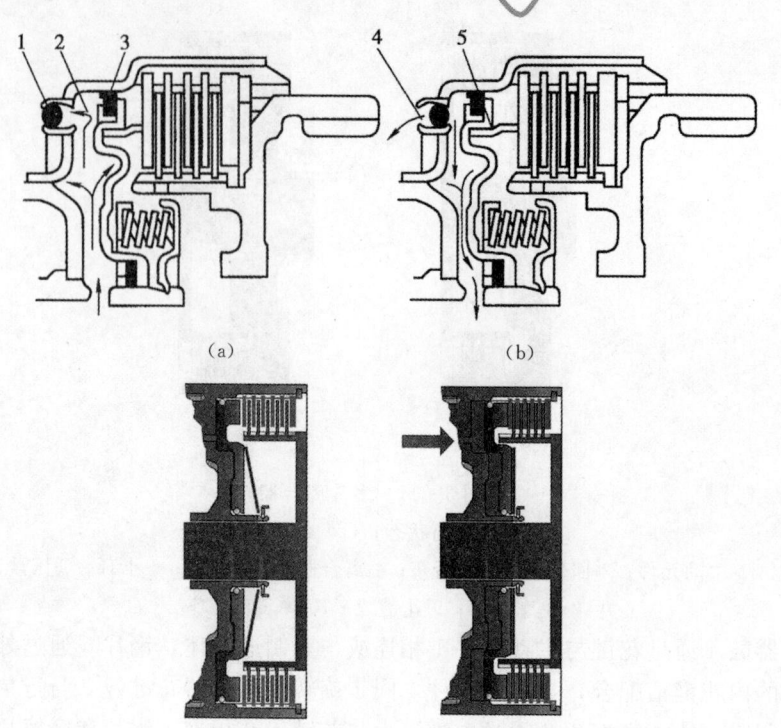

图 3-12 离合器安全阀的作用

1-单向球阀；2-液压缸；3-油封；4-辅助泄油通道；5-活塞

（2）制动器

制动器的作用是固定行星齿轮机构中的基本元件，阻止其旋转。在自动变速器中常用的制动器有片式制动器和带式制动器两种。

1) 片式制动器

片式制动器由制动器活塞、回位弹簧、钢片、摩擦片及制动器毂等组成，见图 3-13 所示。结构和工作原理与湿式多片离合器基本相同，只是其钢片通过外花键齿安装在变速器壳体的内花键齿圈上，摩擦片则通过内花键齿和制动器毂上的外花键槽相连，制动器毂与行星齿轮机构的元件相连。当液压缸中没有压力油时，制动毂可以自由旋转，当压力油进入制动器的液压缸后，通过活塞将钢片和摩擦片压紧在一起，制动器毂以及与其相连的行星齿轮机构的某一元件被固定住而不能旋转。

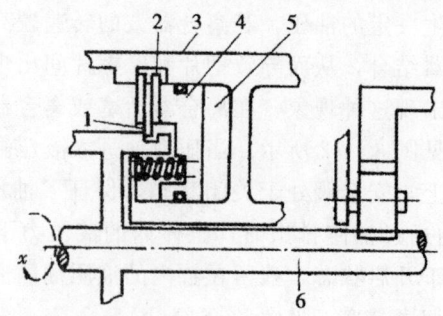

图 3-13 片式制动器工作原理示意图

1-摩擦片；2-钢片；3-变速器壳体；4-活塞；5-油缸；6-制动器毂

2）带式制动器

带式制动器由制动带及其伺服装置（控制油缸）组成。制动带是内表面带有镀层的开口式环形钢带，开口的一端支撑在与变速器壳体固连的支座上，另一端与伺服装置相连。

制动器伺服装置有直接作用式和间接作用式两种类型。直接作用式制动器结构见图3-14所示。制动带开口的一端通过摇臂支撑于固定在变速器壳体的支承销上，另一端支承于油缸活塞杆端部，活塞在回位弹簧和左腔油压的作用下位于右极限位置，此时，制动带和制动鼓之间存在一定间隙。

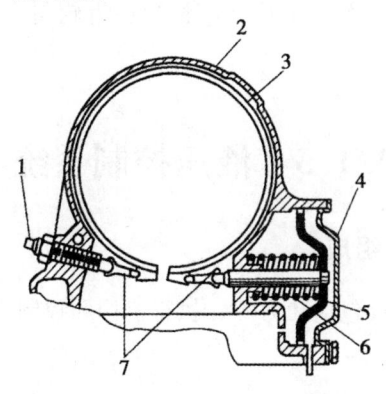

图3-14 直接作用式伺服装置

1-支承销；2-变速器壳体；3-制动带；4-油缸盖；5-活塞；6-回位弹簧；7-摇臂

制动时，压力油进入活塞右腔，克服左腔油压和回位弹簧的作用力推动活塞左移，制动带以固定支座为支点收紧，在制动力矩的作用下，制动鼓停止旋转，行星齿轮机构某元件被锁止。随着油压撤除，活塞逐渐回位，制动解除。若仅依靠弹簧张力，则活塞回位速度较慢，目前大多数制动器设置了左腔进油道，在右腔撤除油压的同时左腔进油，活塞在油压和回位弹簧的共同作用下回位，可迅速解除制动。

(3) 单向离合器

单向离合器的作用是使某元件只能按一定方向旋转，在另一个方向上锁止。在行星齿轮系统中有若干个单向离合器，其工作性能对变速器的换挡品质有很大影响。单向离合器有滚子式和楔块式两种类型。其结构与工作原理见液力变矩器导轮单向离合器。

## 二、齿轮变速机构的检修

## 三、典型自动变速器行星齿轮机构

### 1. 辛普森行星齿轮系统

辛普森行星齿轮系统是举世闻名的应用于轿车自动变速器的行星齿轮系统，以其设计者霍华德·辛普森的名字命名。它是三速行星齿轮系统，能提供三个前进挡和一个倒挡。其结构特点是：前后两个单行星齿轮机构共用一个太阳轮。

**2. 拉维娜行星齿轮系统**

拉维娜行星齿轮系统采用双行星排组合，其结构特点是：一单行星轮行星排和一双行星轮行星排共用行星架和齿圈。小太阳轮、短行星轮、长行星轮、行星架及齿圈组成一个双行星轮行星排，大太阳轮、长行星轮、行星架及齿圈组成一个单行星轮行星排。具有四个独立元件：小太阳轮、大太阳轮、行星架和齿圈。行星架上的两套行星齿轮相互啮合，其中短行星齿轮与小太阳轮啮合，长行星齿轮与大太阳轮啮合的同时与齿圈啮合。

## 3.1.3　液压控制系统

### 一、液压控制系统的组成

液压控制系统的基本组成包括动力源、执行机构和控制机构三大部分。

**1. 动力源**

液压控制系统的动力源是油泵或称为液压泵，它是整个液压控制系统的工作基础。油泵的基本功用就是提供满足需求的 ATF 油量和油压。

**2. 执行机构**

执行机构主要由离合器、制动器油缸等组成。

**3. 控制机构**

控制机构包括阀体和各种阀，包括主调压阀、手动阀、换挡阀、锁止离合器控制阀等。

液压控制系统还包括一些辅助装置，如用于防止换挡冲击的蓄能器、单向阀等。

### 二、油泵

**1. 功用**

为液力变矩器提供压力油；为离合器、制动器提供压力油；为润滑系统提供压力油；为自动变速箱离合器、制动器提供冷却油。

**2. 结构与原理**

一般位于液力变矩器和行星齿轮系统之间，由液力变矩器泵轮驱动。其类型主要有齿轮泵、转子泵和叶片泵，如图 3-15、图 3-16。三种泵的共同特点是：内部元件（转子）由液力变矩器花键毂或驱动轴驱动，外部元件与内部元件之间有一定的偏心距。

半月形齿轮泵的工作原理。内齿轮（主动）由液力变矩器的泵轮的驱动套筒驱动，与发动机同速回转，内齿轮与外齿轮脱离啮合处容积增大，产生低压区。在变速器壳体内液压的作用下，油底壳内变速器油被压入滤清器，并通过油道进入低压腔室，所以该腔室是油泵的吸油腔。与此相反，内齿轮与外齿轮进入啮合处容积减小，容积减小的腔室是压油腔，变速器油从这里被压出油泵，进入压力调节机构的油路。

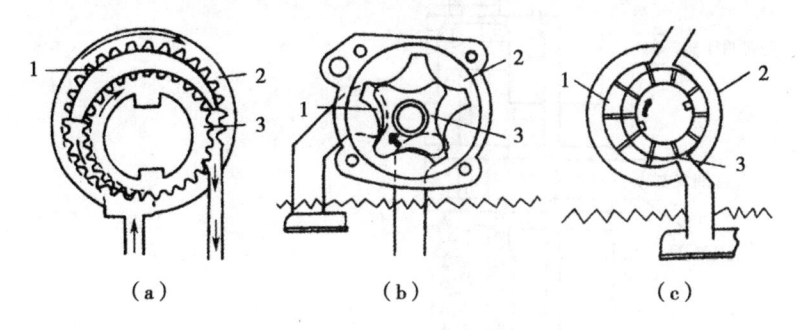

图 3-15 液压泵
(a) 半月形齿轮泵；(b) 转子泵；(c) 叶片泵
1-腔室；2-外部元件；3-内部元件

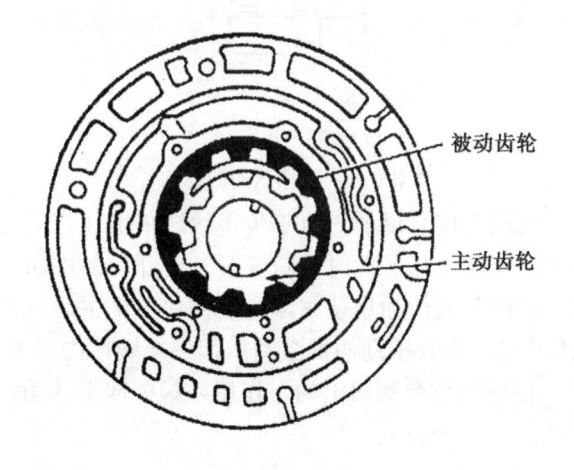

图 3-16 齿轮泵

### 三、主油路调压阀

#### 1. 功用

主油路调压阀是主油路压力调节阀的简称，也称为第一调压阀，其功用是根据发动机转速、节气门开度和选挡杆位置自动控制主油压（管道压力），保证液压系统油压稳定。

自动变速器的正常工作需要相对稳定的油压，如果油压过高，会导致离合器、制动器接合过快而出现换挡冲击；如果油压过低，又会导致离合器、制动器接合不紧而打滑、烧结。

#### 2. 结构与原理

如图 3-17，当发动机转速增加，油泵输出油压会升高，作用在阀体上部 A 处的油压升高，使阀体向下移动，泄油通道的截面积增大，从泄油口排出的油液增加，使主油压下降；反之，阀体向上移动，主油压升高。

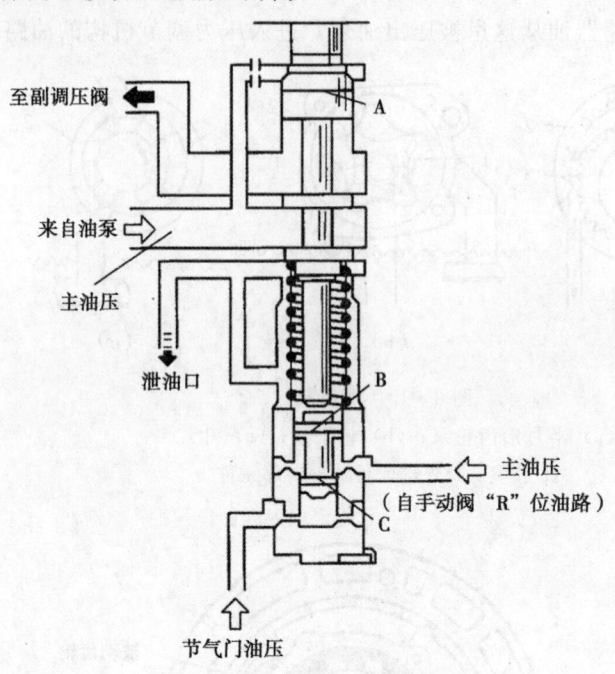

图 3-17 主调压阀的结构

当发动机负荷（节气门开度）增加，由于传递的转矩增加，所以需要较大的油压才能保证离合器、制动器的正常工作。此时，随着节气门开度的增加，节气门油压也会增加，作用在主调压阀下端的节气门油压使阀体向上移动，使主油压升高。

当选挡杆置于"R"时，来自手动阀的主油压作用在阀体的 B 和 C 处，由于 B 处的面积大于 C 处的面积，使得阀体受到向上的力作用，阀体向上移动，主油压升高，满足倒挡较大传动比的要求。

## 四、手动阀

手动阀又称为手控阀或手动选挡阀（图 3-18），与驾驶室内的选挡杆相连，其功用是控制各挡位油路的转换。当驾驶员操纵选挡杆时，手动阀会移动，使主油压通往不同的油道。

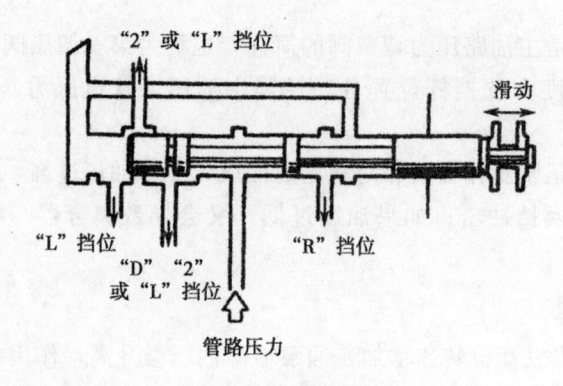

图 3-18 手动阀

### 五、换挡阀

#### 1. 功用

换挡阀的功用是根据换挡控制信号,切换挡位油路,以实现两个挡位的转换。换挡阀直接与换挡执行元件(离合器、制动器)相通,当换挡阀动作后,会切换相应的油道,以便给相应挡位的离合器和制动器供油,得到所需要的挡位。换挡阀的数量与自动变速器前进挡的个数有关。通常四挡自动变速器需要三个换挡阀,即1—2挡换挡阀、2—3挡换挡阀和3—4挡换挡阀。

#### 2. 结构与原理

换挡阀的工作由换挡电磁阀控制,其控制方式有两种:一种是加压控制,即通过开启或关闭换挡阀控制油路进油孔来控制换挡阀的工作;另一种是泄压控制,即通过开启或关闭换挡阀控制油路泄油孔来控制换挡阀的工作。加压控制方式的工作原理见所示,压力油经电磁阀后通至换挡阀的左端。当电磁阀关闭时,没有油压作用在换挡阀左端,换挡阀在右端弹簧力的作用下移向左端;当电磁阀开启时,压力油作用在换挡阀左端,使换挡阀克服弹簧力右移,从而改变油路,实现挡位变换,如图3-19。

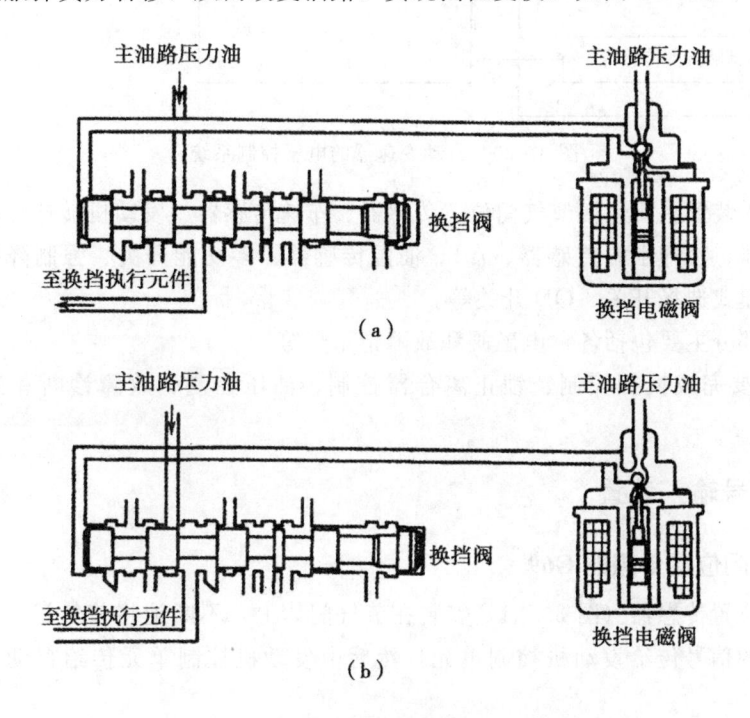

图3-19 换挡阀

## 3.1.4 电子控制系统

自动变速器的电子控制系统包括信号输入装置、电子控制单元(ECU)和执行器三部分,如图3-20。

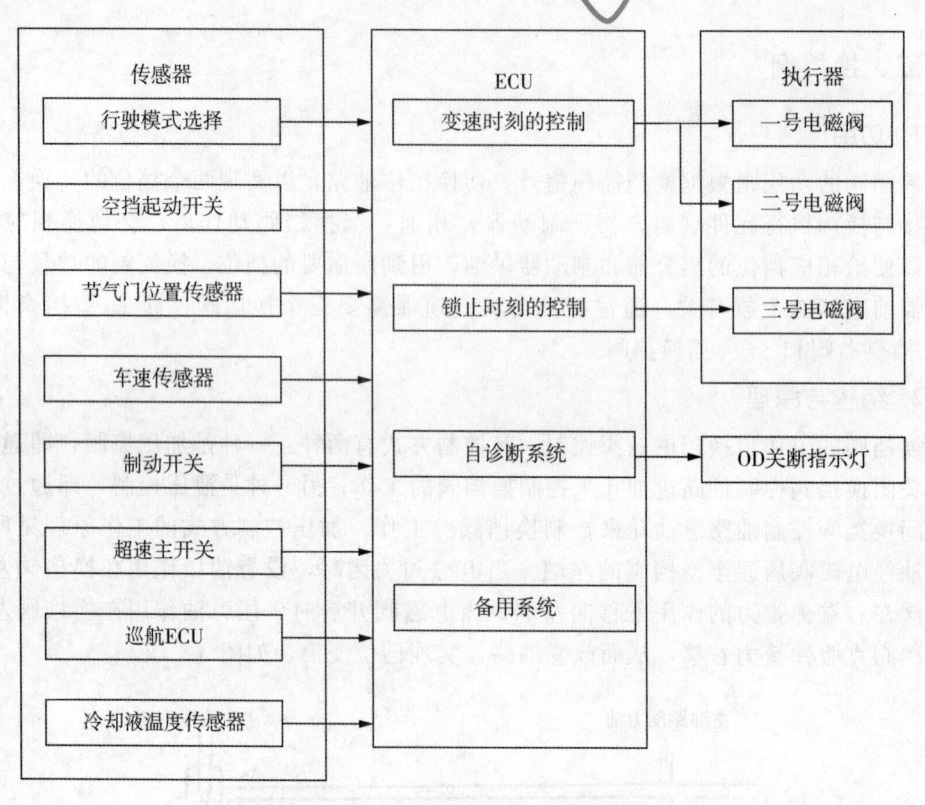

```
┌─────────────────┐    ┌─────────────────┐    ┌─────────────────┐
│     传感器      │    │      ECU        │    │     执行器      │
│  行驶模式选择   │───▶│  变速时刻的控制 │───▶│   一号电磁阀    │
│  空挡起动开关   │───▶│                 │───▶│   二号电磁阀    │
│ 节气门位置传感器│───▶│  锁止时刻的控制 │───▶│   三号电磁阀    │
│   车速传感器    │───▶│                 │    │                 │
│    制动开关     │───▶│   自诊断系统    │───▶│  OD关断指示灯   │
│   超速主开关    │───▶│                 │    │                 │
│    巡航ECU      │───▶│    备用系统     │    │                 │
│冷却液温度传感器 │───▶│                 │    │                 │
└─────────────────┘    └─────────────────┘    └─────────────────┘
```

图 3-20 自动变速器的电子控制系统

信号输入装置主要包括节气门位置传感器、车速传感器、发动机转速传感器、输入轴转速传感器、冷却水温传感器、ATF油温传感器、多功能开关、强制降挡开关、制动灯开关、模式选择开关、OD开关等。

执行器部分主要包括各种电磁阀和故障指示灯等。

ECU主要完成换挡控制、锁止离合器控制、油压控制、故障诊断和失效保护等功能。

## 一、信号输入装置

### 1. 节气门位置传感器 G69

节气门位置传感器（图3-21）安装在节气门体上，不断地将节气门位置和油门踏板踏下速度的信号传给发动机控制单元，然后由发动机控制单元传给自动变速器控制单元。

该信号的作用：
(1) 计算按载荷变化的换挡时刻。
(2) 根据挡位按载荷变化对自动变速器油压进行调整。
(3) 按油门踏板的踏下速度，控制单元确定换挡时刻。

信号中断的影响：
(1) 控制单元用发动机平均负载来确定换挡时刻。

项目三　自动变速器检修

(2) 自动变速器油压按挡位调整到油门全开时的油压。
(3) 控制单元不再执行换挡程序。

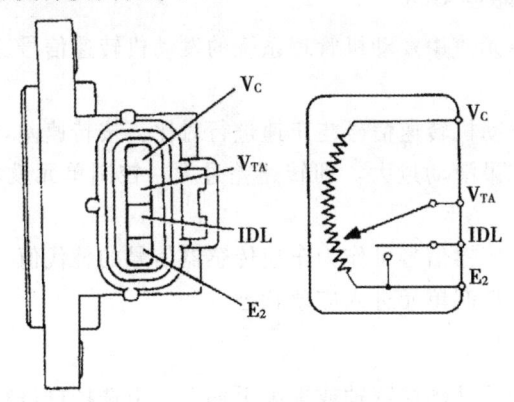

图 3-21　节气门位置传感器

### 2. 车速传感器 G68

车速传感器（图 3-22）用于检测自动变速器输出轴转速。自动变速器 ECU 根据车速传感器输入的信号计算出车速，并以此信号控制自动变速器的换挡和锁止离合器的锁止。

信号作用：
(1) 决定应换入某一挡位。
(2) 进行锁止离合器锁止控制。

信号中断的影响：
(1) 控制单元用发动机转速作为代用信号。
(2) 锁止离合器失去锁止功能。

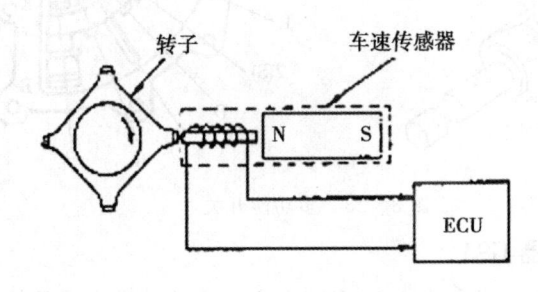

图 3-22　车速传感器

### 3. 输入轴转速传感器 G38

输入轴转速传感器位于变速器壳体内，用于指示行星齿轮系中大太阳轮的转速。

自动变速器 ECU 根据输入轴转速传感器的信号可准确识别换挡时刻，控制多片离合器。换挡过程中，通过减小点火角来减小发动机转矩，使主油压和锁止离合器的控制得到优化，以改善换挡、提高行驶性能。

ECU 还可以把该信号与发动机转速信号进行比较，计算出变矩器的转速比。

该信号中断后，控制单元进入应急状态。

**4. 发动机转速传感器 G28**

自动变速器控制单元使用发动机管理系统的发动机转速信号。

信号作用：

（1）控制单元将发动机转速信号与车速进行对比。按转速差，控制单元识别出锁止离合器的打滑状况。如果滑动过大，即转速差过大，控制单元就增大锁止离合器压力，滑动相应减小。

（2）发动机转速传感器信号可作为车速传感器信号的替代值。

信号中断的影响：控制单元进入应急状态。

**5. 多功能开关 F125**

装在变速器壳体的手动阀摇臂轴或操纵手柄上，由选挡杆进行控制，如图 3-23。

信号作用：

（1）将选挡位置的信息传给变速器控制单元。

（2）负责倒车灯的开启。

（3）制止起动机在行驶状态啮合，并锁住选挡杆。

（4）空挡起动：发动机只有当选挡手柄在位置 P 或 N 时才能起动。多功能开关将选挡杆位置处于 P 或 N 时的信号传给起动继电器，使点火开关能工作。同时，在挂前进挡时中断起动机，即制止起动机在汽车进入行驶状态后啮合。

信号中断的影响：控制单元进入应急状态。

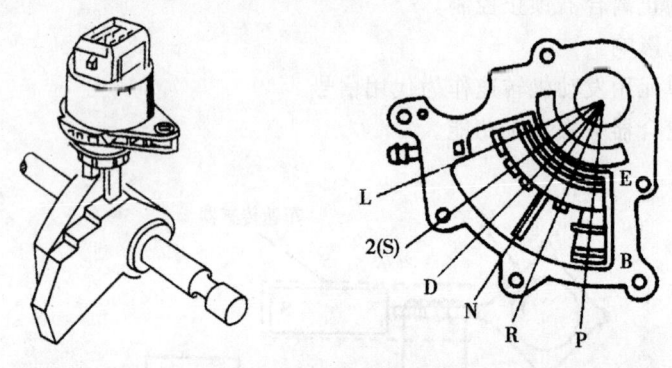

图 3-23 多功能开关

**6. 变速器油温传感器 G93**

变速器油温传感器 G93（图 3-24）安装在变速箱油底壳内滑阀箱印刷电路线束上。G93 是一个负温度系数热敏电阻，感知自变箱油的温度，随着自变箱油温的升高，其电阻值降低。当油温上升到 148℃时，自变箱 ECU 强行接合锁止离合器，变矩器失去变矩作用，强行刚性传动促使油温降低。如果变速箱有故障导致油温仍降不下来，ECU 强行将变速器降低一挡行驶。

ECU 收不到 G93 信号无替代值，当油温高于 148℃时，自变箱 ECU 失去限制油温升高的保护功能。

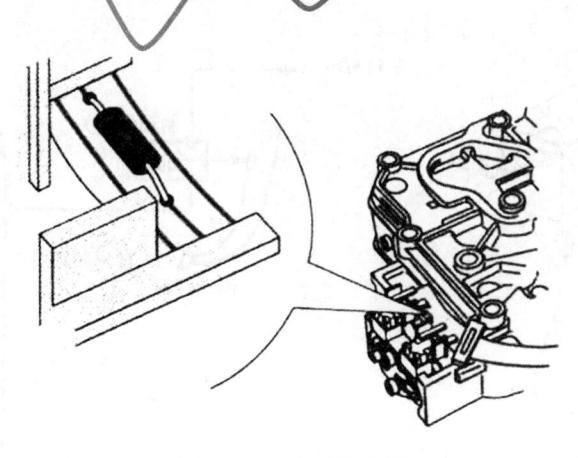

图 3‑24　油温传感器

### 7. 超速挡开关

超速挡开关一般安装在选挡杆上，由驾驶员操作控制自动变速器超速挡的实现，如图 3‑25。

当按下 OD 开关 ON，OD 开关的触点实际为闭合，此时 ECU 的 $OD_2$ 端子的电压为 0V，自动变速器不能升至超速挡，且 OD OFF 指示灯点亮。当再次按下 OD 开关，OD 开关会弹起（OFF），OD 开关的触点实际为断开，此时 ECU 的 $OD_2$ 端子的电压为 12V，自动变速器可以升至超速挡，且 OD OFF 指示灯不亮。

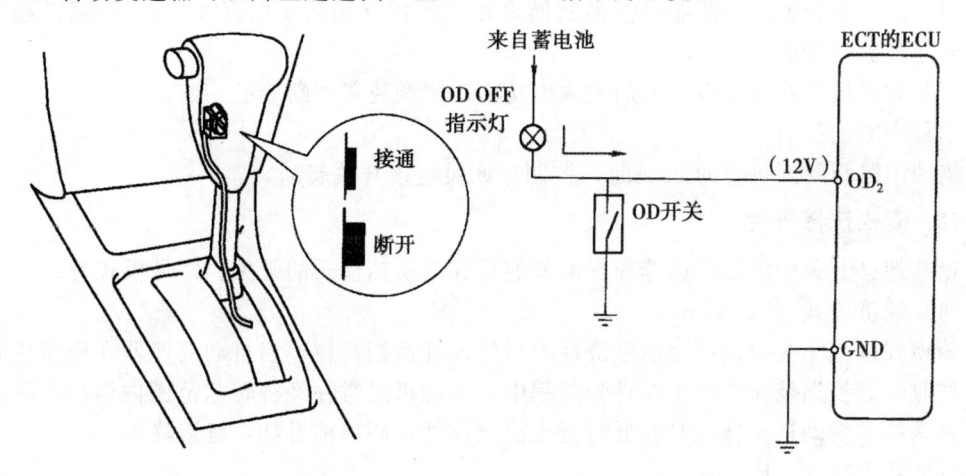

图 3‑25　OD 开关的线路图

### 8. 制动灯开关 F

自动变速器 ECU 通过制动灯开关（图 3‑26）检测是否踩下制动踏板，如果踩下制动踏板，ECU 会取消锁止离合器的工作，解除选挡操纵手柄 P 位和 N 位的锁止。

信号中断的影响：

如果接触点断开，变速杆锁止功能解除。

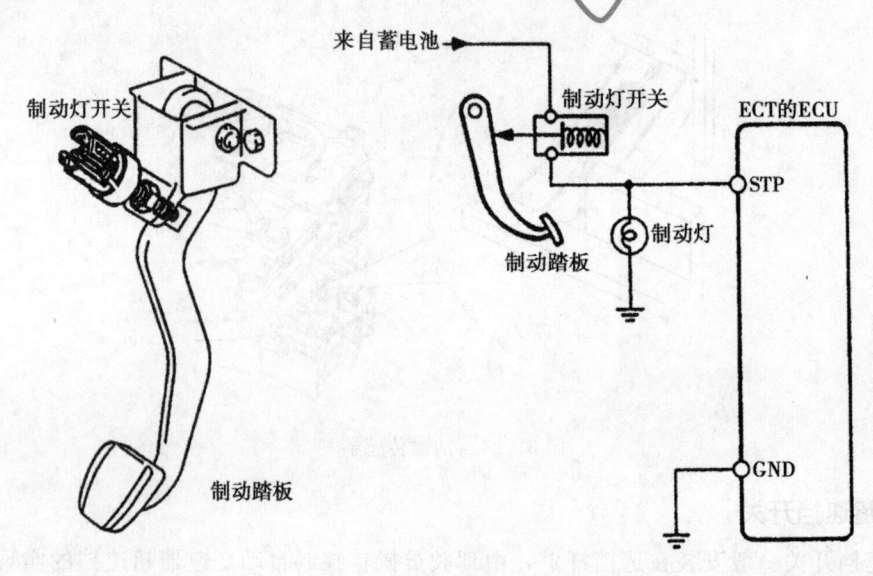

图 3-26 制动灯开关

### 9. 强制低挡开关 F8

该开关与油门拉索装成一体，油门踏板踏到底并超过油门全开点时，此开关工作。

信号作用：

(1) 压下此开关，变速器马上强制换入相邻低挡（如从 4 挡到 3 挡）；升挡需在发动机转速较高时才进行。

(2) 如果压下此开关后，为加大输出功率，空调装置切断 8 s。

信号中断的影响：

当油门踏板踏到行程的 95% 时，控制单元设定该开关起动。

### 10. 模式选择开关

模式选择开关是供驾驶员选择所需要的行驶或换挡模式的开关。常见模式有：

(1) 经济模式（Economy）

该模式以汽车获得最佳燃油经济性为目标设计换挡规律。当自动变速器在经济模式下工作时，其换挡规律使汽车在行驶过程中，发动机经常在经济转速范围内运转，降低了燃油消耗。发动机转速相对较低时就会换入高挡，即提前升挡，延迟降挡。

(2) 动力模式（Power）

该模式以汽车获得最大动力性为目标设计换挡规律。当自动变速器在动力模式下工作时，其换挡规律使汽车在行驶过程中，发动机经常处在大转矩、大功率范围内运行，提高了汽车的动力性能和爬坡能力。只有发动机转速较高时，才能换入高挡，即延迟升挡，提前降挡。

(3) 普通模式（Normal）

普通模式的换挡规律介于经济模式与动力模式之间，它使汽车既保证了一定的动力性，又有较好的燃油经济性。

(4) 手动模式（Manual）

该模式让驾驶员可在前进挡之间以手动方式选择合适的挡位，使汽车像装了手动变速器一样行驶，而又不必像手动变速器那样换挡时必须踩离合器踏板。

(5) 雪地模式（S）

该模式下变速器以二挡起步，避免车辆在附着系数较小的路面上起步打滑。

### 11. 起动锁和倒车灯继电器 J226

起动锁和倒车灯继电器 J226 是一组合继电器，装在中央继电器盘上，接收多功能开关 F125 的信号。

该继电器作用：

(1) 防止车在挂挡后起动机起动。

(2) 挂上倒挡可接通倒车灯。

## 二、电子控制单元

电子控制单元英文缩写为 ECU。自动变速器 ECU 具有换挡控制、锁止离合器控制、换挡平顺性控制、故障诊断、失效保护等功能。

### 1. 换挡控制

自动变速器换挡时刻的控制是 ECU 最重要的控制内容之一。汽车在某个特定工况下都有一个与之对应的最佳换挡时刻，使汽车发挥出最好的动力性和经济性。汽车行驶过程中，自动变速器 ECU 根据模式选择开关信号、节气门开度信号、车速信号等参数来打开或关闭换挡电磁阀，从而打开或关闭通往离合器、制动器的油路，使变速器升挡或降挡。

四挡自动变速器的自动换挡图（图 3-27），具有如下特点：

(1) 随着节气门开度增加，升挡或降挡车速增加。以 2 挡升 3 挡为例，当节气门开度为 2/8 时，升挡车速为 35 km/h，降挡车速为 12 km/h；当节气门开度为 4/8 时，升挡车速为 50 km/h，降挡车速为 25 km/h。所以在实际的换挡操作过程中，一般可以采用"收油门"的方法来快速升挡。

(2) 升挡车速高于降挡车速，以免自动变速器在某一车速附近频繁升挡、降挡而加速自动变速器的磨损。

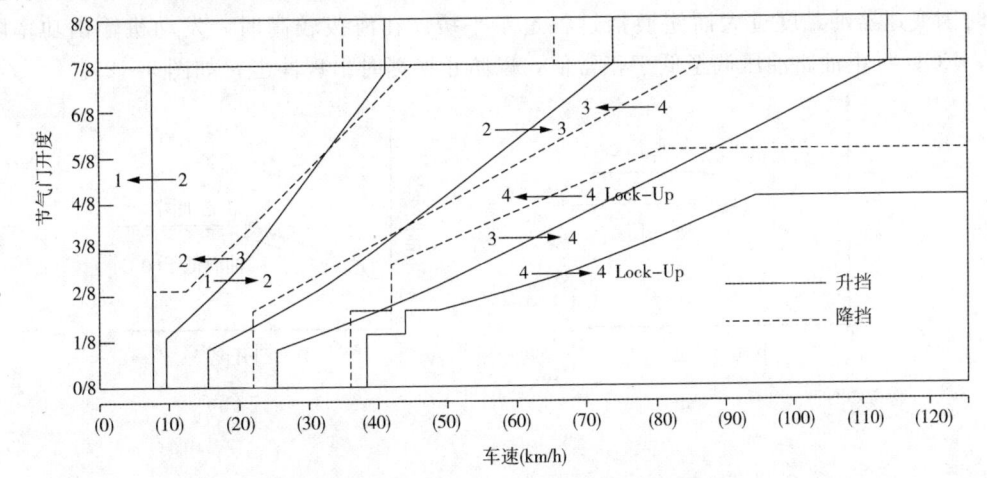

图 3-27 常见四挡自动变速器的自动换挡图

**2. 控制主油路油压**

主油路油压是由主油路调压电磁阀调节的。主油路油压应随发动机负荷增大而增高，以满足传递大功率时对离合器、制动器等执行元件液压缸工作压力的要求。

控制系统以一个油压电磁阀来产生节气门油压，油压电磁阀是脉冲式电磁阀，ECU根据节气门位置传感器测定的节气门开度，控制发往油压电磁阀的脉冲信号的占空比，使主油路油压随节气门开度而变化。由于倒挡使用的时间较少，为减小自动变速器的体积，通常将倒挡执行机构的尺寸缩得较小，同时传递转矩较大，因此油压较其他挡位时高，如图3-28。

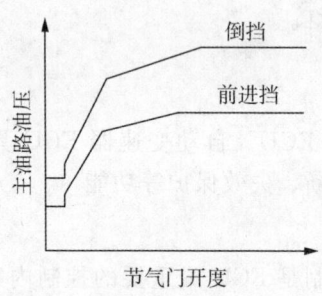

图3-28 主油路油压特性

除正常的主油路压力控制之外，ECU还可以根据各个传感器测得的自动变速器的工作条件，在一些特殊情况下，对主油路油压做适当的修正，使油路压力控制获得最佳效果。例如，在选挡手柄位于前进低挡（S、L或2、1）位置时，汽车驱动力相应较大，ECU自动使主油路油压高于前进挡（D位）时的油压，以满足动力传递的需要。为减小换挡冲击，ECU还在自动变速器换挡过程中按照换挡时节气门开度的大小，通过油压电磁阀适当减小主油路油压，以改善换挡质量。ECU还可以根据液压油温度传感器的信号，在变速器油温度未达到正常工作温度时（低于60℃），将主油路油压调至低于正常值，以防止因油温低黏度较大而产生换挡冲击；当变速器油温过低时（低于-30℃），ECU使主油路压力升至最大值，以加速离合器、制动器的结合，防止温度过低时因变速器油黏度过大而使换挡过程过于平缓。在海拔较高时，发动机输出功率降低，ECU将主油路油压调至低于正常值，以防止换挡时出现冲击，如图3-29。

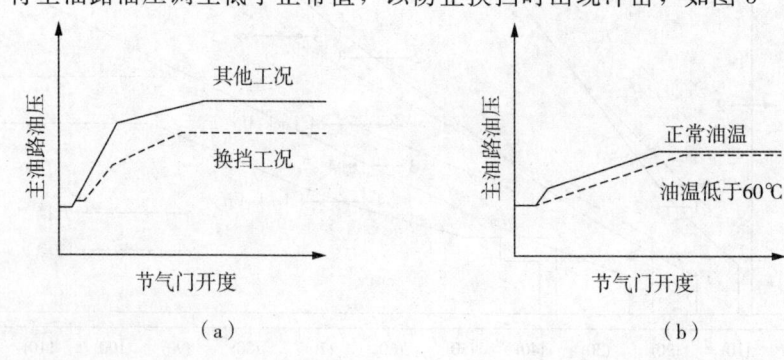

(a)      (b)

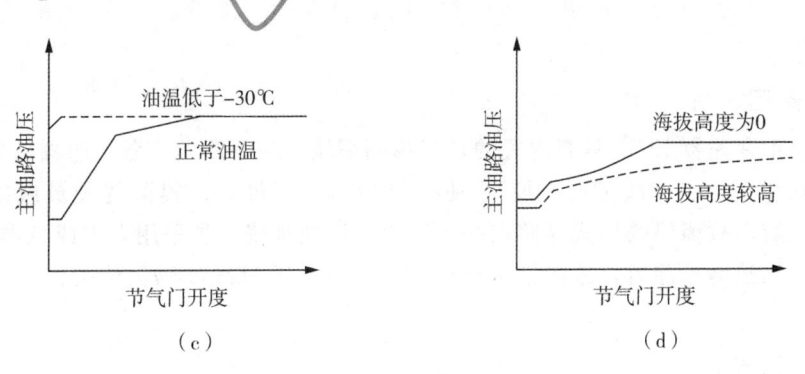

图 3-29 主油路压力修正曲线
(a) 换挡修正；(b) 油温低修正；(c) 油温过低修正；(d) 海拔高度修正

**3. 锁止离合器控制**

自动变速器 ECU 将各种行驶模式下锁止离合器的工作方式编程存入存储器，然后根据各种输入信号，控制锁止离合器电磁阀的通、断电，从而控制锁止离合器的工作。

ECU 在控制锁止离合器接合时，通过改变脉冲电信号的占空比，让锁止离合器电磁阀的开度缓慢增大，以减小锁止离合器接合时所产生的冲击，使锁止离合器的接合过程变得更加柔和。

**4. 换挡平顺性控制**

自动变速器改善换挡平顺性的方法有换挡油压控制、减小转矩控制和 N-D 换挡控制。

**5. 自动模式选择控制**

ECU 通过各个传感器测得汽车行驶状况和驾驶员的操作方式，经过运算分析，自动选择采用经济模式、动力模式或普通模式进行换挡控制，以满足不同的行驶要求。

ECU 在进行自动模式选择控制时，主要参考换挡手柄的位置及加速踏板被踩下的速率高低，以判断驾驶员的操作目的，自动选择控制模式。

**6. 发动机制动作用控制**

ECU 按照设定的控制程序，在操纵手柄位置、车速、节气门开度等满足一定条件（如：选挡手柄位于前进低挡位置，且车速大于 10 km/h，节气门开度小于 1/8）时，向强制制动器电磁阀发出电信号，打开强制制动器的控制油路，使之接合或制动，让自动变速器具有反向传递动力的能力，从而在汽车滑行时可以实现发动机制动。

**7. 使用输入轴转速传感器的控制**

ECU 在进行换挡油压控制、减小转矩控制、锁止离合器控制时，利用输入轴转速进行计算，使控制的时间更加准确，从而获得最佳的换挡感觉和乘坐舒适性。

**8. 超速行驶控制**

只有当选挡操纵手柄位于"D"位且超速开关打开时，汽车才能升入超速挡。当汽车以巡航方式在超速挡行驶时，若实际车速低于 4 km/h，巡航控制单元向 ECU 发出信号，要求自动退出超速挡。还可以防止自动变速器在发动机冷却液温度低于 60℃时进入超速挡工作。

### 9. 故障自诊断

电控自动变速器 ECU 具有内置的自我诊断系统，它不断监控各传感器、信号开关、电磁阀及其线路，当有故障时，ECU 使故障指示灯闪烁，以提醒驾驶员或维修人员；并将故障内容以故障码的形式存储在存储器中，以便维修人员采用人工或仪器的方式读取故障码。当故障排除后，故障指示灯将停止闪烁，不过故障码仍然会保留在 ECU 存储器中。

### 10. 失效保护

当自动变速器出现故障时，为了尽可能使自动变速器保持最基本的工作能力，以维持汽车行驶，便于汽车进厂维修，电控自动变速器 ECU 都具有失效保护功能。

（1）节气门位置传感器出现故障时，ECU 根据怠速开关的状态进行控制。当怠速开关断开时（加速踏板被踩下），按节气门开度为 1/2 进行控制，同时节气门油压为最大值；当怠速开关接通时（加速踏板完全放松），按节气门处于全闭状态进行控制，同时节气门油压为最小值。

（2）车速传感器出现故障时，ECU 以发动机转速信号作为替代值进行自动换挡控制。

（3）冷却液或 ATF 油温度传感器出现故障时，通常 ECU 按温度为 80 ℃ 的设定进行控制。

（4）换挡电磁阀出现故障时，ECU 一般会将自动变速器锁挡，挡位与选挡杆的位置有关。

（5）锁止离合器电磁阀出现故障时，ECU 会停止锁止离合器的控制，使锁止离合器始终处于分离状态。

（6）油压电磁阀出现故障时，ECU 会停止油压的控制，使油路压力保持为最大。

## 三、电磁阀

电磁阀根据功能的不同可以分为换挡电磁阀、锁止离合器电磁阀和油压电磁阀。根据工作原理的不同可以分为开关式电磁阀和占空比式（脉冲线性式）电磁阀。

绝大多数换挡电磁阀采用开关式电磁阀，油压电磁阀采用占空比式电磁阀，而锁止离合器电磁阀采用开关式的和占空比式的都有。

### 1. 开关式电磁阀

开关式电磁阀的功用是开启或关闭液压油路，通常用于控制换挡阀和部分车型锁止离合器的工作。

开关式电磁阀由电磁线圈、衔铁、阀芯等组成，如图 3-30。当电磁阀通电时，在电磁吸力作用下衔铁和阀芯下移，关闭泄油口，主油压供给控制油路。当电磁阀断电时，在回位弹簧的作用下衔铁和阀芯上移，打开泄油口，主油压被泄掉，控制油路压力很小。

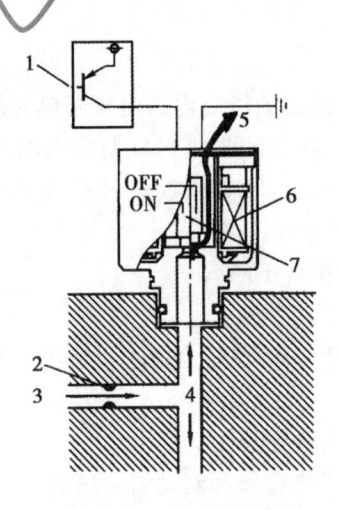

图 3-30 开关式电磁阀
1-ECU；2-节流口；3-主油路；4-控制油路；
5-泄油口；6-电磁线圈；7-衔铁和阀芯

### 2. 脉冲式电磁阀

脉冲式电磁阀占空比（图 3-31）是指一个脉冲周期中通电时间所占的比例（百分数）。

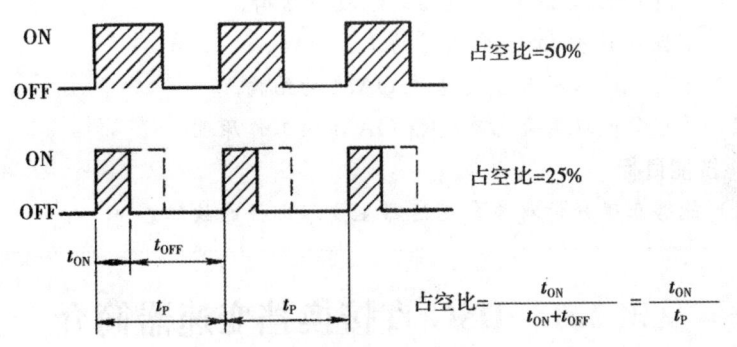

$$占空比 = \frac{t_{ON}}{t_{ON}+t_{OFF}} = \frac{t_{ON}}{t_P}$$

图 3-31 占空比

脉冲式电磁阀与开关式电磁阀类似，也由电磁线圈、滑阀、弹簧等组成，它通常用于控制油路的油压，有的车型的锁止离合器也采用此种电磁阀控制。与开关式电磁阀不同的是，控制占空比式电磁阀的电信号不是恒定不变的电压信号，而是一个固定频率的脉冲电信号。在脉冲电信号的作用下，电磁阀不断开启、关闭泄油口。

脉冲式电磁阀有两种工作方式，一是占空比越大，经电磁阀泄油越多，油压就越低；另一种是占空比越大，油压越高。

### 3. 变速杆锁止电磁阀 N110

变速杆锁止电磁阀位于变速杆上。该电磁阀与点火系统接通，起到挡位锁止作用。踏下制动踏板，锁解除，变速杆可推入其他挡位。

### 4. 带电磁阀的滑阀箱

电磁阀 N88—N94 位于变速器的滑阀内,由控制单元控制。有两种不同的电磁阀。

(1) 电磁阀 N88、N89、N90、N92 和 N94 是开关阀,其作用为:

1) 控制单元通过电磁阀 N88、N89 和 N90 打开或关闭某一油道,使变速器换入确定的挡位。

2) 电磁阀 N92 和 N94 使换挡平顺。

(2) 电磁阀 N91 和 N93 是调节阀

这两个阀用来调节离合器和制动器压力大小,油压由控制单元来控制,油压低表示压力大。具体作用:

1) 电磁阀 N91 调节锁止离合器压力。

2) 电磁阀 N93 控制多片式离合器和制动器的压力。

信号中断的影响:控制单元进入应急状态。

## 任务 3.2　DSG 自动变速器检修

**1. 知识目标**

(1) 了解 02E 型 DSG 变速器的组成与结构。

(2) 掌握 02E 型 DSG 变速器的工作原理。

(3) 了解 7 速双离合器变速箱 OAM 的结构。

(4) 掌握 7 速双离合器变速箱 OAM 的工作原理。

**2. 技能目标**

(1) 能够正确分析双离合变速器主要零部件的故障。

### 3.2.1　DSG 直接换挡变速器简介

目前,欧洲市场的车辆以手动变速器为主,美国和日本车辆以自动变速器为主。手动变速器和自动变速器各有优缺点。自动变速器优点为:舒适性好,换挡无冲击;手动变速器优点为:效率高,强度好,动力性强,经济性好。大众集团将手动变速器和自动变速器的优点结合到一起,研发出了新一代变速器:DSG—直接换挡变速器。目前 DSG 主要有 02E 6 挡湿式双离合变速器和 OAM 7 挡干式双离合变速器,技术参数详见表 3-1。

表 3-1　DSG 变速器技术参数

| 名称 | 02E | OAM |
| --- | --- | --- |
| 重量 | 前轮驱动 94 kg，四轮驱动 109 kg | 大约 70 kg |
| 最大扭矩 | 350 Nm（与匹配发动机有关） | 250 Nm |
| 离合器 | 两组多片式湿式离合器 | 干式双离合器 |
| 挡位 | 六个前进挡、一个倒挡 | 七个前进挡、一个倒挡 |
| 速比范围 | —— | 8.1 |
| 操作模式 | 自动挡位和 Tiptronic | 自动＋Tiptronic |
| 油量 | 7.2 ltr. DSG 变速器油　G052 182 | 1.7 L G 052 171 1.0L G 004 000 |

DSG 变速器具有更快换挡响应、更低燃油油耗、更佳动力表现、更多驾驶乐趣等显著优点，得到了用户的普遍认可。

## 3.2.2　02E-6 型 DSG 变速器

### 一、02E 型 DSG 变速器的组成与结构

**1. 组成**

从外观上看，02E 与普通行星齿轮自动变速器差别不大，主要包括了驻车挡（P 挡）锁拉杆、自动变速器油（ATF）滤清器、自动变速器油（ATF）散热器、扭矩输入花键轴、油底壳、线束连接插头 20 孔、自动变速器油（ATF）泵等，如图 3-32 所示。

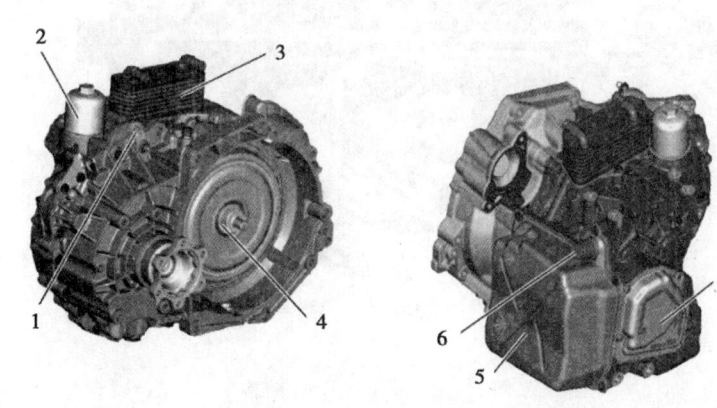

图 3-32　02E-6 DSG 外观
1-P 挡锁拉杆；2-ATF 油滤清器；3-ATF 油散热器；4-扭矩输入花键轴；
5-油底壳；6-线束连接插头 20 孔；7-ATF 油泵

但是，02E 的内部结构，如图 3-33 所示，则能够体现出 DSG 的特点。主要包括双离合器、输入轴、输出轴、分动器、油泵、滤清器和电液控制单元等。

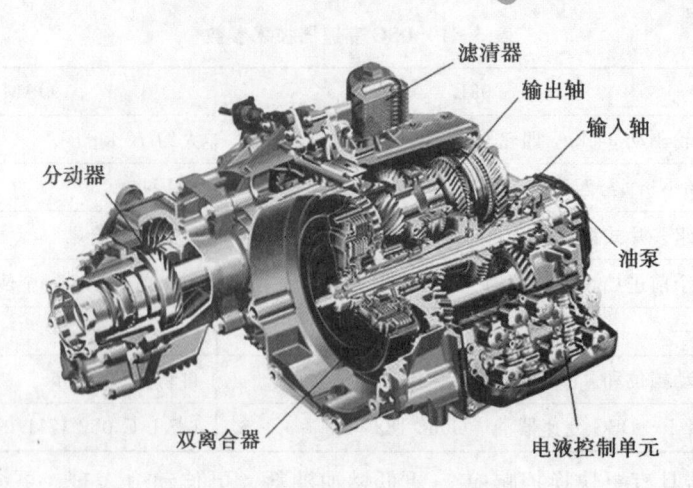

图 3-33 02E-6 DSG 内部

## 2. 结构

02E 变速器有两个输入轴、两个输出轴。油泵驱动轴、输入轴1、输入轴2，三者空套在一起。在输入轴上，1 挡和倒挡共用一个齿轮，四挡和六挡共用一个齿轮，这种设计使变速器长度大为缩短，如图 3-34 所示。

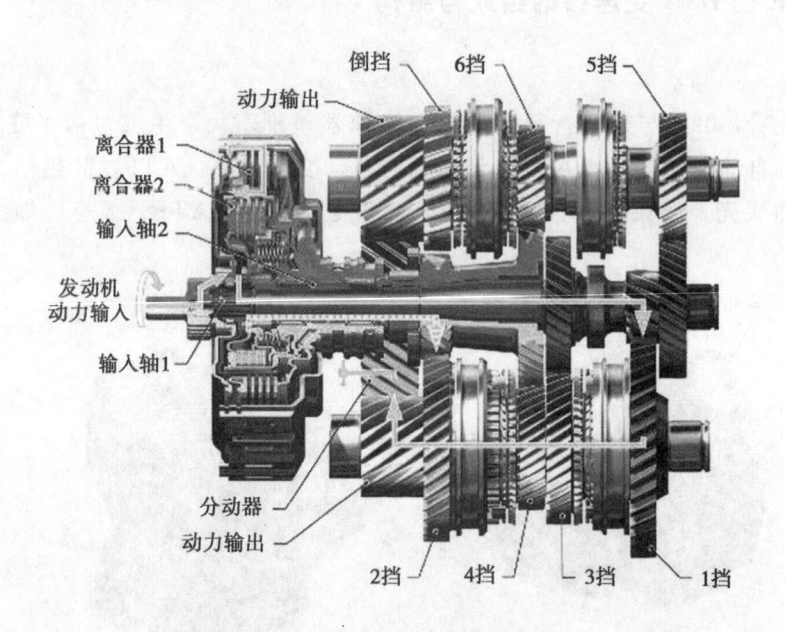

图 3-34 02E-6 DSG 结构

输出轴一上有 1、2、3 挡同步器（三件式），4 挡同步器（单件式），1、2、3、4 挡换挡齿轮，与差速器相连的输出齿轮。输出轴二上有变速器输出转速传感器靶轮，5 挡、6 挡和倒挡换挡齿轮，与差速器相连的输出齿轮。倒挡轴在变速箱内的位置如图 3-35 所示。这款变速箱有两个主减速器主动齿轮，分别位于两个输出轴端，都与差速器壳上的主减速器从动齿轮相啮合，差速器上还集成了 P 挡锁齿轮。

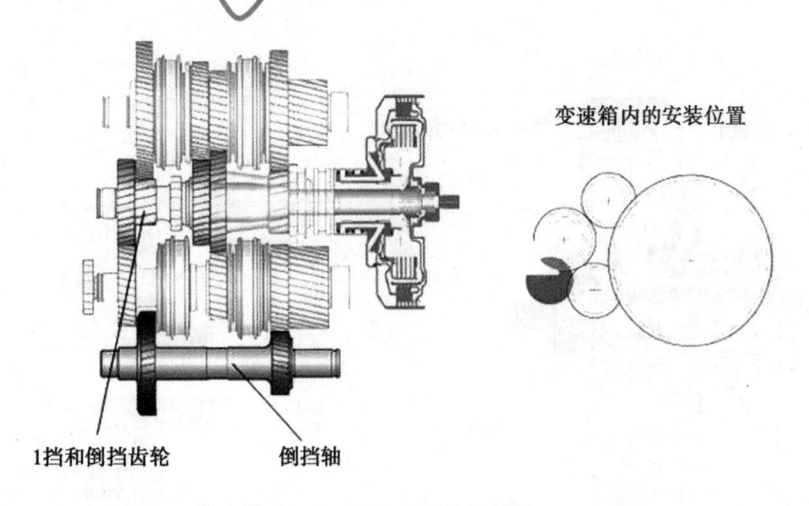

图 3-35  02E-6 DSG 倒挡轴

## 二、02E 型 DSG 自动变速器工作原理

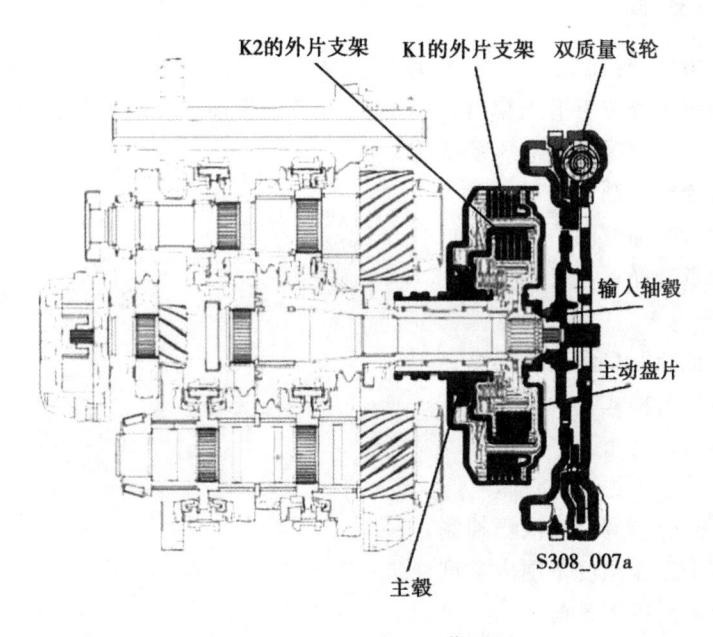

图 3-36  02E-6 DSG 工作原理

如图 3-36 所示，曲轴扭矩经双质量飞轮传入输入齿毂，多片式离合器 K1 和 K2 的外片支架与输入齿毂刚性相连，内片支架分别与输入轴 1 和 2 连接。

离合器 K1 负责将扭矩传入输入轴 1，用来完成 1，3，5，R 挡，离合器 K2 负责将扭矩传给输入轴 2，用来完成 2，4，6 挡，如图 3-37 所示。

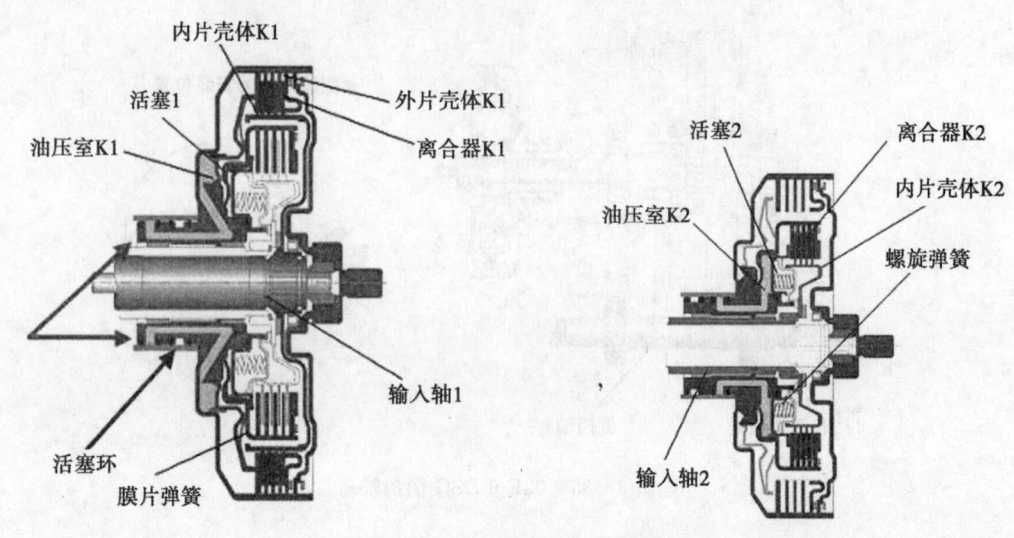

图 3-37 02E-6 DSG 离合器

### 三、DSG 控制

控制单元由电子控制单元和电子-液压控制单元两部分构成，这两部分集成在一起。这两部分连同阀体都位于滑阀箱内，浸于 DSG 变速箱油内控制单元完成下面任务：

(1) 根据需求情况调整液压系统压力；
(2) 双离合器控制；
(3) 离合器冷却控制；
(4) 换挡点选择；
(5) 换挡；
(6) 和其他控制单元交换信息；
(7) 激活应急模式；
(8) 自诊断。

机油必须满足下述要求：

(1) 保证离合器调节和液压控制；
(2) 在整个工作温度范围内黏度稳定；
(3) 能承受高机械负荷；
(4) 不起泡沫；
(5) 润滑/冷却双离合器、齿轮、轴、轴承和同步器部件；
(6) 驱动双离合器和挡位调节活塞。

变速箱的四个换挡轴由液压控制单元控制，通过为换挡轴施加压力来控制拨叉动作，每个拨叉轴的两端通过一个有轴承的钢制圆筒支撑，圆筒的末端被压入活塞腔，换挡油压通过油道传输到活塞腔内作用在圆筒后端，形成推力，完成换挡，换挡拨叉结构如图 3-38 所示。

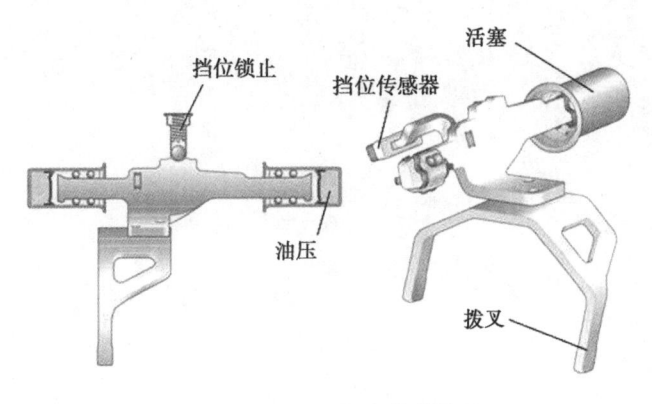

图 3-38  02E-6 DSG 换挡拨叉

换挡轴压力通过保持换挡轴持续时间进行调节，换挡轴压力最大可达 20bar（传输系统温度和开关持续时间的共同作用下），当一个挡位工作时，其相应推力一直存在。拨叉通过电液单元控制，最终完成所有挡位变换。电磁式挡位传感器获得准确拨叉位置。

电子-液压控制单元包括了换挡激励阀、多路控制阀、离合器压力控制阀、主油压控制阀、冷却油压控制阀、安全阀、压力调节阀等，如图 3-39 所示。

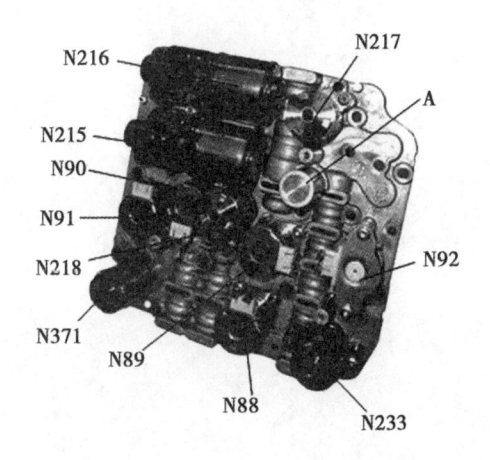

图 3-39  02E-6 DSG 电子-液压电控单元

N88、N89、N90、N91-换挡激励阀（开关阀，换向），

N92-多路控制阀，控制换挡油路油压，此五个阀控制变速箱拨叉挂挡、挡位形成；

N215、N216-离合器 K1、K2 的压力控制阀，实现离合器的交替工作，完成扭矩传递；

N217-主油压力控制阀；N218-冷却油压力控制阀；

N233、N371-油压控制阀，又称安全阀，分别控制两个传输系统；A-压力调节阀

# 项目四　驱动桥

**项目描述**

有一位丰田越野车车主将车开到服务站,反映在起步或突然改变车速时,车底部发出"咣"的响声;加速至高速时,有连续的"呜呜"响声,车速越高响声越大,并伴有明显的车身振动,需要维修。

**项目分析**

根据声音来源判断,是车辆的底部发出,而且车速越高响声越大,并伴有明显的车身振动,说明问题可能出现在万向传动轴上。造成万向传动轴出现故障的主要原因有:

1. 传动轴的间隙过大。
2. 滚动轴承缺油烧蚀或磨损严重,橡胶圈损坏。

通过本项目的学习,我们可以查找故障的真正原因。

**知识及任务**

## 任务 4.1　驱动桥的检修

**学习目标**

**1. 知识目标**

(1) 掌握驱动桥的功用、组成及类型。
(2) 掌握主减速器、差速器的类型,构造,工作原理和应用特点。
(3) 掌握半轴与桥壳的结构特点。

**2. 技能目标**

(1) 具有对驱动桥及其主要组成部件进行维护与检修的能力。
(2) 具有对驱动桥常见故障进行分析、诊断与排除的能力。

### 4.1.1　驱动桥的作用

驱动桥的主要功用是将由万向传动装置传来的发动机转矩传给驱动车轮,并经降速增矩、改变动力传动方向,使汽车行驶,而且允许左、右驱动车轮以不同的转速旋转。具体来讲,主减速器的功用是降速增矩,改变动力传动力方向(发动机纵置时);差速器的功用是允许左、右驱动车轮以不同的转速旋转;半轴的功用为将动力由差速器传给驱动车轮。

## 4.1.2 驱动桥的组成

发动机输出的动力经由离合器、变速器、万向传动装置，传到了驱动桥。驱动桥一般由主减速器、差速器、半轴、桥壳等组成，如图 4-1 所示。

驱动桥是汽车传动系统的最后一个总成，发动机的动力传到驱动桥后，首先传给主减速器，在这里将转矩放大并降低转速后，经差速器分配给左、右半轴，最后通过半轴外端的凸缘传给驱动车轮的轮毂。驱动桥的主要零部件都装在驱动桥的桥壳当中。桥壳是由主减速器壳和半轴套管组成的。

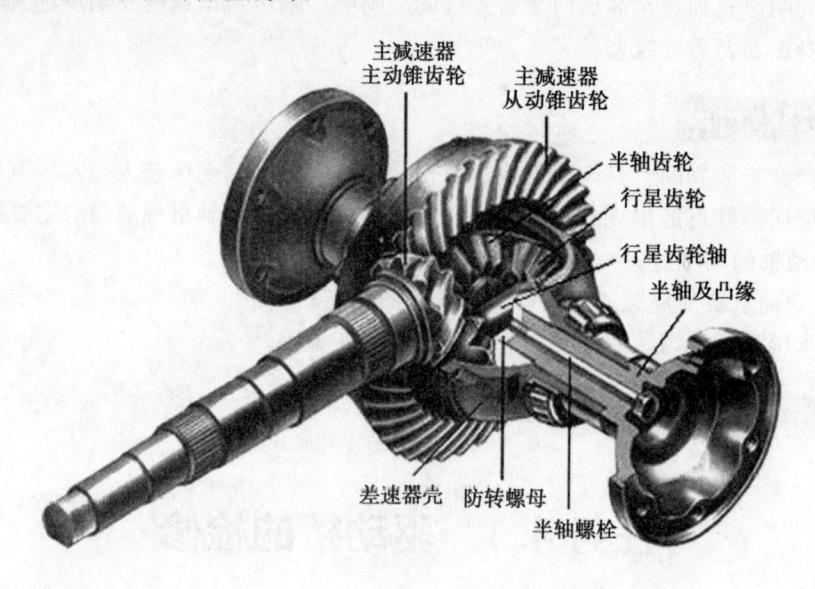

图 4-1 桑塔纳轿车主减速器和差速器

## 4.1.3 驱动桥部件

### 一、主减速器

**1. 主减速器功用与类型**

主减速器的功用是将输入的转矩增大并相应地降低转速，以及当发动机纵置时还具有改变旋转方向的作用。

为了满足不同的使用要求，主减速器的结构形式也是不相同的。

（1）按参加减速传动的齿轮副数目不同，可分为单级式主减速器和双级式主减速器。在双级式主减速器中，如果第二级减速器齿轮分置于两侧车轮附近，成为独立的部件，这时称为轮边减速器。

（2）按主减速器传动比挡数不同，可分为单速式和双速式。单速式主减速器的传动比是固定的，双速式主减速器有两个传动比供驾驶员选择，以适应不同行驶条件的需要。

（3）按齿轮副结构形式不同，可分为圆柱齿轮式（又可分为轴线固定式和轴线旋转式及行星齿轮式）、圆锥齿轮式和准双曲面齿轮式。

**2. 主减速器的构造与工作原理**

（1）单级主减速器

轿车和一般轻、中型货车均采用单级主减速器。单级主减速器具有结构简单、体积小、质量轻和传动效率高等优点。

如图4-2所示为东风EQ1090E型汽车单级主减速器。它的减速传动机构为一对准双曲面锥齿轮。主动齿轮有6个齿，从动锥齿轮有38个齿，可以计算出其主传动比为38/6＝6.33。

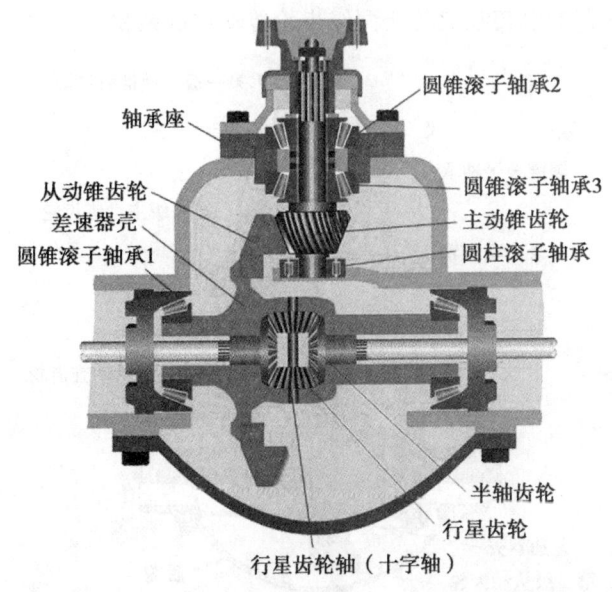

图4-2 东风EQ1090E型汽车单级主减速器

主动锥齿轮与主动轴制成一体。其前端支撑在两个距离较近的圆锥滚子轴承上，后端支撑在圆柱滚子轴承上，形成跨置式支撑，这样可以保证主动锥齿轮有足够的支撑刚度，从而改善啮合条件。圆锥滚子轴承压装在主动轴的后端，靠座孔上的台阶限位。圆锥滚子轴承2和3之间有隔套和调整垫片，以小端相对压入主动轴前端，它们和叉形凸缘通过螺母与主动轴固装在一起，并支撑在轴承座内。轴承座依靠凸缘定位，用螺钉固装在主减速器壳体的前端，两者之间有调整垫片。从动锥齿轮靠凸缘定位，并用螺栓紧固在差速器壳上，而差速器壳则用两个圆锥滚子轴承1支撑在主减速器壳的瓦盖式轴承座孔中。轴承座孔外侧装有环形轴承调整螺母。

为了减少锥齿轮在传动过程中因轴向力而引起的轴向位移，提高轴的支撑刚度，保证锥齿轮副的正确啮合，圆锥滚子轴承一般成对使用，装配时应使其具有一定的预紧度。但轴承预紧度也不能过大，如果轴承预紧度过大，则摩擦和磨损增大，传动效率低。为此，有必要设置轴承预紧度的调整装置。主动轴上两个圆锥滚子轴承 2 和 3 的预紧度由调整垫片 2 来调整。减小垫片 2 的厚度，轴承预紧度增加，反之，轴承预紧度减小。支撑差速器壳的一对圆锥滚子轴承 1 的预紧度则是通过拧紧两侧的轴承调整螺母来调整的。拧出调整螺母，轴承预紧度减小，反之，轴承预紧度增加。

为了保证齿轮调整啮合的正确性，在齿轮啮合之前，需要对圆锥滚子轴承预紧度进行调整，且当两者采用同一调整装置时，齿轮啮合的调整应保持原已调整好的轴承预紧度不变，一端螺母的拧入圈数应与另一端螺母的退出圈数相等。

（2）双级主减速器

当汽车主减速器需要有较大的传动比时，若采用单级主减速器，从动齿轮尺寸较大，难以保证足够的离地间隙，这时需采用双级主减速器。

图 4-3 所示为解放 CA1091 型汽车的双级主减速器，第一级传动为一对螺旋锥齿轮，其传动比为 $25/13=1.923$；第二级传动为一对斜齿圆柱齿轮，其传动比为 $45/15=3$。这个双级主减速器的总传动比等于两级齿轮传动比的乘积。

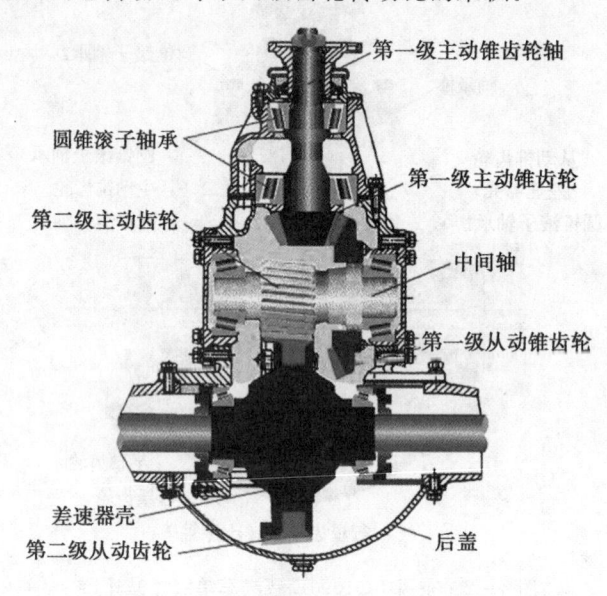

图 4-3 解放 CA1091 型汽车双级主减速器

第一级主动锥齿轮和第一级主动齿轮轴制成一个整体，用两个圆锥滚子轴承（相距较远）支撑在轴承座的座孔当中，因主动锥齿轮悬伸在两轴承之后，故称为悬臂式支撑。这种悬臂式支撑结构简单，虽然支撑刚度不如跨置式支撑大，但由于传动比较小，主动锥齿轮及主动轴的尺寸可以制得大一些。同时还可以尽量增大两轴承之间的距离，以提高支撑刚度，使其同样可以满足承载的要求。第一级传动的从动锥齿轮用铆钉铆接在中间轴的凸缘上。第二级传动的主动齿轮与中间轴制成一体，用两个圆锥滚子轴承支撑在两端轴承盖 1 和 2 的座孔当中，用螺钉将轴承盖与主减速器壳固定连接。第二级传动的从动齿轮被夹在左右两半差速器壳之间，并且用螺栓将它们紧固在一起，其支撑形式与常用的汽车主减速器中差速器壳的支撑形式相同。

(3) 双速主减速器

有些汽车的主减速器具有两个挡，即有两个传动比，这样可以提高汽车的动力性和经济性。可根据行驶条件的变化改变挡位，这样的主减速器称为双速主减速器。

如图 4-4 所示为行星齿轮式双速主减速器示意图。它由一对圆锥齿轮、一套行星齿轮机构及其操纵机构组成。

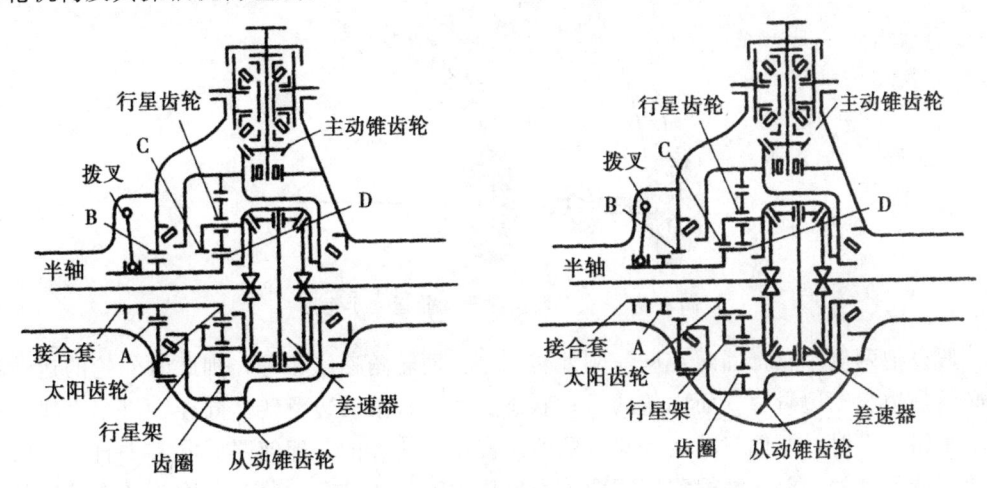

图 4-4 行星齿轮式双速主减速器传动示意图

当需要在高速挡行驶，即传动比较小时，可通过拨叉 3 使接合套的长齿圈 D（中心齿轮）左移，这样行星架内齿圈 C 与行星齿轮就连成了一体。因为行星齿轮不能自转，所以行星齿轮机构不起减速作用，即差速器壳与从动锥齿轮一起以相同转速同向旋转，传动比等于 1（即直接传动）。这时，主减速器就相当于单级圆锥齿轮来传递动力，主减速器的传动比等于圆锥齿轮传动的传动比。

当需要在低速挡行驶，传动比较大时，通过操纵拨叉拨动接合套右移，使接合套上的短接合齿 A 与主减速器壳体上的固定齿圈 B 相套合，接合套即被固定。这时接合套上的长接合齿 D（随接合套一起被固定）与内齿圈 C 相脱离，同时与行星齿轮啮合，如图 4-4 所示。与从动锥齿轮连接在一起的齿圈带动行星齿轮转动，行星架及与之相连的差速器壳将因为行星齿轮的自转而降速。这时的行星齿轮机构的传动比为：

$$i_{02}=1+\frac{太阳轮\ D\ 的齿数}{齿圈的齿数}$$

主减速器的传动比 $i_0$ 为圆锥齿轮副的传动比 $i_{01}$（$Z_7/Z_5$）与行星齿轮机构传动比 $i_{02}$ 的乘积，即：

$$i_0=i_{01}\times i_{02}$$

## 二、差速器

**1. 差速器的功用与类型**

（1）功用

汽车在行驶过程中，车轮对路面的相对运动有三种状态，即滚动、滑动和边滚动边滑移。当汽车转弯行驶时，内外两侧车轮中心在同一时间内移过的曲线距离不同，必然外侧车轮移过的距离要大于内侧车轮，如图4-5所示。

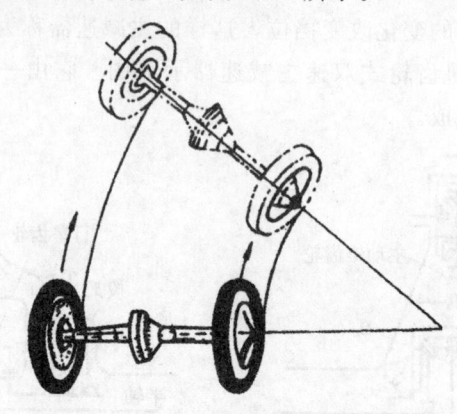

图4-5 汽车转向时驱动轮运动示意图

假设把两侧车轮都固定在同一刚性转轴上，两轮角速度相等，则此时外轮的运动状态必然是边滚动边滑移，而内轮的运动状态必然是边滚动边滑转。同样，汽车直线行驶在不平路面上时，两侧车轮实际移过曲线距离是不相等的。即使路面非常平直，但由于轮胎制造尺寸的误差，磨损程度不同，充气压力不等或承受的载荷不同，各个轮胎的滚动半径实际上也不可能完全相等。因此，只要各车轮转动的角速度相等，车轮就必然存在相对路面的滑动。车轮对路面的滑动不仅会加速轮胎磨损，消耗汽车的动力，而且可能导致转向和制动性能的恶化。为了汽车在正常行驶条件下尽可能不发生滑移，要在汽车结构上装有差速器。

差速器的功用是当汽车在不平路面上行驶或转弯行驶时，使两侧驱动车轮能以不同的转速滚动，即保证两侧驱动车轮做纯滚动运动。

（2）类型

按用途分类，差速器可分为轮间差速器和轴间差速器两大类。

1）轮间差速器是指装在同一驱动桥两侧驱动轮之间的差速器，使两侧驱动轮可以以不同角速度旋转，以保证其纯滚动状态。

2）轴间差速器是指装在各驱动桥之间的差速器，使各驱动桥可以具有不同的输入角速度，从而消除各桥驱动轮的滑动现象。

按工作特性分类，差速器可分为普通差速器和防滑差速器两大类。

**2. 普通齿轮式差速器的构造与工作原理**

普通齿轮式差速器有圆柱齿轮式和锥齿轮式两种。由于锥齿轮式差速器结构简单、紧凑，工作平稳，因此目前锥齿轮式差速器应用最为广泛。

（1）行星锥齿轮差速器构造

如图4-6所示为行星锥齿轮差速器。它由十字形行星锥齿轮轴7、四个行星锥齿轮4、两个半轴锥齿轮2、两半差速器壳1和5及垫片3和6组成。主减速器第二级从动斜齿圆柱齿轮8夹在两半差速器壳之间，并把它们用螺栓紧固在一起。十字轴的四个装配孔是左、右两半差速器壳装合后加工而成的。十字轴的四个轴颈嵌在两半差速器壳端面半圆槽所形成的孔中,四个行星齿轮松套在十字轴的四个轴颈上。四个行星齿轮分别与两个半轴齿轮啮合,两个半轴齿轮以其轴颈支撑在差速器壳中,并以花键孔与半轴连接。行星齿轮背面和差速器壳相应位置的内表面,均制成球面,从而保证行星齿轮良好的对中性,使其与两个半轴齿轮能完全啮合。为了减轻摩擦面间的摩擦和磨损,行星齿轮和半轴齿轮的背面与差速器壳之间装有推力垫片,以提高差速器的使用寿命。使用中还可以通过更换垫片来调整齿轮的啮合间隙。

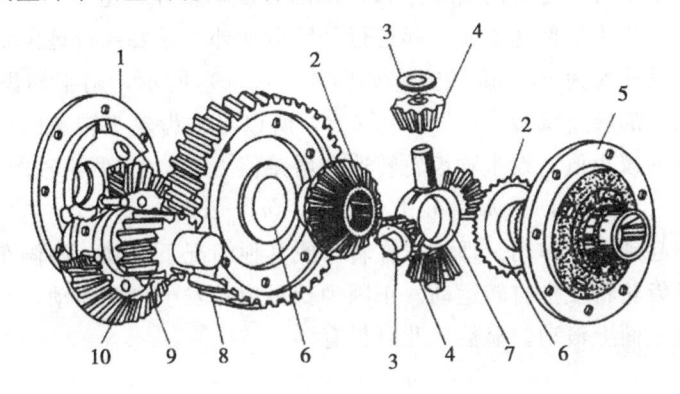

图 4-6 行星锥齿轮差速器

1,5-差速器壳;2-半轴锥齿轮;3-行星齿轮球面垫片;4-行星齿轮;6-半轴齿轮推力垫片;
7-行星锥齿轮轴;8-第二级从动斜齿轮;9-第二级主动斜齿轮;10-第一级从动齿轮

(2) 行星锥齿轮差速器工作原理

1) 差速器的运动特性

行星锥齿轮差速器的运动原理如图4-7所示,行星齿轮轴与差速器壳3连成一体,并由主减速器从动齿轮6带动一起转动,作为差速器的主动元件,设其转速为$n_0$。差速器的从动元件是半轴齿轮1和2,分别设其转速为$n_1$和$n_2$。$A$、$B$两点分别记为半轴齿轮1和2与行星齿轮4的啮合点。$C$点记为行星齿轮4的中心。$A$、$B$、$C$点到差速器旋转轴线的距离相等。

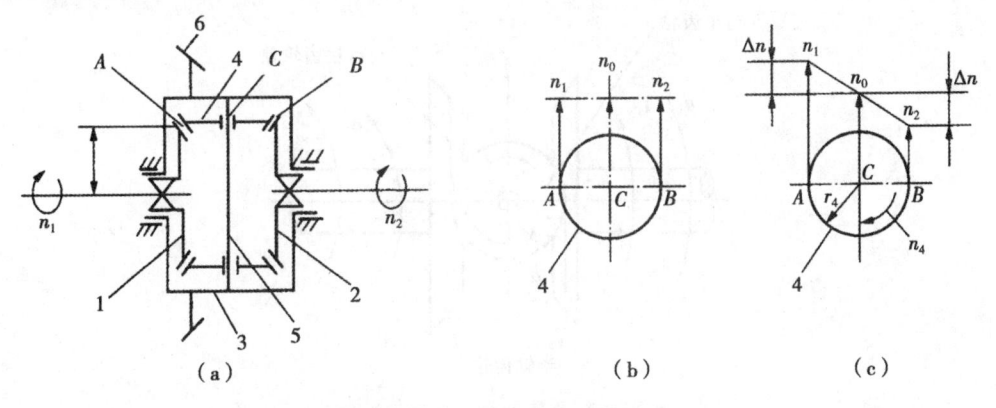

图 4-7 差速器运动原理

当两侧驱动轮没有滑移和滑转趋势,即两侧车轮转速相等,汽车直线行驶时两侧车轮所受的行驶阻力相等,通过半轴及半轴齿轮反向作用于行星齿轮两啮合点$A$、$B$的力也相等。这时行星齿轮相当于一个等臂杠杆保持平衡,即行星齿轮不发生自转运动,而只能随行星齿轮轴 5 及差速器壳 3 一起公转。所以,两半轴无转速差,如图 4-7 (b) 所示,此时差速器不起差速作用。即

$$n_1 = n_2 = n_0 \text{ 且 } n_1 + n_2 = 2n_0$$

当两侧车轮有滑移和滑转趋势时,两侧车轮所受的行驶阻力不再相等,通过半轴及半轴齿轮反向作用于行星齿轮两啮合点 $A$、$B$ 的力也不相等。这样,将破坏行星齿轮的平衡,即行星齿轮除了随差速器壳一起进行公转运动外,还要绕行星齿轮轴进行自转运动。设其自转运动速度为 $n_4$,旋转方向如图 4-7 (c) 所示,则半轴齿轮 1 的转速加快,而半轴齿轮 2 的转速减慢。因 $AC = CB$,所以半轴齿轮 1 转速的增加值应该等于半轴齿轮 2 转速的减小值。设半轴齿轮转速的增减值为 $\Delta n$,则两半轴的转速分别为

$$n_1 = n_0 + \Delta n \quad n_2 = n_0 - \Delta n$$

此时差速器起到差速作用。即汽车在转弯或其他情况下行驶,两侧车轮有滑移和滑转趋势时,行星齿轮将发生自转运动。正因为行星齿轮发生自转运动,导致两侧车轮可以不同的转速在地面上滚动。显然,此时仍有

$$n_1 + n_2 = 2n_0$$

我们称上式为行星锥齿轮差速器的运动特性方程式。式子表明,差速器无论差速与否,两半轴齿轮转速之和都等于差速器壳转速的两倍,而与行星齿轮自转运动的速度无关。

由上述分析可得出结论:

① 当任何一侧半轴齿轮的转速为零时,另一侧半轴齿轮的转速为差速器壳转速的两倍。

② 当差速器壳转速为零时,若一侧半轴齿轮受其他外来力矩而转动,则另一侧半轴齿轮即可以相同的转速反向转动。

2) 差速器的转矩特性

行星锥齿轮差速器的转矩分配如图 4-8 所示。

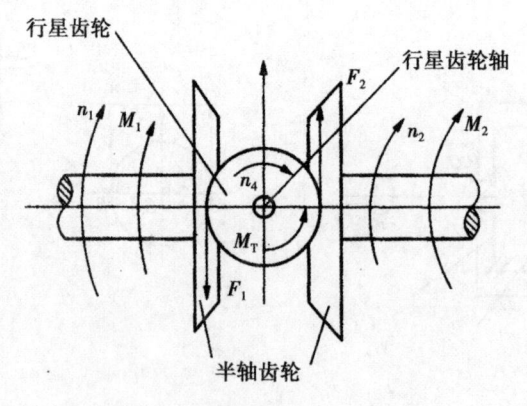

图 4-8 差速器转矩分配示意图

设主减速器传至差速器壳的转矩为 $M_0$,经行星齿轮轴和行星齿轮分别传给两半轴齿轮,两半轴齿轮的转矩分别为 $M_1$ 和 $M_2$。

当行星齿轮不发生自转运动时，即 $n_4=0$，$M_T=0$（$M_T$ 为行星齿轮自转时，其内孔和背面所受的摩擦力矩，$T$ 为行星齿轮），此时行星齿轮相当于一个等臂杠杆，均衡拨动两半轴齿轮转动。因此，差速器将转矩 $M_0$ 平均分配给两半轴齿轮，即 $M_1=M_2=M_0/2$。

当行星齿轮按图 4-8 中 $n_4$ 方向自转时（即 $n_1>n_2$），行星齿轮所受的摩擦力矩 $M_T$ 与其自转运动方向相反，这样使得行星齿轮分别对半轴齿轮 1，2 附加作用了大小相等而方向相反的圆周力，分别记为 $F_1$ 和 $F_2$。$F_1$ 使传到转得相对快的半轴齿轮 1 上的转矩减小，相反 $F_2$ 却使传到转得相对慢的半轴齿轮 2 上的转矩增加，且 $M_1$ 的减小值等于 $M_2$ 的增加值，等于 $M_T/2$。所以，当两侧驱动轮存在差速时（$n_1>n_2$）

$$M_1=(M_0-M_T)/2$$
$$M_2=(M_0+M_T)/2$$

即转得快的车轮分配到的转矩小于转得慢的车轮分配到的转矩，差值为差速器内部摩擦力矩 $M_T$，由于 $M_T$ 很小，可忽略不计。则

$$M_1=M_2=M_0/2$$

可见，无论差速器差速与否，行星齿轮差速器都具有转矩等量分配的特性。

上述普通锥齿轮差速器转矩等量分配的特性对于汽车在好路面上行驶是有利的，而汽车在坏路面上行驶却会严重影响到汽车的通过能力。当汽车的一个驱动轮处于泥泞的路面因附着力小而发生打滑时，即使另一个车轮处于附着力大的路面上未发生滑转，此时附着力小的路面对驱动轮作用一个很小的反作用力矩。由于差速器具有等量分配转矩的特性，因此附着力大的驱动轮也只能同样分配到很小的转矩，这时总的驱动力不足以克服行驶阻力，因此汽车便陷入泥泞的路中不能行驶。

## 任务 4.2　万向传动装置的检修

**1. 知识目标**
（1）掌握万向传动装置的功用、组成及工作原理。
（2）掌握万向节的类型及应用特点。
（3）掌握传动轴和中间支撑的结构特点。

**2. 技能目标**
（1）具有对万向传动装置主要零部件进行维修的能力。
（2）具有对万向传动装置常见故障进行分析、诊断与排除的能力。

### 4.2.1　万向传动装置概述

一、作用

万向传动装置在汽车上有很多应用，结构也不尽相同，但其功用都是一样的。即在

轴线相交且相互位置经常发生变化的两转轴之间传递动力。

位于变速器与驱动桥之间的万向传动装置是在汽车中最常见的应用，如图4-9所示。由于汽车布置、设计等原因，变速器输出轴和驱动桥输入轴不可能在同一轴线上，虽然变速器是安装在车架（车身）上，可以认为位置是不动的，但驱动桥会由于行车时悬架的变形而引起其位置经常发生变化。所以，为了满足这些使用、设计的要求在变速器和驱动桥之间装设万向传动装置。

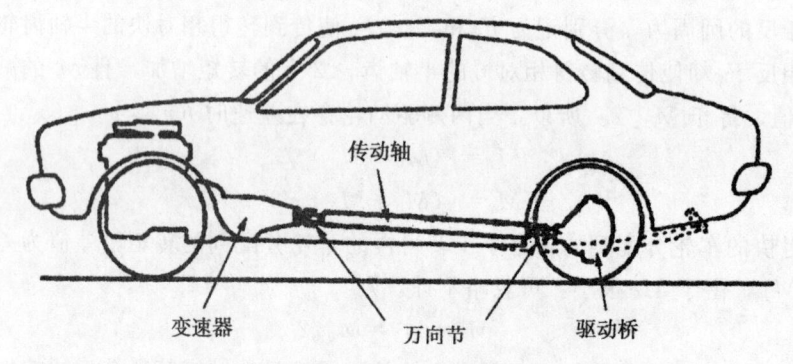

图4-9 变速器与驱动桥之间的万向传动装置

## 二、组成

它主要由万向节和传动轴等组成。对于传动距离较远的分段式传动轴，为了提高其刚度，还设置有中间支撑，如图4-10所示。

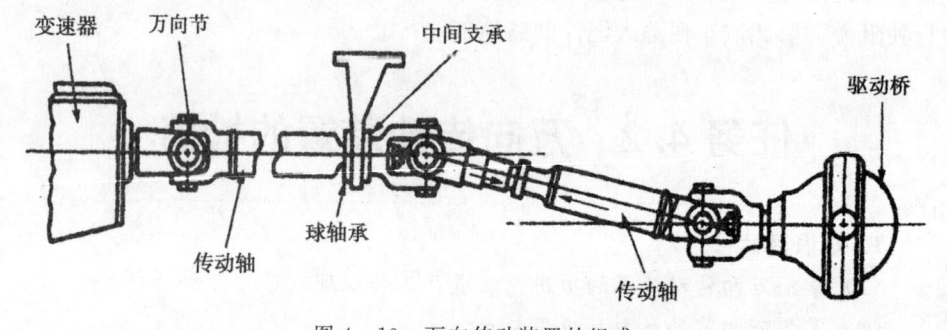

图4-10 万向传动装置的组成

## 4.2.2 主要组成部件

### 一、十字轴式万向节

**1. 十字轴式万向节的构造**

如图4-11所示为十字轴式万向节。它主要由十字轴、万向节叉及轴承等组成。两个万向节叉分别与主、从动轴相连接，其叉形上的孔分别套在十字轴的四个轴颈上，在十字轴轴颈与万向节叉孔之间装有套筒和滚针，用带有锁片的螺钉和轴承盖来使之轴向定位。为了润滑轴承，十字轴内钻有油道，如图4-12所示，且与安全阀、滑脂嘴相通。

为避免尘垢进入轴承及润滑油流出，十字轴轴颈的内端套装着带金属壳的毛毡油封或橡胶油封。在十字轴内润滑脂压力超过允许值时，打开安全阀使润滑脂外溢，从而使油封不会因油压过高而损坏。现代大部分轿车采用橡胶油封，多余的润滑油从油封内圆表面与十字轴轴颈接触处溢出，所以这类轿车无须安装安全阀。轴承应进行轴向定位，这样可以防止轴承在离心力作用下从万向节叉内脱出。

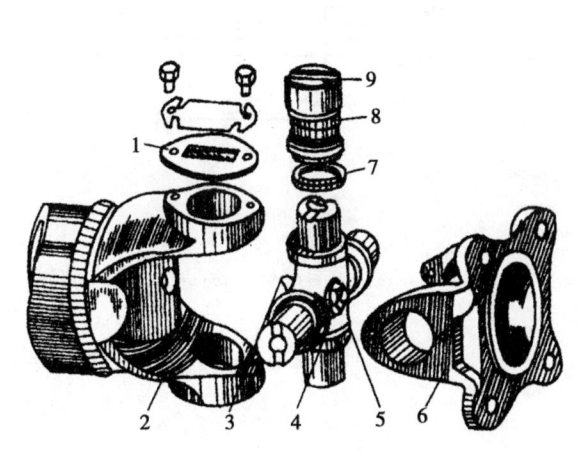

图4-11 普通十字轴式万向节

图4-12 十字轴润滑油道及密封装置

## 2. 十字轴式万向节的速度特性与等速排列条件

（1）速度特性

上述的普通万向节可以保证在轴向交角变化时可靠地传动，并且由于其结构简单，有较高的传动效率，因此在汽车上得到广泛运用。普通万向节的缺点是单个万向节在输入轴、输出轴有夹角的情况下，其两轴的角速度不相等，且角速度差值随输入轴、输出轴轴间夹角的增大而增大。但两轴的平均速度相等，即主动轴转一圈，从动轴也转过一圈。所谓"传动的不等速性"是指从动轴在一圈内，其角速度时而小于主动轴的角速度，时而大于主动轴的角速度的现象，如图4-13和图4-14所示。

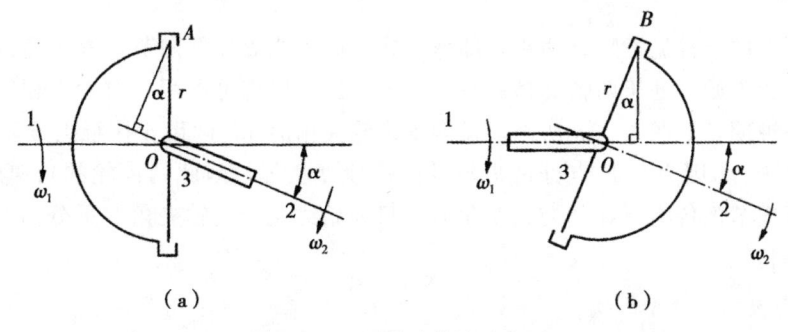

图4-13 不等速特性示意图

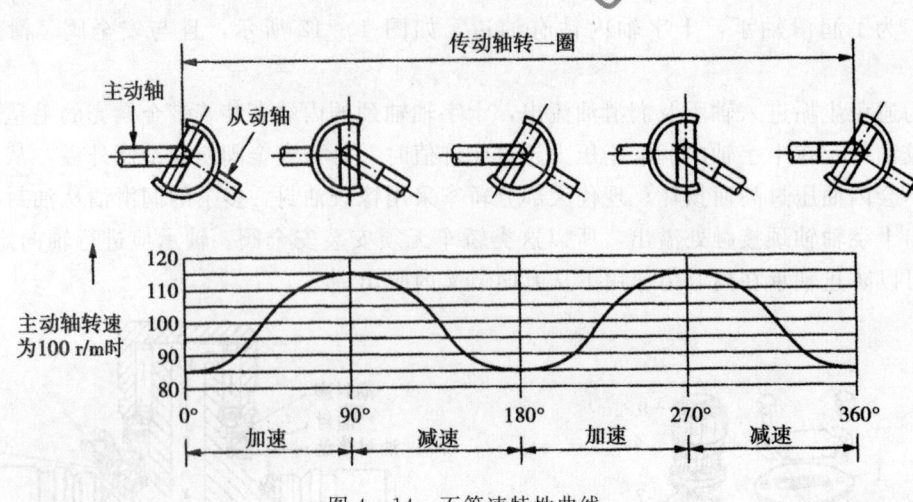

图 4-14 不等速特性曲线

单个刚性十字轴万向节的速度特性

1) 当主动叉在垂直平面内时，$v_A=\omega_1 r=\omega_2 r\cos\alpha$，$\omega_1=\omega_2\cos\alpha$，$\omega_2>\omega_1$，从动轴转速大于主动轴转速。

2) 当主动叉在水平平面内时，$v_B=\omega_2 r=\omega_1 r\cos\alpha$，$\omega_2=\omega_1\cos\alpha$，$\omega_2<\omega_1$，从动轴转速小于主动轴转速。

（2）实现两轴间等角速度传动措施

单个十字轴式刚性万向节的不等速性将使从动轴及与其相连的传动部件产生扭转振动，从而产生附加交变载荷，加剧零件的损坏。为了避免这一现象发生，在汽车上均采用两个十字轴刚性万向节，且中间以传动轴相连，这样可以利用第二个万向节的不等速效应来抵消第一个万向节的不等速效应，从而实现输入轴与输出轴的等速传动。但要达到这一目的，还必须满足以下两个条件：

1) 第一个万向节的两轴间的夹角与第二个万向节的两轴间夹角相等，即

$$\alpha_1=\alpha_2。$$

2) 传动轴两端的万向节叉处于同一个平面。

## 二、等角速万向节

等角速万向节常见类型有两种，即球笼式和球叉式等速万向节。等角速万向节的基本原理是传力点始终处于两轴交角的平分面上。这一原理可以用一对大小相等的锥齿轮传动原理来说明，如图 4-15 所示。设两锥齿轮夹角为 $\alpha$，两齿轮接触点 $P$ 到两轴的垂直距离都等于 $r$。因为在 $P$ 点处两齿轮的圆周速度相等，因此两齿轮的角速度也相等。可见，若万向节的传力点在其交角变化时，只要始终位于两轴夹角的平分面上，就能够保证等角速传动。

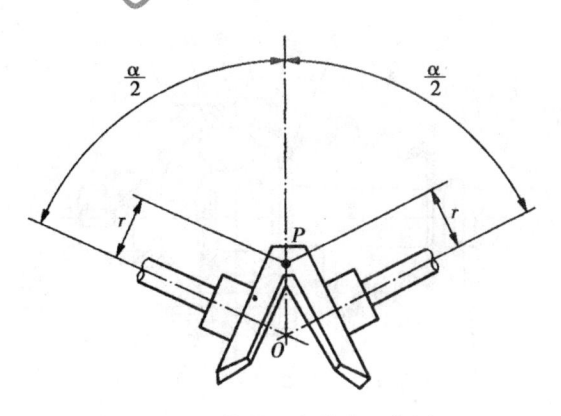

图 4-15 等速万向节的工作原理

**1. 球笼式等角速万向节**

球笼式万向节按主、从动叉在传动过程中是否有轴向相对位移，可以分为 RF 型球笼万向节和 VL 型球笼万向节两种。

(1) 固定型球笼式等速万向节（RF 节）。

RF 型球笼万向节的结构如图 4-16 所示，星形套 7 以内花键与主动轴 1 相连，其外表面有六条弧形凹槽，从而形成六条内滚道。球形壳的内表面有相应的六条弧形凹槽，形成六条外滚道。六个钢球 6 分别装在由六组内外滚道所对应的空间里，并被保持架 4 限定在同一个平面内。动力由主动轴 1 和星形套经过钢球 6 传到球形壳 8 输出。

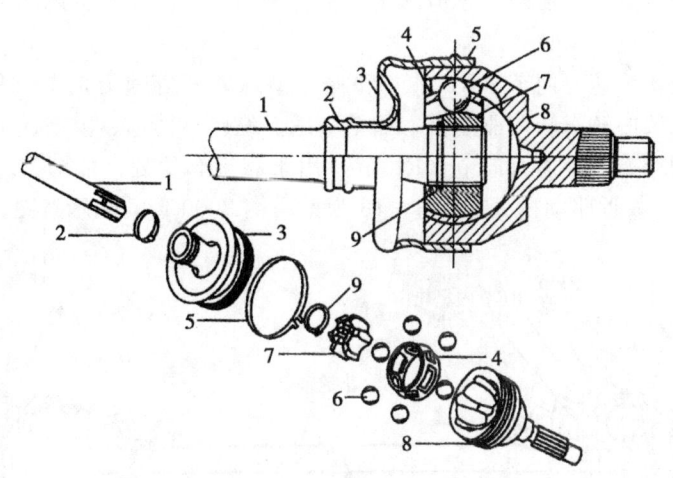

图 4-16 固定型球笼式等速万向节（RF 节）
1-主动轴；2，5-钢带箍；3-外罩；4-保持架（球笼）；6-钢球；
7-星形套（内滚道）；8-球形壳（外滚道）；9-卡环

固定型球笼式等速万向节（RF 节）在工作时，6 个钢球都参与传力，故磨损小、寿命长、承载能力强，被广泛应用于各种型号的转向驱动桥和独立悬架的驱动桥。

(2) 伸缩型球笼式等速万向节（VL 节）。伸缩型球笼式等速万向节的结构如图 4-17 所示。

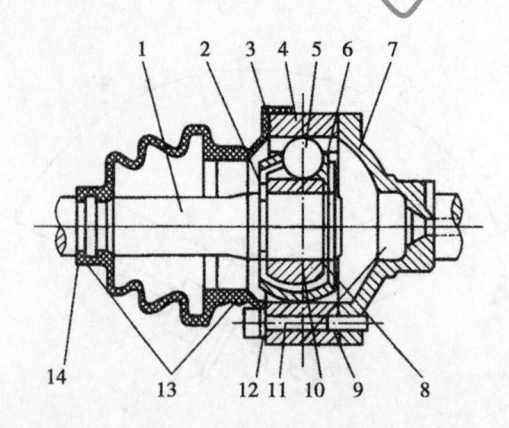

图 4-17 VL 型球笼式等角速万向节结构

1-中半轴；2-挡圈；3-外罩；4-外球座；5-钢球；6-球笼；7-内半轴；8-卡环；9-密封圈；
10-内球座；11-球头内六角螺栓；12-锁片；13-箍带；14-防尘罩

其内、外滚道为圆筒形，且内、外滚道不与轴线平行，而是以相同的角度相对于轴线倾斜着。在装合以后，同一周向位置内、外滚道的倾斜方向刚好相反，即对称交叉，而钢球则正好处于内、外滚道的交叉。当内半轴与中半轴以任意夹角相交时，所有传动钢球都位于轴间交角的平分面上，从而实现等角速度传动。由于在动力传递过程中，内、外球座可以沿轴向相对移动，因此采用这种万向节可以省去万向传动装置中的滑动花键。伸缩型球笼式等速万向节（VL节）允许两轴最大交角为 15°~21°，且具有轴向移动的特性，刚度高、寿命长，不但满足了车轮转向性能的要求，还具有结构简单、尺寸小、质量轻等优点。

固定型球笼式等速万向节（RF节）和伸缩型球笼式等速万向节（VL节）广泛应用于采用独立悬架的轿车转向驱动桥，如桑塔纳、红旗、捷达、宝来、奥迪等轿车的前桥。其中固定型球笼式等速万向节（RF节）用于靠近车轮处，伸缩型球笼式等速万向节（VL节）用于靠近驱动桥处，图 4-18 为桑塔纳 2000 传动轴示意图。

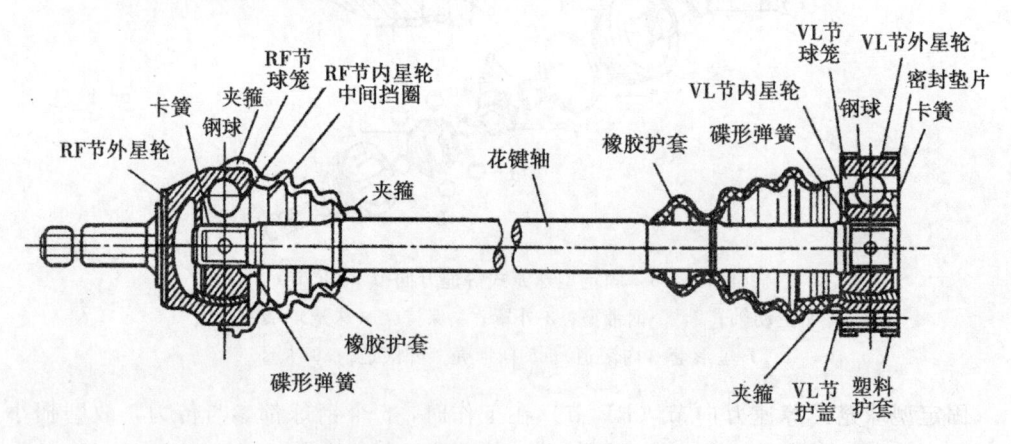

图 4-18 桑塔纳 2000 传动轴示意图

### 2. 三枢轴球面滚轮式等速万向节

三枢轴球面滚轮式等速万向节又称为自由三枢轴万向节，它的结构如图 4-19 所示。由三个位于同一平面内互成120°的三枢轴构成，它们的轴线相交于输入轴上一点，并且垂直于驱动轴。三个驱动轴外表面，滚子轴承分别活套在三个枢轴上。一个漏斗形轴，在其筒形部分加工出三个槽形轨道。这三个槽形轨道在筒形周围上是均匀分布的，轨道配合面为部分同柱面，三个滚子轴承分别装入各个槽形轨道，可沿轨道滑动。

(a) 分解图　　(b) 自由三枢轴组件

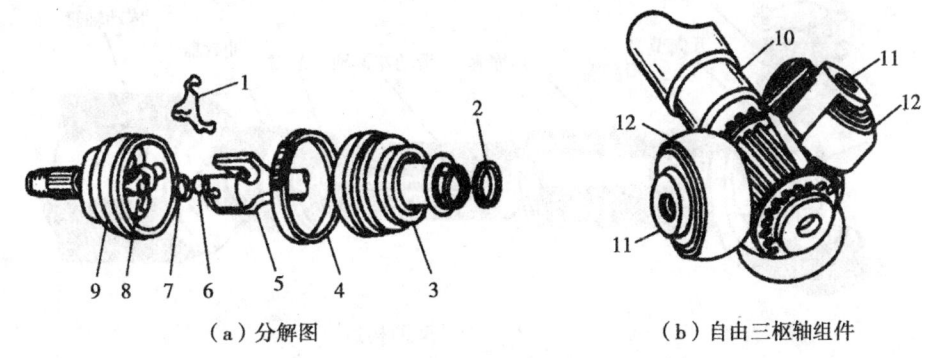

图 4-19　自由三枢轴式等速万向节

1-锁定三角架；2-橡胶紧固件；3-保护罩；4-保护罩卡箍；5-漏斗形轴；6-止推块；7-垫圈；8-三枢轴组件；9-外座圈；10-传动轴；11-枢轴；12-滚子轴承

## 三、传动轴

**1. 传动轴的功用**

传动轴是万向传动装置中主要的传力部件，通常用来联结变速器（或分动器）和驱动桥，在断开式驱动桥和转向驱动桥中，则用来联结变速器和驱动车轮。

**2. 传动轴的构造**

图 4-20 所示为传动轴的构造，有空心轴和实心轴之分。为了减轻传动轴的质量，节省材料，提高轴的刚度、强度，传动轴多为空心轴，如果是超重型货车，则直接采用无缝钢管。转向驱动桥、断开式驱动桥或微型汽车的传动轴通常都制成实心轴。传动轴两端的联结件装好后，应进行动平衡试验。在质量轻的一侧补焊平衡片，使其不平衡量不超过规定的范围值。为加注润滑脂方便，万向传动装置的油嘴应布置在一条直线上，且万向节上的油嘴应朝向传动轴。

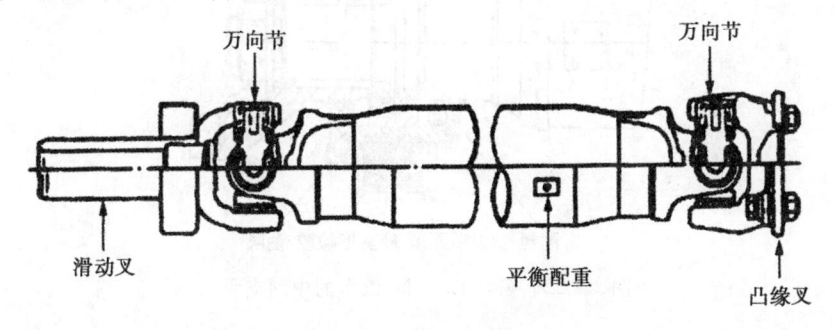

图 4-20　传动轴的构造

汽车行驶过程中，变速器与驱动桥的相对位置会发生变化，随着传动轴角度的改变，其长度也会发生改变，因此采用花键和滑动叉组成的滑套联结，以实现传动轴长度的变化，如图4-21所示。

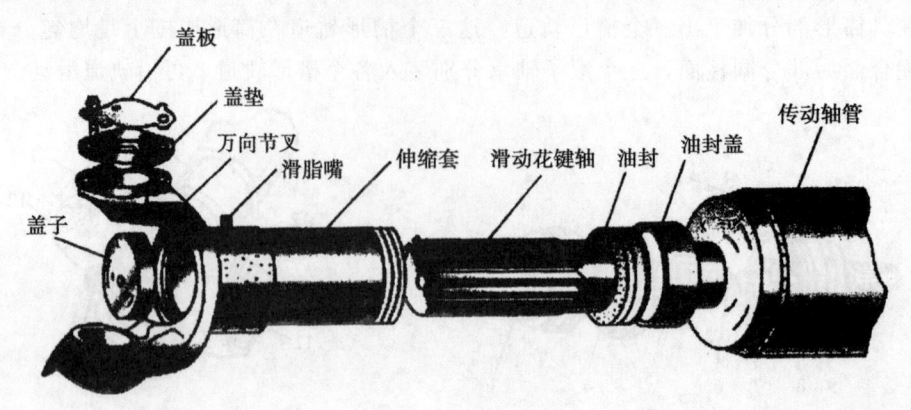

图4-21 滑动叉的构造

### 3. 中间支承

（1）中间支承的功用

传动轴分段时需加设中间支承，中间支承通常安装在车架横梁上，能补偿角度方向和传动轴轴向的安装误差，以及汽车行驶过程中因发动机窜动或车架变形等引起的位移。

（2）中间支承的结构

中间支承常用弹性元件来满足上述功用，图4-22所示的中间支承由轴承和支架等组成，双列锥轴承固定在中间传动轴后部的轴颈上。带油封的支承盖之间装有弹性元件橡胶垫环，用三个螺栓将其紧固。紧固时，橡胶垫环会径向扩张，其外圆会被挤紧于支架的内孔。

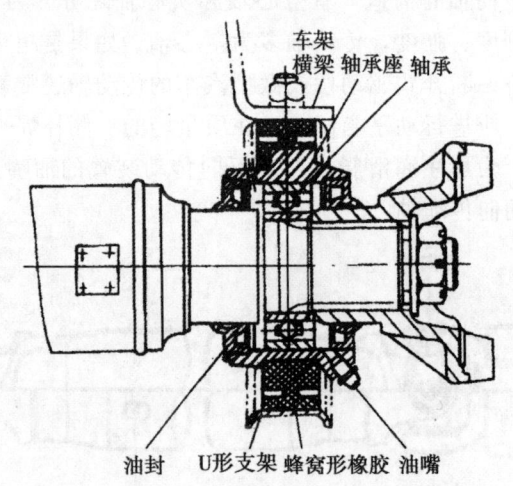

图4-22 东风EQ1090汽车的中间支承

# 第二部分　行驶与操纵系统的诊断与维修

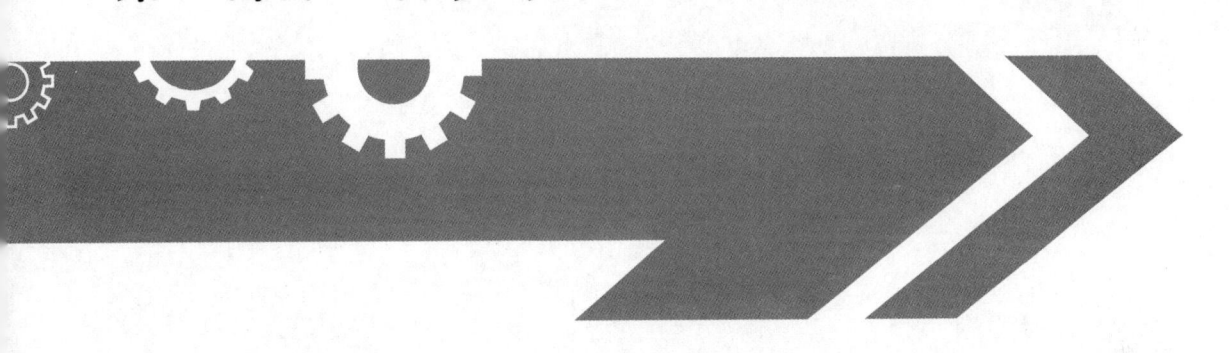

# 项目五　车轮与轮胎总成

### 项目描述

一位大众车主电话咨询 4S 店售后服务人员，问：汽车轮胎胎面两侧边缘处磨损很快是什么原因？是不是经常跑长途导致的？

### 项目分析

汽车的车轮和轮胎是联系汽车底盘传动系、行驶系、转向系和制动系的重要总成，其性能好坏直接影响汽车行驶过程中的各类性能。车轮和轮胎的维护保养是汽车维护作业的基础，同学们要在掌握车轮和轮胎相关理论知识的基础上，掌握维护保养的作业项目。

上述车主的描述是轮胎胎肩磨损较快，一般是轮胎充气压力较低导致的。虽然轮胎气压低是很容易排查的故障，但若不定期维护车辆，导致轮胎气压过低，就会造成很大的危害。由此可见，汽车每个组成部件都是至关重要的，每一个细小的故障都不可以忽视。

### 知识及任务

## 任务 5.1　车轮的检修

**学习目标**

1. 知识目标
(1) 掌握车轮的功用与组成。
(2) 掌握车轮的类型及结构特点。
2. 技能目标
(1) 能够完成离车式车轮动平衡检测。
(2) 能够使用就车式车轮平衡机。

### 一、车轮的作用和组成

车轮与轮胎总成的金属部分叫作车轮。它是轮胎和车桥之间承受负荷的旋转部件，其上安装轮胎并传递和承受轮胎和车桥之间的各种力和力矩。车轮通常由轮毂、轮辋以及这两元件间的连接部分（称轮辐）所组成。轮辋是在车轮上安装和支承轮胎的部件。轮辐是在车轮上介于车轴和轮辋之间的支承部件。

## 二、车轮的类型和结构

**1. 车轮的类型**

车轮按照轮辐的构造不同,可分为辐板式车轮和辐条式车轮两种;按照材质不同,可分为钢制车轮、铝合金车轮、镁合金车轮;按照车轴一端安装轮胎个数不同,可分为单式车轮和双式车轮。

**2. 车轮的构造**

(1) 辐板式车轮

现在,轿车、客车以及货车上广泛采用辐板式车轮。车轮中用以连接轮毂和轮辋的钢质圆盘称为辐板。辐板大多数是冲压制成的,少数和轮毂铸成一体。

辐板式车轮由挡圈、轮辋、辐板和气门嘴伸出口组成,如图 5-1 所示。辐板外缘的通孔可以减轻车轮的质量,并且有利于制动器的散热,便于接近气门嘴。

由于货车后轴负荷比前轴大得多,为防止后轮过载,后轴一般装用双式车轮。

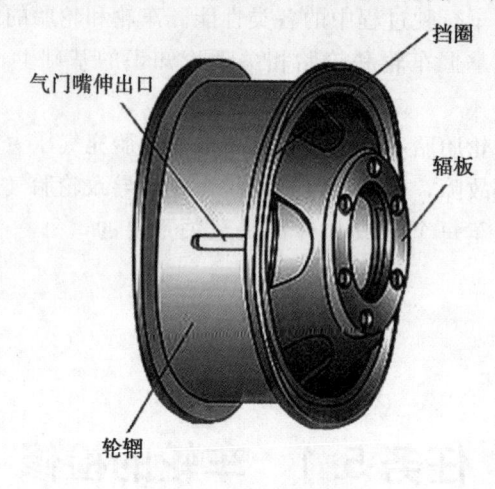

图 5-1 辐板式车轮

(2) 辐条式车轮

辐条式车轮的特点是以钢丝辐条或铸造辐条为轮辐。由于钢丝辐条式车轮质量小、价格昂贵、维修安装不便,故仅用于赛车和某些高级轿车上,如图 5-2 (a) 所示。现代的中高级轿车多采用铸造辐条式车轮,如图 5-2 (b) 所示。

现代汽车的轮辐多种多样,与汽车造型融为一个整体,对整车起到了很好的装饰作用。采用少辐板的轮辐,也有利于制动器的散热。图 5-3 所示为奔驰轿车的五辐车轮。

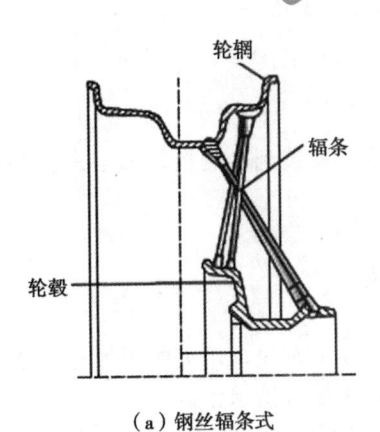

（a）钢丝辐条式 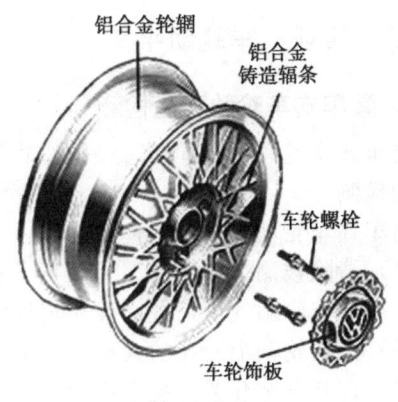　　　　　　　　　（b）铸造辐条式

图 5-2　辐条式车轮

图 5-3　奔驰轿车的五辐车轮

## 3. 轮辋

轮辋俗称钢圈，它的外部须装轮胎，当轮胎装入不同轮辋时，就会使轮胎变形，影响轮胎的性能。因此，不同规格的轮胎应该配用相应规格的标准轮辋。轮辋的常见形式主要有两种：深槽轮辋和平底轮辋，如图 5-4 所示。其中深槽轮辋用于轿车和轻型越野车，平底轮辋用于中型货车。

（a）深槽轮辋车轮　　　　　　　　　（b）平底轮辋车轮

图 5-4　轮辋结构形式

### 三、实训：车轮动平衡

**1. 离车式车轮动平衡检测**

离车式车轮动平衡检测，是将车轮从车上拆下，安装到检测机转轴上进行平衡状态检测的检测。

离车式车轮动平衡机的使用方法：

（1）清除被测车轮上的泥土、石子和旧平衡块。

（2）检查轮胎气压，视必要充至规定值。

（3）根据轮辋中心孔的大小选择锥体，仔细地装上车轮，用大螺距螺母上紧。

（4）打开电源开关，检查指示与控制装置的面板是否指示正确。

（5）用卡尺测量轮辋宽度、轮辋直径（也可由胎侧读出），用平衡机上的标尺测量轮辋边缘至平衡机机箱距离，将测得的三个数值直接输入指示与控制装置中。为了适应不同计量制式，平衡机上的所有标尺一般都同时标有英制和米制刻度。

（6）放下车轮防护罩，按下起动键使车轮旋转，平衡测试开始，计算机自动采集数据。

（7）车轮自动停转或听到"嘀"声，按下停止键并操纵制动装置使车轮停转后，从指示装置读取车轮内、外不平衡量和不平衡位置。

（8）抬起车轮防护罩，用手慢慢转动车轮。当指示装置发出指示时，停止转动，在轮辋的内侧或外侧的上部（时钟12点位置）加装指示装置显示的该侧不平衡质量，内外侧要分别进行，平衡块要装卡牢固。

（9）安装平衡块后有可能产生新的不平衡，应重新进行平衡试验，直至不平衡量小于5g，或指示装置显示"0"时，才合乎要求。

（10）测试结束，关闭电源开关，将轮胎拆下。

**2. 就车式车轮平衡机的使用**

使用就车式车轮动平衡检测机时，不需要从车上拆下车轮，如图5-5所示。具体检测调整方法如下：

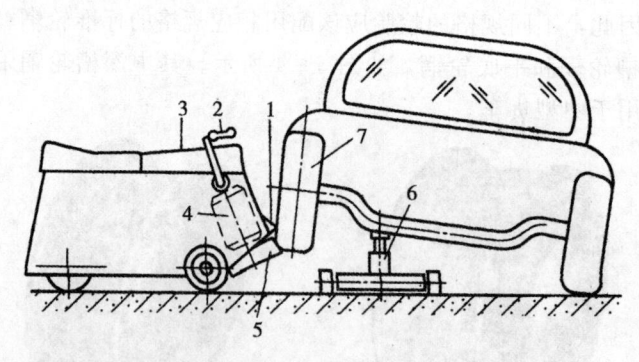

图5-5 就车式车轮动平衡机工作图
1-光电传感器；2-手柄；3-仪表板；4-驱动电动机；5-摩擦轮；6-传感器支架；7-被测车轮

（1）准备工作

1）检查紧固轮胎锁紧螺母和轮毂轴承是否松旷，根据需要调整至规定松紧度。拆除旧平衡块。

2）在轮胎外侧面任意位置上画上记号。

3）用千斤顶支起车轴，使两边车轮离地间隙相等，并清除被测车轮上的泥土、石子和杂物。

（2）从动前轮静平衡

1）用三角垫木塞紧非测试车轮，将就车式车轮动平衡机的测量装置推至被测前轮一端的前轴下，传感磁头吸附在悬架下或转向节下，调节可调支杆高度并锁紧。

2）推车轮动平衡机至车轮侧面或前面（视车轮平衡机形式不同而异），检查频闪灯工作是否正常，检查转轮的旋转方向能否使车轮的转动力与前进行驶时方向一致。

3）操纵车轮动平衡机转轮与轮胎接触，起动驱动电动机带动车轮旋转至规定转速。观察频闪灯照射下的轮胎标记位置，并从指示装置（第一挡）上读取不平衡量数值。

4）操纵车轮动平衡机上的制动装置，使车轮停止转动。用手转动车轮，使其上的标记仍处在上述观察位置上，此时轮辋的最上部（时钟 12 点位置）即为加装平衡块的位置。

5）按指示装置显示的不平衡量选择平衡块，牢固地装卡到轮辋边缘上。

6）重新驱动车轮进行复查测试，指示装置用第二挡显示。若车轮平衡度不符合要求，应调整平衡块质量和位置，直至符合平衡要求。

（3）从动前轮动平衡

1）将传感磁头吸附在经过擦拭的制动底板边缘平整处。

2）操纵车轮平衡机转轮驱动车轮旋转至规定转速，观察轮胎标记位置，读取不平衡量数值，停转车轮找到平衡块加装位置，加装平衡块并复查，方法与车轮静平衡机相同。

（4）驱动轮平衡

1）顶起驱动车轮。

2）用发动机、传动系驱动车轮，加速至 50~70 km/h 的某一转速下稳定运转。

3）测试结束后，用汽车制动器使车轮停转。

4）其他方法与从动前轮动、静平衡检测相同。

## 任务 5.2　轮胎的检修

**1. 知识目标**

（1）掌握轮胎的功用、组成、结构特点与类型。

（2）掌握轮胎的规格及标记。

（3）了解轮胎压力监控系统。

**2. 技能目标**

（1）能够完成轮胎的检查作业。

（2）能够完成车轮与轮胎的换位作业。

### 一、轮胎的作用

轮胎安装在轮辋上，直接和地面接触，支撑整车的质量（高达轮胎自重的 50 倍），并起到传递车轮和路面之间驱动力、制动力以及侧向力的作用,从而控制车辆起动、加速、减速、转向以及停车;现代汽车轮胎多为橡胶材质,且内部充气,以减弱由于路面不平所造成的冲击;轮胎外部有各式各样的花纹,以提高与地面间的附着作用。

## 二、轮胎的分类

按胎体结构的不同,轮胎可分为充气轮胎和实心轮胎两种,现代汽车绝大多数采用充气轮胎。

按胎内的空气压力大小,充气轮胎可分为高压胎、低压胎和超低压胎三种。一般气压在 0.5~0.7MPa 者为高压胎,0.15~0.45MPa 为低压胎,0.15MPa 以下者为超低压胎。低压胎弹性好,断面宽,接地面积大,壁薄,散热好,从而提高了汽车行驶的平顺性、稳定性,同时提高了轮胎的使用寿命,所以汽车上几乎都使用低压胎。

轮胎按组成结构不同,可分为有内胎轮胎和无内胎轮胎两种;按胎体中帘线排列的方向不同,还可分为普通斜交胎和子午线胎。

**1. 有内胎的充气轮胎**

这种轮胎一般由外胎、内胎和垫带组成,如图 5-6 所示。

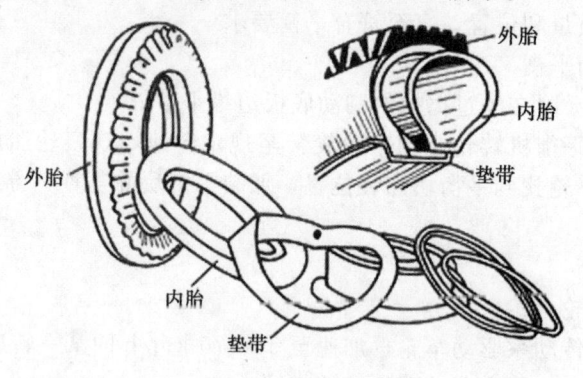

图 5-6 有内胎轮胎

(1) 外胎

外胎由胎面、帘布层、缓冲层和胎圈组成,如图 5-7 所示。

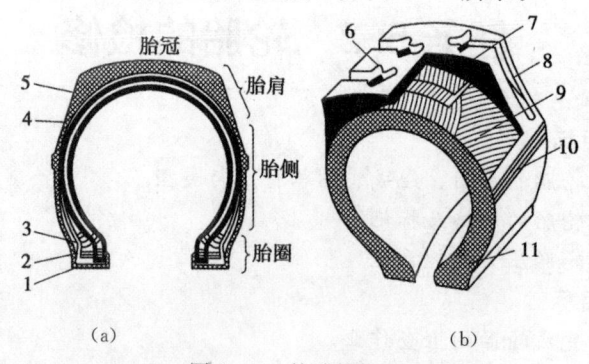

图 5-7 外胎结构
(a) 外胎剖视图;(b) 外胎名称图
1-胎圈包边(a-帘布层包边);2-钢丝圈;3-帘布层;4-缓冲层;5,6-胎冠;
7-缓冲层;8-胎肩;9-帘布层;10-胎侧;11-胎圈

1) 胎面　胎面是轮胎的外表面，由胎冠、胎肩和胎侧三部分组成。胎面与路面直接接触，产生摩擦阻力、驱动力和制动力。

胎冠的外部是耐磨的橡胶层，用于保护帘布层和内胎免受路面造成的磨损和外部损伤。胎冠与路面直接接触，并产生摩擦阻力，使车辆行驶和制动。为使轮胎与地面有良好的附着性能，防止纵、横向滑移，在胎面上制有各种形状的花纹，主要有普通花纹（包括纵向折线花纹和横向花纹）、混合花纹、越野花纹等。普通花纹（如图5-8a所示）的特点是花纹细而浅，花纹块接地面积大，因而耐磨和附着性较好。其中纵向折线花纹滚动阻力小，操纵性能好，噪声小，适合于在较好的硬路面上高速行驶，广泛用于轿车、客车及货车等各种车辆；横向花纹有耐磨性好、不易夹石等优点，但滚动阻力大，所以仅用于货车。混合花纹由纵向折线花纹和横向花纹组合而成（如图5-8b所示），在好路面和不良路面上都可提供稳定的驾驶性能，广泛用于客车和货车。越野花纹（如图5-8c所示）的凹部深而粗，在软路面上与地面附着性好，越野能力强，适用于矿山、建筑工地及其他一些在松软路面上使用的越野汽车轮胎。

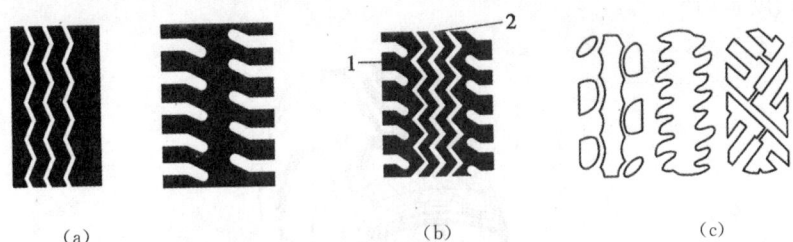

图5-8　胎面花纹
(a) 普通花纹；(b) 混合花纹；(c) 越野花纹
1-横向花纹；2-纵向折线花纹

胎肩是较厚的胎冠和较薄的胎侧间的过渡部分，一般也制有各种花纹，以提高该部位的散热性能。

胎侧又称胎壁，它由数层橡胶构成，覆盖轮胎两侧，保护内胎免受外部损坏。胎侧在行驶过程中不断地在载荷作用下发生弯曲变形。胎侧上标有厂家名称、轮胎尺寸及其他资料。

2) 帘布层　帘布层是外胎的骨架，用以保持外胎的形状和尺寸，并使其具有足够的强度。帘布层通常由成双数的多层帘布用橡胶贴合而成，相邻的帘线交叉排列。帘布层数越多，轮胎的强度越大，弹性下降。帘线可以是棉线、人造丝、尼龙和钢丝。

按照胎体帘布层的排列方式不同，有斜交轮胎、子午线轮胎，如图5-9所示。

(a) 子午线轮胎　　　(b) 普通斜交轮胎
图5-9　子午线轮胎和普通斜交轮胎结构的比较

普通斜交胎和子午线胎在汽车上应用较广。特别是子午线胎应用最广泛。如图5-10所示为子午线轮胎的构造。它由胎圈1、帘布层2、带束层3、胎冠4和胎肩5组成。并以带束层箍紧胎体。其特点是：

①帘线排列的方向与轮胎的子午断面一致，使帘线的强度能得到充分利用，子午线轮胎的帘布层数一般比普通斜交胎减少一半，胎体较柔软，弹性好。

②帘布层帘线与胎面中心线成90°角，帘线在圆周方向上只靠橡胶来联系，为了承受行驶时产生的较大切向力，子午线轮胎具有若干层帘线与子午断面呈大角度（交角为70°~75°）、高强度、不易拉伸的周向环形的类似缓冲层的带束层。带束层通常采用强度较高、拉伸变形小的织物帘布（如玻璃纤维、聚酰胺纤维等材料）或钢丝帘布制造。

子午线轮胎和普通斜交轮胎的结构比较，见图5-9。子午线轮胎基本骨架的胎体帘线排列成辐射状，所以胎侧部分柔软。但是，由于胎面内侧有带束层，从而提高了外胎面（胎冠）的刚度。而普通斜交胎是由胎体构成轮胎的骨架，因而从外胎面（胎冠）到胎侧的柔软度是均匀的。

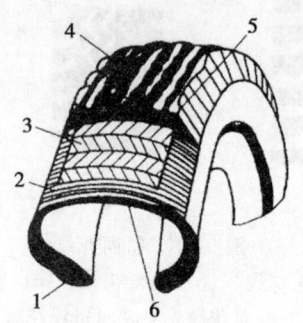

图5-10　子午线轮胎
1-胎圈；2-帘布层；3-带束层；4-胎冠；5-胎肩；6-子午断面

综上可知，子午线轮胎有如下的优点：

①因帘布层数少，胎侧薄，所以散热性能好。

②胎冠较厚且有坚硬的带束层，不易刺穿，行驶时变形小，可降低油耗3%~8%。

③接地面积大，附着性能好，胎面滑移小，对地面单位压力也小，因而滚动阻力小，使用寿命长。

④径向弹性大，缓冲性能好，负荷能力较大。

⑤在承受侧向力时，接地面积基本不变，故在转向行驶和高速行驶时稳定性好。

它的缺点是：胎侧过渡区易裂口，制造技术要求高，成本高。

3) 缓冲层　缓冲层夹在胎面和帘布层之间，由两层或数层较稀疏的帘布和橡胶制成，弹性较大。其作用是加强胎面与帘布层之间的结合，防止汽车紧急制动时胎面与帘布层脱离，并缓和汽车行驶时所受到的路面冲击。

4) 胎圈　胎圈使外胎牢固地安装在轮辋上，有很大的刚度和强度，由钢丝圈、帘布层包边和胎圈包布组成。

（2）内胎

内胎是一个环形的橡胶管，上面装有气门嘴，以便充入或排出空气。为使内胎在充气状态下不产生褶皱，其尺寸应稍小于外胎的内壁尺寸。

（3）垫带

垫带是一个环形的橡胶带，它垫在内胎与轮辋之间，保护内胎不被轮辋和胎面磨伤。

**2. 无内胎的充气轮胎**

无内胎轮胎在结构和外观上与有内胎轮胎相似，所不同的是它没有内胎，空气被直接压入外胎中，因此要求外胎和轮辋之间有很好的密封性。其结构如图5-11所示。无内胎轮胎在轮胎的内壁上用硫化的方法附加了一层约为2～3 mm的橡胶密封层，气门嘴用橡胶密封垫直接固定在轮辋上，铆接轮辋和轮辐的铆钉外面涂上一层橡胶，从内部塞入。因此外胎与轮辋之间密封性很好。

由于它没有内胎，空气直接压入外胎中，因此它的优点是消除了内、外胎之间的摩擦，且轮胎散热性好，胎温低，有利于车速的提高，结构简单，质量小，寿命长，耐刺穿性好。但材料、工艺要求高，维修困难。无内胎轮胎近年来应用非常广泛，轿车几乎均使用无内胎轮胎。

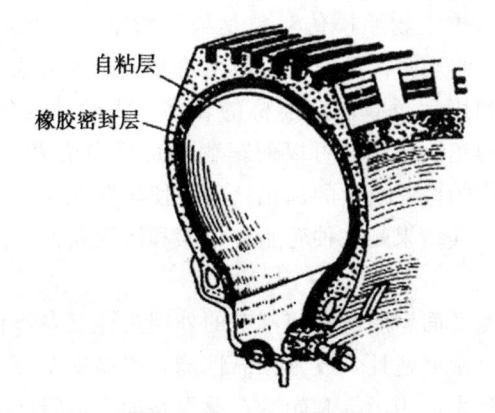

图5-11 无内胎轮胎

**3. 新型轮胎**

随着汽车性能的不断提高，人们对轮胎性能的要求也越来越高。近年来，世界主要轮胎公司推出了许多各式各样的新型轮胎。

（1）智能轮胎 智能轮胎内装有计算机芯片，能够自动监测轮胎行驶温度与气压，并及时予以调整，从而使轮胎始终保持良好的使用性能，既提高了安全系数，又节约了开支。美国固特异公司推出"会说话"载重轮胎，在轮胎胎壁里埋设一小块单片集成电路，集成电路自动测量轮胎的温度、气压、转速、行驶里程和其他一些数据，并用特定代码发送出去，由手提式解码器译成数字显示在液晶显示屏上。这种"会说话"轮胎，使驾驶员能及时了解轮胎状况，做好维护保养，延长了轮胎的使用寿命。

（2）绿色轮胎 绿色轮胎一般是指滚动阻力低（节油性好）、使用寿命长、翻新性好（减少废胎生成量）、重量轻（降低石油资源消耗）以及噪声小和防滑等性能好的轮胎。就滚动阻力来说，绿色轮胎与普通轮胎相比降低22%～35%，因而节油3%～8%，这也是绿色轮胎很快得到广泛推广的重要原因。

(3) 超高行驶里程轮胎　保证行驶里程在 13 万 km 以上的称为超高行驶里程轮胎。现在世界上一些著名的轮胎制造公司，如米其林公司提出了终身保用轮胎，即与轿车等寿轮胎。这种轮胎的寿命可达 10 年，相当于行驶 16 万 km。

(4) 跑气保用轮胎　漏气后仍能继续安全行驶一段较长路程的轮胎称跑气保用轮胎或零压轮胎。从结构上，跑气保用轮胎可分为自封式和刚性支撑式两大类。自封式是在胎腔或密封层内预先充入足量密封剂。当轮胎遭外物刺穿后，密封剂自动流动穿孔处，堵塞洞孔，从而维护正常行驶状态。刚性支撑式跑气保用轮胎又分为自体支撑型、加物支撑型两种。自体支撑型是在普通轮胎上增加原有的某个部件，使轮胎失压后保持行驶轮廓，如胎侧加强型、三角断面型等；加物支撑型是通过增加普通轮胎所没有的部件，达到轮胎失压后保持行驶轮廓的目的，如内支撑物型、多腔型等。虽然各厂家研究开发的这种轮胎不尽相同，但一般都具有如下一些共同特点：漏气后仍可继续安全行驶一段较长路程。跑气保用轮胎的主要技术标为失压后的行驶速度和行驶距离，就目前技术水平而言，前者一般为时速 80～88 km，后者一般为 80 km，最高达到 320 km。

(5) 仿生轮胎　采用仿生学原理研制而成的大陆轮胎，其制动距离明显减小。该轮胎适用于高档车型，大陆仿生轮胎模仿对象是猫的脚掌：猫跳起再落地时，脚掌会变宽。车轮跃起时再落地，制动距离会减小。仿生轮胎就是按照这个原理由开发人员模仿研制而成的。在制动时利用后桥载荷向前桥的转移，将轮胎与地面的接触面积扩大了 10%。再加上它不对称的花纹结构，可以使车辆在直行和弯道上的制动性能大大改善。另一方面，通过对生产中的橡胶模具的优化处理，使轮胎在制动载荷很大的情况下与地面之间的压力尽量均匀。其结果是这种轮胎在干燥和潮湿路面上的制动距离比传统轮胎要减少 1/10。

(6) 低断面轮胎　低断面轮胎能够使汽车的外观更漂亮，不仅可减小滚动阻力，降低燃油消耗，还可提高行驶舒适性，改善操纵性能，提高安全性。

(7) 防滑轮胎　近年来，为了提高轮胎在湿滑路面上的行驶安全性，许多轮胎公司先后研究开发出防滑轮胎。美国固特异轮胎橡胶公司的轮胎最大特点是：胎面中心有一条 V 形宽而深的纵向花纹沟，在主花纹沟两侧各有两条纵向窄花纹沟，看上去很像是并装双胎。这种构造有利于将主花纹沟积蓄的雨水排出去，从而改善轮胎湿地操纵性，延长胎面寿命。此外，它的胎面花纹为有向花纹，胎侧防滑线为一圈黑色或灰白色的齿形环。2000 年固特异推出的第三代产品轮胎的湿地牵引力可增大 18%，干地牵引力可增大 6%，制动距离缩短 8%，湿地操纵性提高 5%，保证里程为 13 万 km。

### 三、轮胎的规格与标记

轮胎的规格可用外胎直径 D、轮辋直径 d、轮胎断面宽度 B 和断面高度 H 的名义尺寸代号表示，如图 5-12 所示。H 与 B 之比称为轮胎的高宽比（以百分比表示），即 H/B×100%，又称作轮胎的扁平率。轮胎的扁平率越小，说明轮胎的断面越宽，故扁平率小的轮胎称为宽断面轮胎。宽断面轮胎的优点是：因断面宽，接地面积大，接地比压小，磨损减小，滚动阻力也小，抗侧向稳定性强。因此，在相同承载能力下，宽断面轮胎较普通轮胎的直径可以减小，因此，在高速轿车上得到广泛应用。

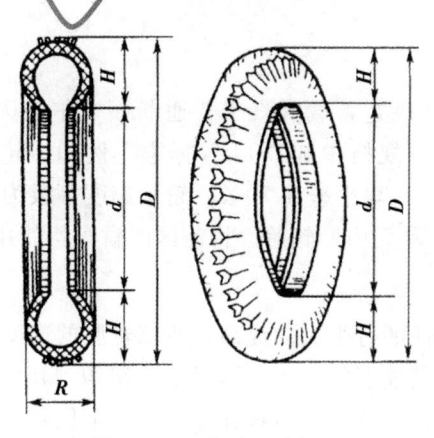

图 5‐12　轮胎尺寸标记

随着汽车工业发展，我国轮胎也制定了相应标准，现把我国轮胎规格表示方法分述如下：

**1. 斜交轮胎**

我国采用国际标准，斜交轮胎的规格用 B—d 表示，B 和 d 均用 in（英寸）为单位。如：

```
9.00 - 20
 │    │
 │    └── 轮辋名义直径（in）
 └─────── 表示低压胎
 └─────── 轮胎名义断面宽度（in）
```

**2. 子午线轮胎**

国产子午线轮胎规格用 BRd 表示，其中 R 代表子午线轮胎。国产轿车子午线轮胎规格表示为：

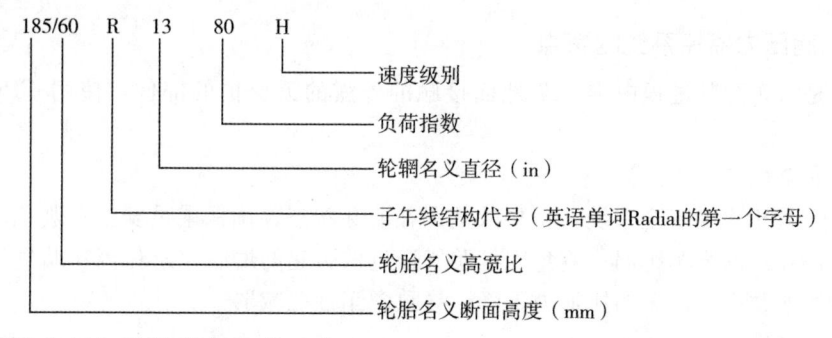

```
185/60 R 13 80 H
                └── 速度级别
             └───── 负荷指数
          └──────── 轮辋名义直径（in）
        └────────── 子午线结构代号（英语单词Radial的第一个字母）
     └───────────── 轮胎名义高宽比
  └──────────────── 轮胎名义断面高度（mm）
```

载货汽车子午线轮胎规格表示为：

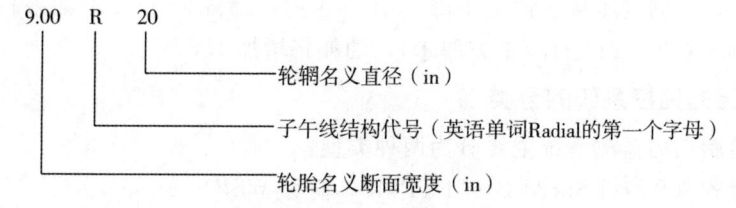

```
9.00 R 20
       └── 轮辋名义直径（in）
    └───── 子午线结构代号（英语单词Radial的第一个字母）
 └──────── 轮胎名义断面宽度（in）
```

### 3. 无内胎轮胎

按国标 GB 2977-1989 规定，载货汽车普通断面子午线无内胎轮胎规格用 BRd 表示。有些子午线轮胎采用在规格中加"TL"标志。例如，轮胎 195/70SR14TL，表示轮胎的断面宽度为 195 mm，扁平率为 70%，轮胎速度等级为 S 级，子午线轮胎，轮辋直径为 14 英寸，"TL"表示无内胎轮胎。目前国产轿车均使用子午线无内胎轮胎。

### 4. 速度等级

近年来，汽车轮胎的性能有很大的提高，要求轮胎的速度性能和汽车的最高速度相匹配。为此，轮胎需标明其速度等级。国际标准化组织（ISO）制定的并且已为一些国家所采用的速度符号标志的特点是对各种速度均给一个代号。

我国参照采用了国际标准化组织规定的速度标志。根据 GB 2978-1989《轿车轮胎系列》规定，轿车轮胎采用 L—H 共 10 级速度标志符号及对应的最高行驶速度。同时还要求对于不同轮辋直径的轮胎，最高行驶速度应符合相应规定。

## 四、轮胎压力监控系统

### 1. 轮胎压力监控系统概述

轮胎是车辆的重要部件，它不仅关系到车辆的操纵性能，还事关车上人员的生命安全，一旦发生故障，后果不堪设想。据统计，高速公路 46% 的交通事故是轮胎发生故障引起的。轮胎充气不当、路面锐物扎伤、胎面磨损过度等等，都是造成交通事故的"杀手"，所以如何避免轮胎故障是大家十分关注的话题。

根据我国交通安全管理部门资料统计，2002 年我国发生重特大交通事故超过 70 万，其中爆胎原因占 80%，而引发爆胎的原因主要是气压过高或过低。

轮胎压力监测系统（TPMS），英文 Tire Pressure Monitor System。它的作用是在汽车行驶过程中对轮胎气压进行实时自动监测，并对轮胎漏气和低气压进行报警，以确保行车安全。

### 2. 轮胎压力监控系统的特点

轮胎是汽车行驶过程中唯一与地面接触的外露的无保护的部件，使用 TPMS 后会带来：

(1) 安全性

TPMS 属于主动安全系统，将事故消灭在萌芽状态，确保乘员安全；避免因轮胎气压的不平衡导致的汽车跑偏；避免因轮胎气压过低引起的爆胎；避免因轮胎气压过高引起的胎冠快速磨损，汽车的抓地力下降，导致刹车性能减弱。

(2) 经济性

根据统计，轮胎气压从正常值下降 10%，轮胎寿命降低 15%。如果轮胎气压低于正常值 0.21bar（约 0.21 公斤/平方厘米），油耗将增加 1.5%。

### 3. 轮胎压力监控系统的分类

目前，轮胎压力监测系统主要分为两种类型：

(1) 间接式（Wheel-Speed Based TPMS，简称 WSB）

这种系统是通过汽车 ABS 系统的轮速传感器来比较轮胎之间的转速差别，以达到监测胎压的目的。ABS 通过轮速传感器来确定车轮是否抱死，从而决定是否启动防抱死系统。当轮胎压力降低时，车辆的重量会使轮胎直径变小，这就会导致车速发生变化，这种变化即可用于触发警报系统来向司机发出警告。

（2）直接式（Pressure-Sensor Based TPMS，简称 PSB）

这种系统是利用安装在每一个轮胎里的压力传感器来直接测量轮胎的气压，利用无线发射器将压力信息从轮胎内部发送到中央接收器模块上的系统，然后对各轮胎气压数据进行显示。当轮胎气压太低或漏气时，系统会自动报警。

这两种系统各有优劣。直接系统可以提供更高级的功能，随时测定每个轮胎内部的实际瞬压，很容易确定故障轮胎。间接系统造价相对较低，已经装备了四轮 ABS（每个轮胎装备一个轮速传感器）的汽车只需对软件进行升级。但是，间接系统没有直接系统准确率高，它根本不能确定故障轮胎，而且系统校准极其复杂，在某些情况下该系统会无法正常工作，例如同一车轴的两个轮胎气压都低时。

还有一种复合式 TPMS，它兼有上述两个系统的优点，它在两个互相成对角的轮胎内装备直接传感器，并装备一个四轮间接系统。与全部使用直接系统相比，这种复合式系统可以降低成本，克服间接系统不能检测出多个轮胎同时出现气压过低的缺点。但是，它仍然不能像直接系统那样提供所有四个轮胎内实际压力的实时数据。

# 项目六 汽车行驶系统

### 项目描述

一位现代车主反映，汽车在中低速、平坦路面行驶时乘坐的舒适性较好；在高速或不平路面行驶时车身会颠动，舒适性很差。

### 项目分析

汽车行驶系由车架、车桥、悬架和车轮等组成。其主要作用是传递汽车与地面间的各种力和转矩，并且缓和不平路面的冲击，吸收振动，保证汽车行驶的平顺性，提高乘员乘坐的舒适性。前面的项目已经介绍了车轮和轮胎，本项目主要介绍其他部分。其中车桥和悬架为重点内容。通过本项目的学习，同学们要掌握行驶系各部分的相关理论知识，同时还应该会分析行驶系的常见故障。

上述故障是悬架的常见故障。该故障的原因可能是：稳定杆变形、上下摆臂变形或悬架交接点磨损等。学习本项目后，同学们可以了解具体的故障原因及排除故障的方法。

### 知识及任务

## 任务 6.1 汽车行驶系综述

**学习目标**

**1. 知识目标**
（1）了解行驶系统的功用、类型、组成。
（2）了解车架的功用与要求。
（3）了解车架的分类及特点。

**2. 技能目标**
（1）能够完成车架的检修。

### 6.1.1 汽车行驶系统

#### 一、行驶系统的功用

汽车行驶系的主要功用是：

（1）支承汽车的总质量。

（2）接受由发动机经传动系传来的转矩，并通过驱动轮与地面之间的附着作用，产生驱动力，以保证整车正常行驶。

（3）传递并支承路面作用于车轮上的各种反力及其所形成的力矩。

（4）尽可能地缓和不平路面对车身造成的冲击和振动，保证汽车平顺行驶。

## 二、汽车行驶系的类型

汽车行驶系的基本类型主要有轮式、半履带式、全履带式、车轮—履带式和水陆两用汽车等几种类型。应用较多的是轮式汽车行驶系。

（1）轮式汽车行驶系。如图6-1所示。汽车行驶在比较坚实的道路上，其行驶系中直接与路面接触的部分是车轮，车轮支承整个车辆，并通过车轮的滚动驱动汽车行驶，这种行驶系称为轮式行驶系，这样的汽车便是轮式汽车。

（2）半履带式汽车行驶系。如图6-2所示。前桥装有滑橇或车轮，用来实现转向，后桥上装有履带，以减少对地面的单位压力（比压），避免汽车下陷，同时履带上履刺也加强了附着作用，具有很高的通过能力，主要用在雪地或沼泽地带。这样的行驶系称为半履带式行驶系，这种车称为半履带式汽车。

（3）全履带式汽车行驶系。如图6-3所示。汽车前后桥上都装有履带，行驶系中直接与路面接触的部分是履带，这样的行驶系称为全履带式汽车行驶系。这种车被称为履带式汽车。

（4）车轮—履带式汽车行驶系。如图6-4所示。行驶系中直接与路面接触的部分既有车轮又有履带，则称为车轮—履带式行驶系。这种车称为车轮—履带式汽车。

（5）水陆两用汽车行驶系。如图6-5所示。水陆两用汽车除具有一般轮式汽车的行驶系外，还备有一套在水中航行的行驶机构。它是结合了车与船的双重性能，既可像汽车一样在陆地上行驶穿梭，又可像船一样在水上泛水浮渡的特种车辆。由于其具备卓越的水陆通行性能，可从行进中渡越江河湖海而不受桥或船的限制，因而在交通运输上具有其特殊的历史意义。多用于军事、救灾救难、探测、旅游等领域。

## 三、汽车行驶系的组成

轮式汽车行驶系一般由车架（或承载式车身）、车桥（前后车桥）、车轮和悬架等部分组成。如图6-1所示。车架1是全车装配与支承的基础，它将汽车的各相关总成连接成一个整体，并与行驶系共同支承汽车的质量，车轮4和5分别安装在前桥6和后桥3上，支承着车桥和汽车。为了减少汽车在行驶中受到的各种冲击和振动，车桥与车架之间又通过弹性悬架2和7与车架1相连接。

项目六 汽车行驶系

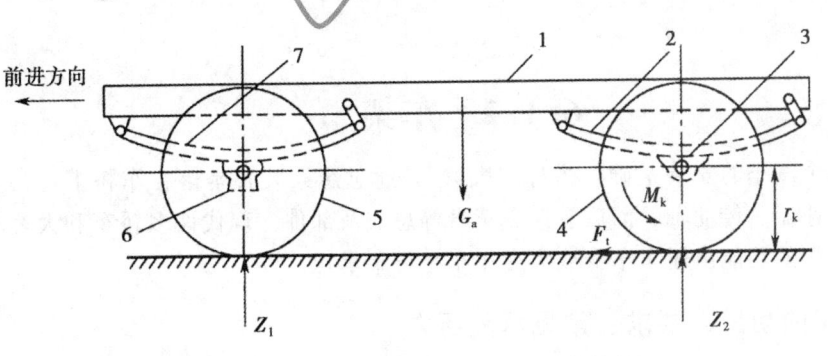

图 6-1 轮式汽车行驶系的组成及受力情况
1-车架；2-后悬架；3-驱动桥；4-后轮；5-前轮；6-从动桥；7-前悬架

图 6-2 半履带式汽车

图 6-3 履带式汽车

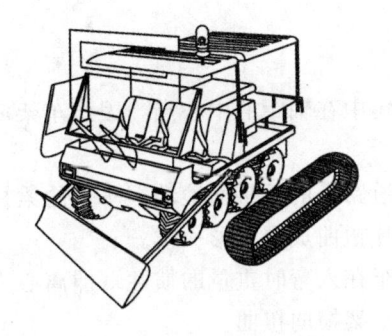

图 6-4 车轮—履带式汽车图

6-5 水陆两用汽车

## 四、汽车行驶系的受力分析

汽车行驶系的受力情况如图 6-1 所示，汽车的总重力 $G_a$ 通过前后轮传到地面，引起地面分别作用于前轮和后轮上的垂直反力 $Z_1$ 和 $Z_2$。当驱动桥中半轴将驱动转矩 $M_k$ 传到驱动轮 4 上时，通过路面和车轮的附着作用，产生路面作用于驱动轮边缘上的向前的纵向反力——牵引力 $F_t$。牵引力 $F_t$ 的一部分用以克服驱动轮本身滚动阻力，其余大部分则依次通过驱动桥壳、后悬架传到车架 1，用来克服作用于汽车上的空气阻力和坡道阻力，还有一部分牵引力由车架经过前悬架传至从动桥，作用于自由支承在从动桥两端转向节上的从动轮中心，使前轮克服滚动阻力向前滚动。于是，整个汽车便向前行驶了。如果行驶系中处于牵引力传递路线上的任意一个环节中断，汽车将无法行驶。

113

## 6.1.2 车架

车架是整个汽车的安装基础，俗称"大梁"，通过悬架装置坐落在车桥上。其上装有发动机、变速器、传动轴、前后悬架、车身等总成及部件。现代许多轿车和大客车上没有车架，车架的功能由轿车车身或大客车车身骨架承担。

### 一、车架的功用、要求、常见承受压力

**1. 车架的功用**

车架的功用是用来安装汽车的各总成，并使各总成在汽车复杂多变的行驶过程中保持正确的相对位置，同时承受来自车内外的各种载荷。

**2. 车架的要求**

车架的结构形式应满足以下要求：
(1) 车架应具有足够的强度和适当的刚度。
(2) 质量应尽可能小。
(3) 车架的结构应简单，以降低整车质量，获得较大的转向角，提高汽车行驶的稳定性和机动性。
(4) 车架应布置得离地面近一些，以使汽车重心位置降低，有利于提高汽车的行驶稳定性。

**3. 车架常见承受压力**

(1) 负载弯曲  非悬挂重量压力主要会集中在轴距的中心点，因此车架底部的纵梁和横梁一般都要求较强的刚度。
(2) 非水平扭动  当前后对角车轮遇到道路上的不平而滚动，车架的梁柱便要承受这个纵向扭曲压力，就好像要你将一块塑料片扭曲成螺旋形一样。
(3) 横向弯曲  所谓横向弯曲，就是汽车在入弯时重量的惯性（即离心力）会使车身产生向弯外甩的倾向，两股相对的压力将车架横向扭曲。
(4) 水平菱形扭动  因为车辆在行驶时，每个车轮因为路面和行驶情况的不同，（路面的铺设情况、凹凸起伏、障碍物及进出弯角等等），会承受不同的阻力和牵引力，像将一个长方形拉扯成一个菱形一样。

### 二、车架的分类及结构

汽车车架按结构形式可分为边梁式车架、中梁式车架和综合式车架。

**1. 边梁式车架**

边梁式车架是由两根位于两边的纵梁和若干根横梁，用铆接或焊接的方法连接而成的坚固的刚性构架。纵梁通常用低合金钢板冲压而成，断面形状一般为槽形，也有的做成Z字形或箱形断面。根据汽车型式不同和结构布置的要求，纵梁可以在水平面内或纵向平面内做成弯曲的，以及等断面或非等断面的。

边梁式车架的横梁不仅用来保证车架的扭转刚度和承受纵向载荷，而且还可以支承汽车上的主要部件，通常载货汽车有五至八根横梁。边梁式车架的结构特点是便于安装驾驶室、车厢及某些特种装备等，因此，被广泛应用在载货汽车和特种汽车上。

图 6-6 为东风 EQ1090E 型汽车车架。它由两根纵梁和八根横梁铆接而成，纵梁 6 为槽形不等高断面梁。由于纵梁中部受到的弯曲力矩最大，为了使应力分布均匀，故中部断面高度最大。

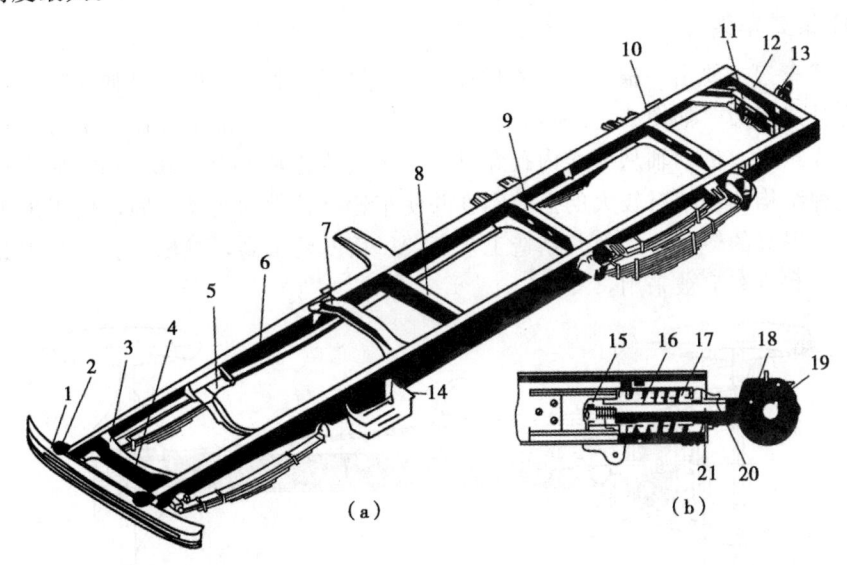

图 6-6 东风 EQ1090E 型汽车车架
(a) 车架总成；(b) 拖钩部件

1-保险杠；2-挂钩；3-前横梁；4-发动机前悬置横梁；5-发动机后悬置右（左）支架和横梁；
6-纵梁；7-驾驶室后悬置横梁；8-第四横梁；9-后钢板弹簧前支架横梁；10-后钢板弹簧后支架横梁；
11-角撑横梁组件；12-后横梁；13-拖钩部件；14-蓄电池托架；15-螺母；16-衬套；17-弹簧；
18-锁块；19-锁扣；20-拖钩；21-衬套

轿车车速较高，为保证其高速行驶的稳定性，应使其的重心尽量降低，为了改善乘员的舒适性，车身的底板也应尽量低。但底板的降低不应妨碍转向轮的偏转和悬架变形时车桥的跳动。因此轿车车架通常做得前部较窄，前后桥处向上弯曲，中间对应车身地板处比较平低。对于轿车短而宽的车架，为了降低重心和提高车架的扭转刚度，通常制成前窄后宽且后部向上弯曲的 X 形车架结构，如图 6-7 所示。

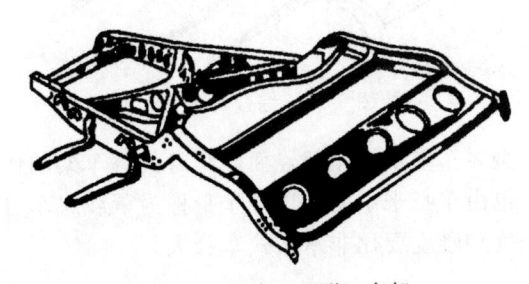

图 6-7 轿车（X 形）车架

在货车车架前端或轿车车架的前、后两端装有一缓冲件——保险杠。当汽车受到撞击时，它可以保护车身、翼子板及散热器，使之免受损伤。轿车上的保险杠还同时起着美化汽车外观的作用。汽车车架前端还装有简单的挂钩，以便在汽车发生故障或陷入泥坑时可以由别的汽车来拖带。

边梁式车架有结构简单、部件的安装固定方便等优点，但其最大的缺点是扭转刚度小。为提高车架的扭转刚度，一些轿车和载货汽车中采用了中梁式车架。

**2. 中梁式车架**

中梁式车架主要由一根位于中央贯穿前后的纵梁和若干根横向悬伸托架组成，因此亦称为脊骨式车架。如图6-8所示的是具有中梁式车架的轿车底盘。中梁的断面可以做成管形或箱形，传动轴从中梁内孔穿过，主减速器通常固定在其尾端，形成断开式驱动桥。这种结构的车架有较大的扭转刚度并使车轮有较大的运动空间，便于采用独立悬架系统和获得大的转向角。但其制造工艺复杂，精度要求高，维修不方便，因此，只是在某些轿车和货车上被采用。

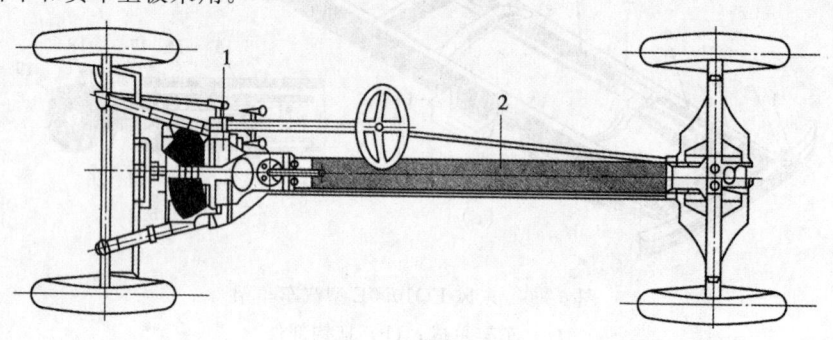

图6-8 中梁式车架
1-发动机；2-中梁

**3. 综合式车架**

综合式车架是中梁式车架的一种变形，纵梁前段是边梁式的，用以安装发动机，中后部是中梁式的，悬伸出来的支架可以固定车身，如图6-9所示。

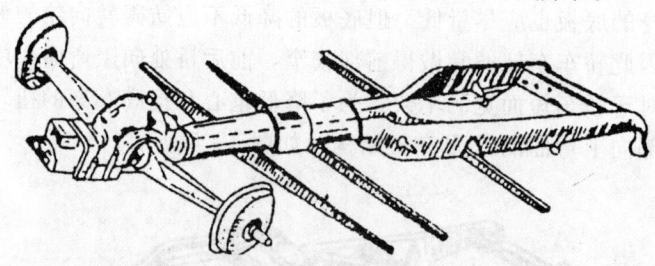

图6-9 综合式车架

许多轿车和部分大型客车取消了车架，而以车身代替车架的作用，即将主要部件固定在车身上，所有的力也由车身来承受，这种车身称为承载式车身。如图6-10及6-11所示。承载式车身的强度和刚度要比非承载式车身大。

### 4. 副车架

现在好多车型都配备副车架。副车架可以看成前后车桥的骨架，是前后车桥的组成部分。副车架并非完整的车架，只是支承前后车桥、悬挂的支架，使车桥、悬挂通过它再与"正车架"相连，习惯上称为"副架"。副架的作用是阻隔振动和噪声，减少其直接进入车厢，所以大多出现在豪华的轿车和越野车上，有些汽车还为引擎装上副架。传统的没有副车架的承载式车身，其悬挂是直接与车身钢板相连的。因此前后车桥的悬挂摇臂机构都为散件，并非总成。在副车架诞生以后，前后悬挂可以先组装在副车架上，构成一个车桥总成，然后再将这个总成一同安装到车身上。这种带副车架的悬挂总成，除了在设计、安装上能带来各种方便和优越性以外，最重要的还是其舒适性和悬挂刚度的提高。见图 6-12。

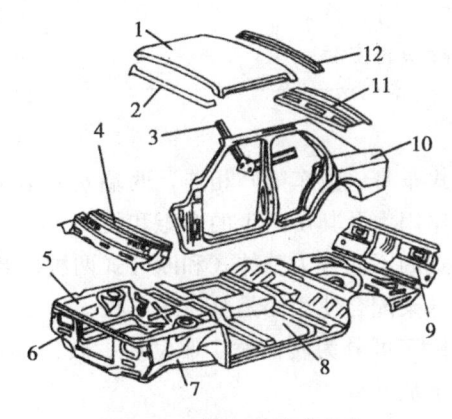

图 6-10 轿车承载式车身

1-顶盖；2-前风窗框上部；3-加强撑；4-前围外板；5-前挡泥板；6-散热器框架；
7-底板前纵梁；8-底板部件；9-行李箱后板；10-侧门框部件；11-后围板；12-后风窗框上部

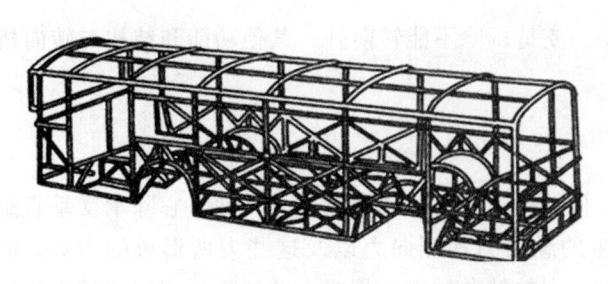

图 6-11 大客车整体承载式车身骨架示意图　　图 6-12 副车架

车架的检修

## 任务 6.2　车桥的检修

**1. 知识目标**
(1) 掌握车桥的作用及分类。
(2) 掌握转向桥的结构。
(3) 掌握转向驱动桥的结构。
(4) 掌握转向轮定位的定义、作用及内容。

**2. 技能目标**
(1) 能够对转向桥进行检修。
(2) 能对车辆进行四轮定位。

### 一、车桥

车桥通过悬架和承载式车身（或车架）相连，两端安装车轮，其功用是传递车架或车身与车轮之间各方向的作用力及其所产生的弯矩和扭矩。

车桥根据悬架结构型式的不同分为整体式和断开式两种。与独立悬架配合使用的是断开式车桥。而与非独立悬架配合使用的是整体式车桥。

按照用途的不同，车桥又可分为转向桥、驱动桥、转向驱动桥和支持桥四种类型，其中转向桥和支持桥都属于从动桥。

在后轮驱动的汽车中，前桥不仅用于承载，而且兼起转向作用，称为转向桥。一般汽车多以前桥为转向桥。后桥不仅用于承载，而且兼起驱动的作用，称为驱动桥。

越野汽车和前轮驱动汽车的前桥，除了承载和转向的作用外，还兼起驱动作用，称为转向驱动桥。

只起支承作用的车桥称为支持桥。支持桥除不能转向外，其他功能和结构与转向桥相同。

### 二、转向桥

转向桥利用转向节使左、右车轮偏转一定角度以实现汽车的转向。它除承受垂直载荷外，还承受由道路、制动等力产生的纵向力和侧向力以及这些力所形成的力矩。因此，转向桥必须有足够的强度和刚度。车轮转向过程中相对运动的部件之间摩擦力应该尽可能小，保证车轮正确的安装定位，从而保证汽车转向轻便和方向的稳定性。

各类汽车的转向桥结构基本相同，主要由前轴、转向节、主销和轮毂等组成。转向桥可以与独立悬架匹配，也可以与非独立悬架匹配。转向桥按前轴的断面形状分为工字梁式转向桥（如图 6-13 所示为解放 CA1092 货车的工字梁式转向桥）和管式转向桥（如图 6-14 所示为北京 BJ1040 型汽车的管式转向桥）两种。

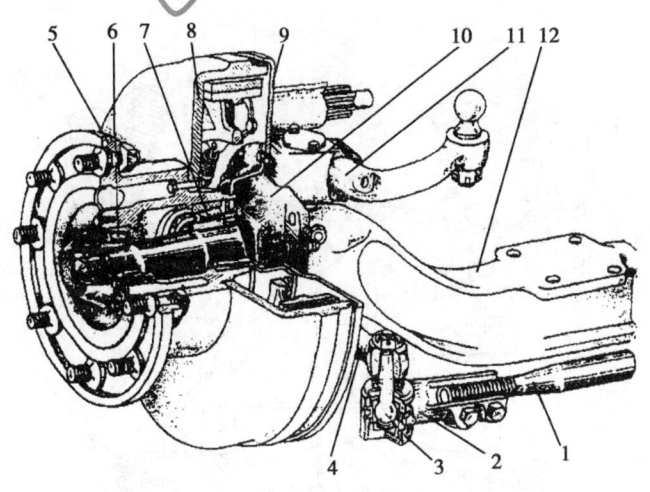

图 6-13 解放 CA1092 货车的工字梁式转向桥

1-转向横拉杆；2-横拉杆接头；3-横拉杆球头销；4-梯形臂；5-轮毂；6-外轮毂轴承；
7-内轮毂轴承；8-制动鼓；9-制动底板；10-转向节；11-转向节臂；12-前轴

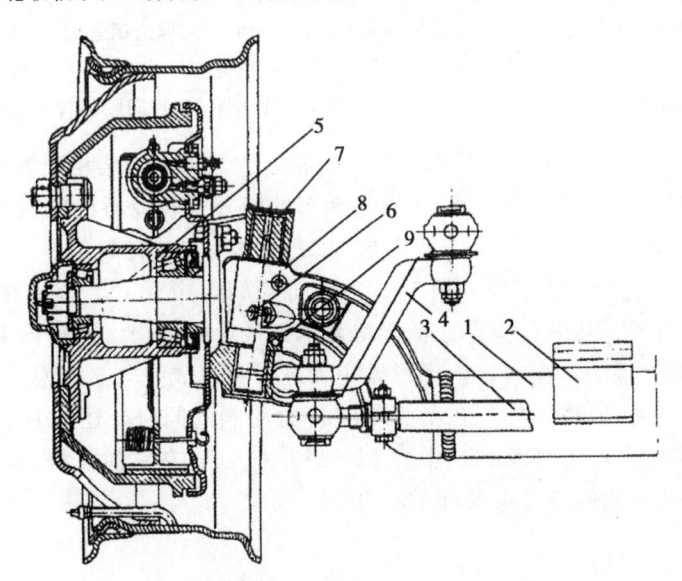

图 6-14 北京 BJ1040 型汽车管式转向桥

1-前梁；2-钢板弹簧座；3-转向横拉杆；4-转向节臂；5-转向节；
6-车轮转角限位螺钉；7-主销；8-前梁拳形部分；9-轴承

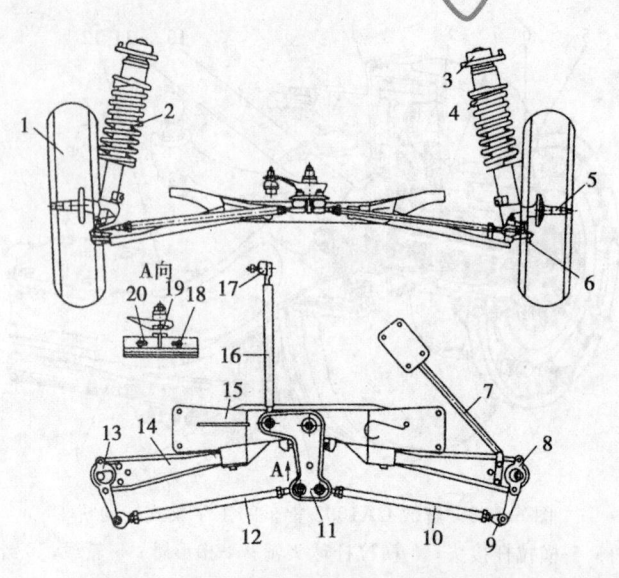

图 6－15　JL6360型客车断开式转向桥

1-车轮；2-减振器；3-上支点总成；4-缓冲弹簧；5-转向节；6-大球头销总成；7-横向稳定杆总成；8-左梯形臂；9-小球头销总成；10-左横拉杆；11-转向臂；12-右横拉杆；13-右梯形臂；14-悬臂总成；15-中臂；16-纵拉杆；17-纵拉杆球头；18-转向限位螺钉座；19-转向限位杆；20-转向限位螺钉

在轿车和微型客车上通常采用断开式转向桥，它与独立悬架相配置组成了性能优良的转向桥。如图 6－15 所示为JL6360微型客车的断开式转向桥的结构图。该断开式转向桥主要由车轮1、减振器2、上支点总成3、缓冲弹簧4、转向节5、大球头销总成6、横向稳定杆总成7、左右梯形臂8和13、主转向臂11、中臂15、左右横拉杆10和12、悬臂总成14等组成。其中有些臂、悬臂均为薄钢板焊接结构，主转向臂与中臂是通过螺栓与橡胶衬套连接的，左右转向梯形臂用大球头销总成6与悬臂总成14连接。该断开式转向桥和前述转向桥一样，在具有承载传力功能的同时，还应具有实现转向的功能，它与转向器配合，转向臂11、中臂15、纵拉杆16、左右横拉杆10和12以及左右梯形臂8和13使车轮偏转以实现汽车转向。

## 三、转向驱动桥

在全轮驱动的越野汽车和一些轿车上的前桥既能转向还起驱动的作用，故称为转向驱动桥，如图 6－16 所示。它与普通驱动桥一样，有主减速器和差速器，区别在于转向时车轮需要绕主销偏转过一个角度，故与转向轮相连的半轴必须分成内外两段：即内半轴（与差速器连接）和外半轴，两者用万向节（多为等角速万向节）连接，同时主销也因而制成上、下两段。转向节轴颈做成中空的，以便外半轴得以穿过其中。

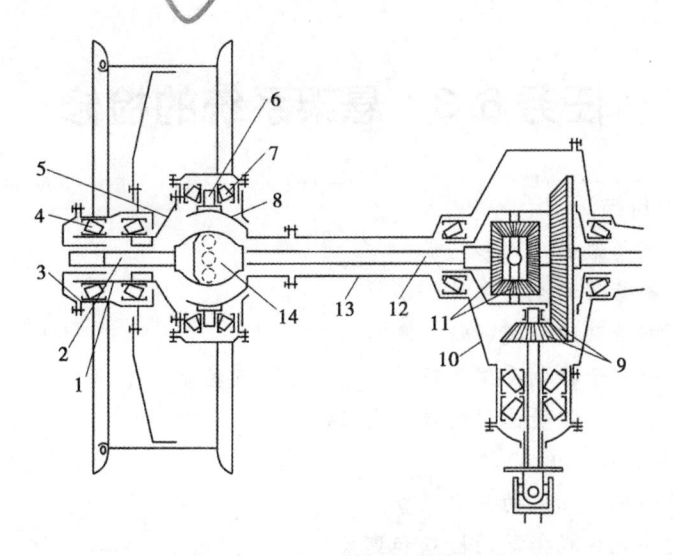

图 6-16 转向驱动桥示意图

1-转向节轴颈；2-外半轴；3-轮毂；4-轮毂轴承；5-转向节壳体；6-主销；7-主销轴承；
8-球形支座；9-主减速器；10-主减速器壳；11-差速器；12-内半轴；13-半轴套管；14-万向节

目前，许多轿车采用了发动机前置前轮驱动的布置形式，其前桥和全轮驱动的越野汽车一样也是转向驱动桥，轿车的转向驱动桥多与麦弗逊式独立悬架配合使用，因其前轮内侧空间较大，便于布置，具有良好的接近性，维修方便，所以被广泛采用。图 6-17 为红旗世纪星轿车的转向驱动桥，主要由转向节总成 13、销轴 12 及传动轴 3 等组成。前轮毂通过轴承支撑在转向节上，外半轴上的外花键和前轮毂的内花键相连，然后将螺母拧在外半轴头部的螺纹上，使前轮毂和外半轴的相对位置固定。前轮毂外端又和制动盘、车轮总成连在一起。转向节上端由固定在滑柱筒内的减振器活塞杆端头与车身相连，转向节下端和控制臂上的销轴相连。转向时，转向节总成可以绕销轴和上弹簧座内轴承进行转动。

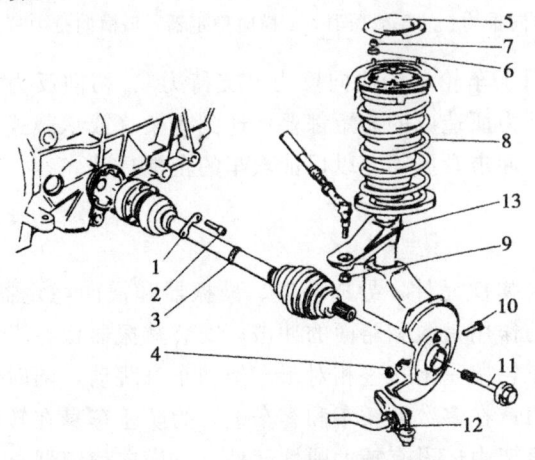

车桥的检修

图 6-17 红旗世纪星轿车的前桥

1-锁止板；2-圆头螺钉；3-传动轴；4，7，9，11-自锁螺母；5-盖板；6-垫圈

121

## 任务 6.3　悬架系统的检修

**1. 知识目标**
（1）掌握悬架的功用和组成。
（2）掌握悬架的主要部件。
（3）了解悬架的分类、特点及应用。
（4）了解电子控制悬架系统的功用、组成及控制原理。
（5）了解空气弹簧悬架的控制内容。

**2. 技能目标**
（1）能够完成悬架的基本检查。
（2）能够完成减振器的检查和更换。
（3）能够分析悬架的常见故障。

### 一、悬架的功用

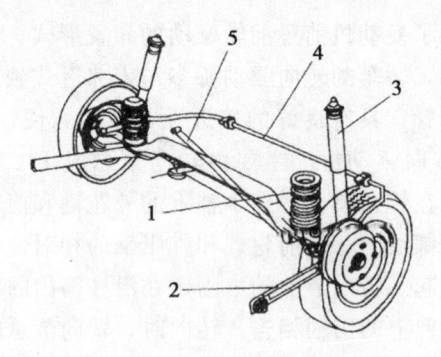

图 6-18　汽车悬架组成示意图
1-弹性元件；2-纵向推力杆；3-减振器；4-横向稳定器；5-横向推力杆

悬架的作用是把路面作用于车轮上的法向反力（支持力）、切向反力（牵引力和制动力）和侧向反力以及这些反力所造成的力矩都要传递到车架（或承载式车身）上，缓和并衰减汽车在行驶中产生的冲击及振动，以保证汽车的正常行驶。

### 二、悬架的组成

现代汽车的悬架一般是由弹性元件、导向装置、减振器和横向稳定器四部分组成，如图 6-18 所示。弹性元件的作用是缓和路面的冲击；安装减振器旨在迅速衰减车体的振动；导向机构的任务是使车轮按一定轨迹相对于车架和车身跳动，同时还负责传递车轮和车身之间的各个方向的力；在多数的轿车和客车上，为防止车身在转向行驶等情况下发生过大的横向倾斜，在悬架中还设有辅助弹性元件——横向稳定器。

### 三、悬架部件

**1. 弹簧**

（1）螺旋弹簧

螺旋弹簧是轿车中普遍应用的弹簧。它广泛地应用于独立悬架，特别是前轮独立悬架中。其优点是：无须润滑，不忌泥污；安置它所需的纵向空间不大；弹簧本身质量小。

螺旋弹簧本身没有减振作用，因此在螺旋弹簧悬架中必须另装减振器。此外，螺旋弹簧只能承受垂直载荷，故必须装设导向机构以传递垂直力以外的各种力和力矩。

螺旋弹簧用弹簧钢棒料卷制而成，可做成等螺距或变螺距。前者刚度不变，后者刚度是可变的。如图 6-19 所示。

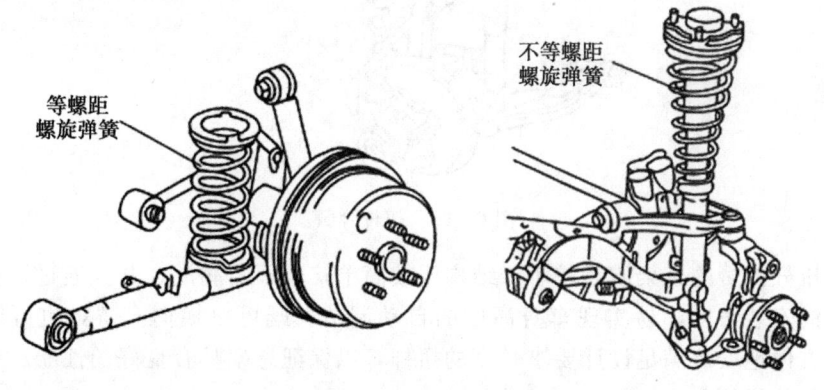

图 6-19 螺旋弹簧

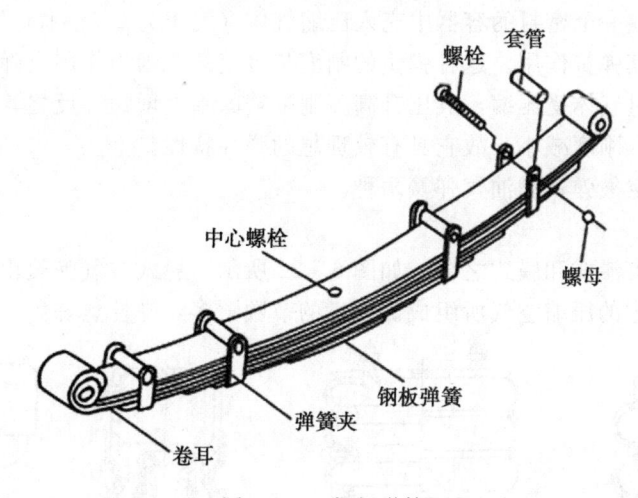

图 6-20 钢板弹簧

（2）钢板弹簧

如图 6-20 所示，它也是汽车悬架中应用最广泛的一种弹性元件，特别是在货车上应用最为广泛。它是由若干片等宽但不等长的合金弹簧片组合而成的近似等强度的弹性梁。

(3) 扭杆弹簧

扭杆弹簧本身是一根由弹簧钢制成的杆,如图 6-21 所示。扭杆断面为圆形。其两端形状可以做成花键、方形、六角形或带平面的圆柱形等等,以便一端固定在车架上,另一端固定在悬架的摆臂上。当车轮跳动时,摆臂便绕着扭杆轴线而摆动,使扭杆产生扭转弹性变形,借以保证车轮与车架的弹性联系。

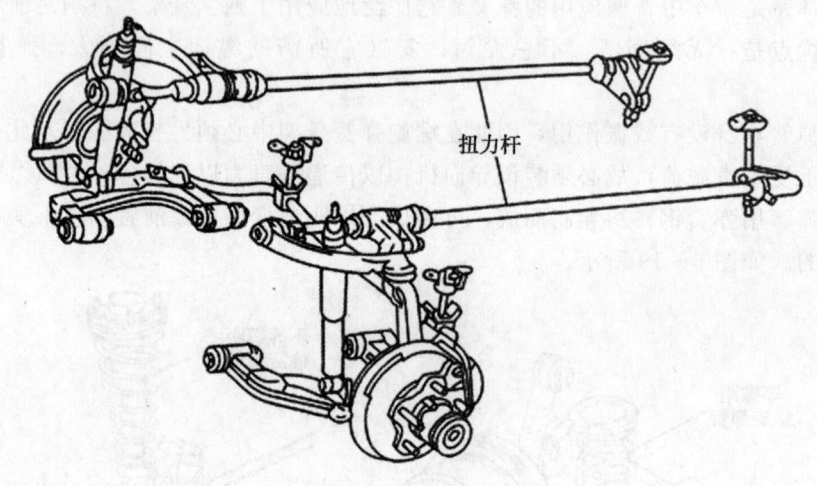

图 6-21 扭杆弹簧

采用扭杆弹簧的悬架质量较小,结构比较简单,也不需润滑,并且通过调整扭杆弹簧固定端的安装角度,易实现车身高度的自动调节。既可以横向布置,也可以纵向布置,可以方便地安装满足设计要求长度的扭杆,以保证悬架具有良好的性能。

(4) 气体弹簧

气体弹簧是在一个密封的容器中充入压缩气体(气压为 0.5～1.0 MPa),利用气体的可压缩性实现其弹簧作用。这种弹簧的刚度是可变的,因为作用在弹簧上的载荷增加时,容器内的定量气体受压缩,气压升高,则弹簧的刚度增大。反之,载荷减小时,弹簧内的气压下降,刚度减小。故它具有较理想的弹性特性。

气体弹簧有空气弹簧和油气弹簧两种。

1) 空气弹簧

空气弹簧又有囊式和膜式之分,如图 6-22 所示。囊式空气弹簧由夹有帘线的橡胶气囊和密闭在其中的压缩空气所组成。气囊的节数愈多,弹性愈好。

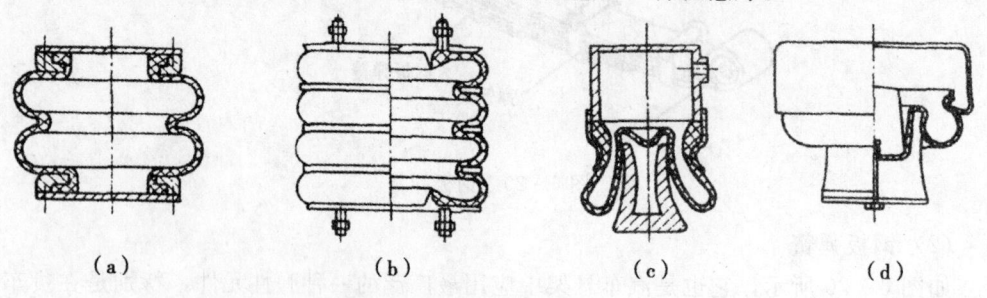

图 6-22 空气弹簧
(a)(b) 囊式空气弹簧;(c)(d) 膜式空气弹簧

膜式空气弹簧的密闭气囊由橡胶膜片和金属压制件组成。与囊式的相比，其弹性特性曲线比较理想，因其刚度较囊式小，车身自然振动频率较低；且尺寸较小，在车上便于布置，故多用在轿车上。

2) 油气弹簧

油气弹簧以气体（如氮等惰性气体）作为弹性介质，用油液作为传力介质，利用气体的可压缩性实现弹簧作用，结构原理如图6-23所示。

球形室1固定在工作缸6之上，室内腔用橡胶隔膜3将油与气隔开，充入高压氮气2的一侧为气室，与工作缸相同而充满油液4的一侧为油室。工作缸6内装有活塞7和阻尼阀5及阀座。

当汽车受到载荷增加变化时，活塞7向上移动，使工作缸内油压升高，打开阻尼阀5进入球形室下部，推动隔膜3向气室方向移动，气室受到压缩压力升高，使油气弹簧刚度增加。当载荷减小时，气室内的高压氮气伸张，使隔膜向下方（油室）移动，油液通过阻尼阀流回工作缸，活塞下移使油压降低，同时气室容积变大压力下降，使油气弹簧刚度降低。随着汽车行驶中的姿态变化，工作缸内的油压与气室内的氮气压力也随之变化，此时活塞处于工作缸中的不同位置。因此，油气弹簧具有可变刚度的特性。

油气弹簧具有良好的行驶平顺性，而且体积小，质量轻。但是对密封性要求很高，维护相对麻烦。目前这种弹簧多用于重型汽车和部分轿车上。

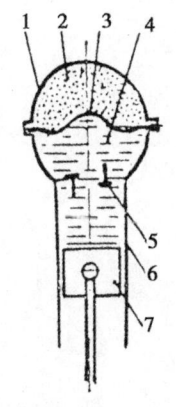

图6-23　单气室油气分隔式油气弹簧
1-球形室；2-气体；3-隔膜；4-油液；
5-阻尼阀；6-工作缸；7-活塞

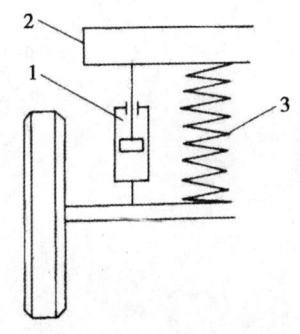

图6-24　减振器和弹性元件的安装示意图
1-车架；2-减振器；3-弹性元件

## 2. 减振器

在大多数汽车的悬架系统内部都装有减振器，它和弹性元件是并联安装的，见图6-24。作用是加速车架和车身振动的衰减，以改善汽车的行驶平顺性。

汽车悬架系统中广泛采用液力减振器。其作用原理是利用液体流动的阻力来消耗振动的能量。当车架与车桥做往复相对运动时，活塞在缸筒内也做往复运动，减振器壳体内的油液便反复地从一个内腔通过一些窄小的孔隙流入另一内腔。此时，孔壁与油液间的摩擦及液体分子内摩擦便形成对振动的阻尼力，使车身和车架的振动能量转化为热能，而被油液和减振器壳体所吸收，然后散到大气中。减振器阻尼力的大小与车架和车桥（或车轮）的相对速度及油液黏度有关。

减振器的阻尼力愈大，振动消除得愈快，但使并联的弹性元件的作用不能充分发挥，同时，过大的阻尼力还可能导致减振器连接零件及车架损坏。因此，对减振器提出如下要求：

1）在悬架压缩行程（车桥与车架相互移近的行程）内，减振器阻尼力应较小，以便充分利用弹性元件的弹性，缓和冲击。

2）在悬架伸张行程（车桥与车架相对远离的行程）内，减振器的阻尼力应大，以求迅速减振。

3）当车桥（或车轮）与车架的相对速度过大时，减振器应当能自动加大液流通道截面积，使阻尼力始终保持在一定限度之内，避免承受过大的冲击载荷。

在压缩和伸张两行程内均能起减振作用的减振器称为双向作用式减振器。另有一种减振器仅在伸张行程内起作用，称为单向作用式减振器。目前汽车上广泛采用双向作用筒式减振器，现在也出现了阻尼力可调式减振器、自动机械式减振器等新型减振器。

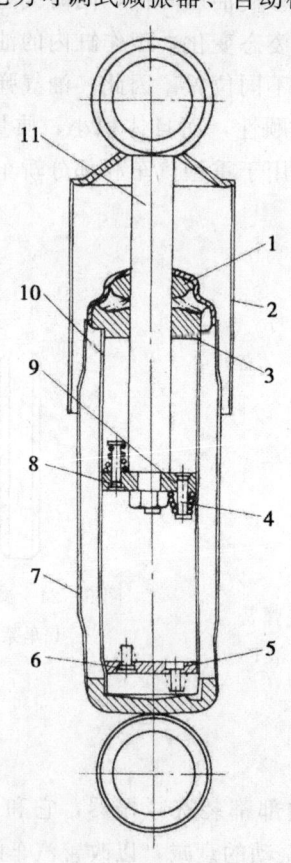

图 6-25 双向作用筒式减振器
1-油封；2-防尘罩；3-导向座；4-流通阀；5-补偿阀；6-压缩阀；7-储油缸；
8-伸张阀；9-活塞；10-工作缸；11-活塞杆

（1）双向作用筒式减振器

图 6-25 所示为双向作用筒式减振器。双向作用筒式减振器有三个同心钢筒：外面

的钢筒是防尘罩 2，上面有一圆环与车架（车身）连接；中间的钢筒是储油缸 7，内部有一定量的减振器油，下部有一圆环与车桥相连；最里面的钢筒是工作缸 10，内部装满减振器油。在工作缸内部通过防尘罩和上部圆环制成一体的活塞杆 11，其底部固定有活塞 9。活塞上装有伸张阀 8 和流通阀 4，在工作缸下部底座上装有补偿阀 5 和压缩阀 6。为满足减振器工作需要，流通阀和补偿阀的弹簧相对较软，较小的油压便可以打开或关闭；而压缩阀和伸张阀的弹簧相对较硬，只有当油压增大到一定程度时才能打开，只要油压稍有下降便关闭。

双向作用筒式减振器的工作过程如下：压缩行程时，由于减振器被压缩，汽车车轮移近车身，减振器内的活塞 9 向下移动，下腔容积减小，油压升高。大部分油液冲开流通阀 4 流入上腔，由于上腔被活塞杆 11 占去一部分空间，上腔容积的增加小于下腔容积的减少，于是一部分油液推开压缩阀 6，流回到储油缸 7 中。油液通过阀孔时所形成的节流作用就产生了对悬架受压缩运动的阻尼作用。在伸张行程中，减振器受拉伸，车轮远离车身，这时活塞向上移动，上腔油压升高，流通阀 4 关闭，上腔内的油液打开伸张阀 8 流入下腔。由于活塞杆自身的存在，自上腔流来的油液不能充满下腔增加的容积，使得下腔产生一定的真空度，这时储油缸中的油液推开补偿阀 5 流进下腔补充。阀的节流作用对悬架在进行伸张运动时起到阻尼作用。

由于伸张阀弹簧的刚度和预紧度设计得大于压缩阀，在相同力的作用下，伸张阀及相应的常通缝隙通道的截面积总和小于压缩阀及相应常通缝隙通道的截面积总和，这使得减振器的伸张行程产生的阻尼力大于压缩行程产生的阻尼力，从而实现迅速减振。

（2）阻尼力可调式减振器

这类减振器的阻尼可以调节，一般将配备这种减振器的车辆的悬架称为主动悬架。它分为传统阻尼可调减振器和电控可变阻尼减振器（通常使用电磁控制）。

传统的可调阻尼减振器需要比较复杂的机电装置，有的还需要附属液压系统，结构复杂，成本也不低，只在少量高档车型上使用。相比之下，电控的电/磁流变液减振器运用更为灵活，体积重量也更小，而磁流变液（MRF）减振器由于比电流变液（ERF）减振器工作状态更为稳定，隐隐已成为主流技术，在不少车型上已经有装备。同样，电磁减振器也可以通过手动设定调节，或者车辆根据采集到的动态信息，自动调节减振器的阻尼，实现动态控制。

磁流变减振器的原理主要是在减振器内部充满磁流变液，并布置电磁线圈，磁流变液可以在磁场作用下从流动性很强的液体变成粘塑性体，并且这种变化可控、迅速、可逆，这样就具备了很强的适应能力。

（3）自动机械式减振器

自动机械式减振器是一种基于路况自动调节阻尼大小（机械调节）的减振器。它结构简单，性能良好，价格与电子控制的相比有很大的成本优势，具有极好的市场前景，一汽大众的迈腾配备这种减振器。工作原理：当路面比较平坦时，轮子振幅较小，压缩和伸张速度较小，减震器的压缩和伸张阻尼较小；当路面凹凸起伏较大时，轮子振幅较大，压缩和伸张速度较大，所以压缩和伸张阻尼也较大，且每次压缩和伸张的阻尼值都不一样，同时每次压缩和伸张产生的阻尼值逐渐增大（也可以是逐渐减小），起到快速减振的目的。此减振器是根据压缩和伸张行程的速度来自动调节阻尼大小的，有良好的舒适性和操控性能。

## 四、悬架的分类

### 1. 分类

汽车悬架可分为非独立悬架和独立悬架两大类，如图6-26所示。非独立悬架的结构特点是两侧的车轮由一根整体式车桥相连。当一侧车轮因道路不平而发生跳动时，必然引起另一侧车轮在汽车横向平面内摆动，故称为非独立悬架。而独立悬架的结构特点是车桥做成断开的，两侧车轮可以单独地通过弹性悬架与车架（或车身）连接，单独跳动，互不影响，故称为独立悬架。

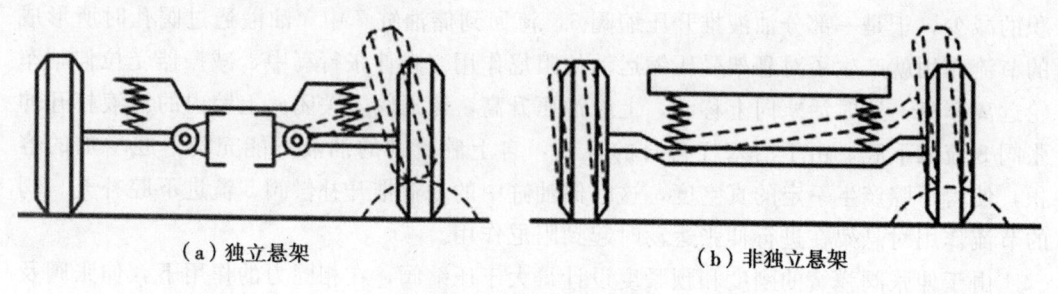

（a）独立悬架　　　　（b）非独立悬架

图6-26　非独立悬架与独立悬架示意图

### 2. 独立悬架

独立悬架的结构特点是两侧的车轮各自独立地与车架或车身弹性连接，因而具有以下优点：在悬架弹性元件一定的变形范围内，两侧车轮可以单独运动，互不影响，这样在不平道路上行驶时可减少车架和车身的振动，而且有助于消除转向轮不断偏摆的不良现象；减少了汽车的非簧载质量（即不由弹簧支承的质量），则悬架所受到的冲击载荷也减小，可以提高汽车的平均行驶速度；采用断开式车桥，发动机总成的位置可以降低和前移，使汽车重心下降，提高了汽车行驶的稳定性。它的缺点是：结构复杂，制造成本高，维修不便，轮胎磨损较严重。独立悬架被广泛应用在轿车转向轮和越野汽车上。

独立悬架一般采用螺旋弹簧、扭杆弹簧、空气弹簧或油气弹簧作为弹性元件。独立悬架的结构类型很多，目前应用较多的主要有三种形式，即麦弗逊式独立悬架、双横臂式独立悬架和多连杆式独立悬架。

（1）麦弗逊式独立悬架

麦弗逊式独立悬架目前在前置前驱动轿车和某些轻型客车上广泛采用。麦弗逊式独立悬架的结构如图6-27所示。突出的特点是以筒式减振器为滑动立柱，减振器的上端通过带轴承的隔振块总成（可看作减振器的上铰链点）与车身相连，减振器的下端与转向节相连。下摆臂外侧与转向节铰接，内侧与车架铰接。车轮所受的侧向力通过转向节大部分由下摆臂承受，其余部分由减振器活塞和活塞杆承受。

(a)平面图　　　　　　　　　(b)立体图

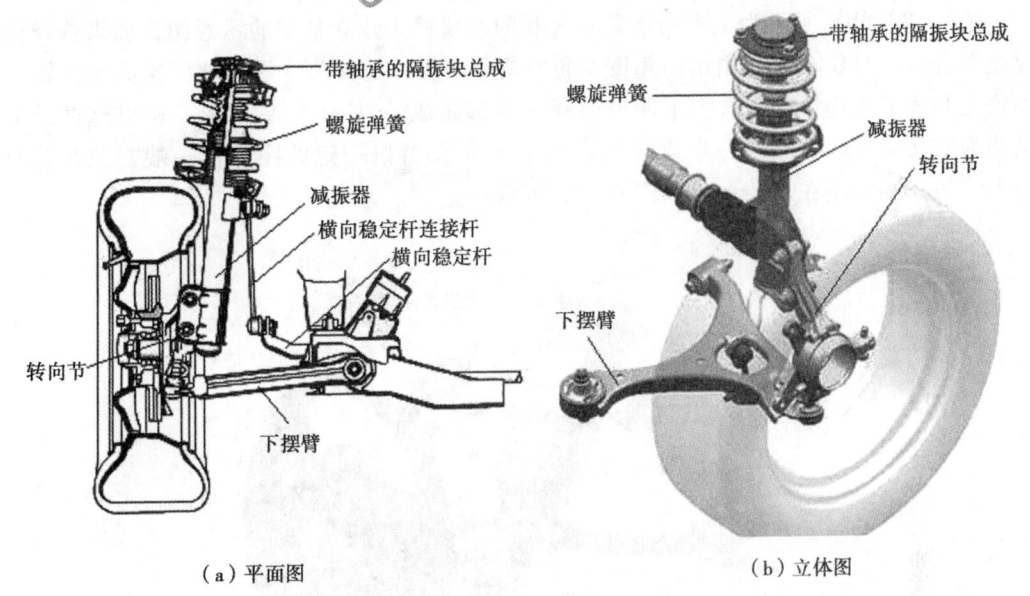

图 6-27　麦弗逊式独力悬架

筒式减振器上铰链的中心与下摆臂外端的球铰链中心的连线为主销轴线。此结构也为无主销结构。当车轮上下跳动时，因减振器的下支点随下摆臂摆动，故主销轴线的角度是变化的。这说明车轮是沿着摆动的主销轴线而运动的。因此，这种悬架在变形时，使得主销的定位角和轮距都有些变化。然而如果适当地调整杆系的布置，可使车轮的这些定位参数变化极小。

该悬架突出的优点是增大了两前轮内侧的空间，便于发动机和其一些部件的布置；其缺点是滑动立柱摩擦和磨损较大。为减少摩擦，通常是将螺旋弹簧中心线与滑柱中心线的布置不相重合。

(2) 双横臂式独立悬架

双横臂式独立悬架系统按上下横臂是否等长，又分为等长双横臂式和不等长双横臂式两种悬架系统，如图 6-28 所示。等长双横臂式悬架系统在车轮上下跳动时，能保持主销倾角不变，但轮距变化大，造成轮胎磨损严重，现已很少使用。对于不等长双横臂式悬架系统，只要适当选择、优化上下横臂的长度，并通过合理的布置，就可以使轮距及前轮定位参数变化均在可接受的限定范围内，保证汽车具有良好的行驶稳定性。

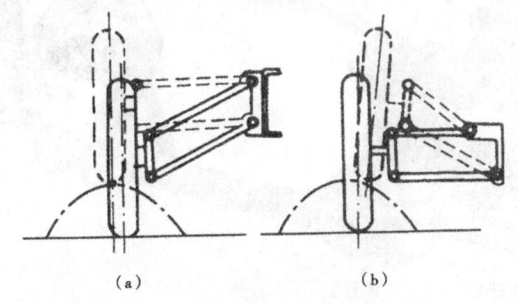

(a)　　　　　　　(b)

图 6-28　双横臂式独立悬架示意图
(a) 两摆臂等长的悬架；(b) 两摆臂不等长的悬架

图 6-28（b）所示为上下两摆臂不等长的双横臂式独立悬架的示意图。如果选择长度比例合适，可使车轮和主销的角度及轮距变化不大。这种独立悬架被广泛应用在轿车前轮上。为了传递纵向力，上下两个横臂一般都做成 A 字形或 V 字形，所以这种悬架又称为双叉臂式独立悬架。悬架的上下两个 V 形摆臂以一定的距离，一端安装在转向节上，另一端安装在车架上，如图 6-29 所示。

图 6-29　双叉臂式独立悬架立体图

（3）多连杆式独立悬架

多连杆式悬架系统是由 3~5 根杆件组合起来控制车轮的位置变化的悬架系统，其结构如图 6-30 所示。多连杆式能使车轮绕着与汽车纵轴线成一定角度的轴线内摆动，是横臂式和纵臂式的折衷方案，适当地选择摆臂轴线与汽车纵轴线所成的夹角，可不同程度地获得横臂式与纵臂式悬架系统的优点，能满足不同的使用性能要求。多连杆式悬架系统的主要优点是：车轮跳动时轮距和前束的变化很小，不管汽车是在驱动、制动状态，都可以按司机的意图进行平稳的转向。

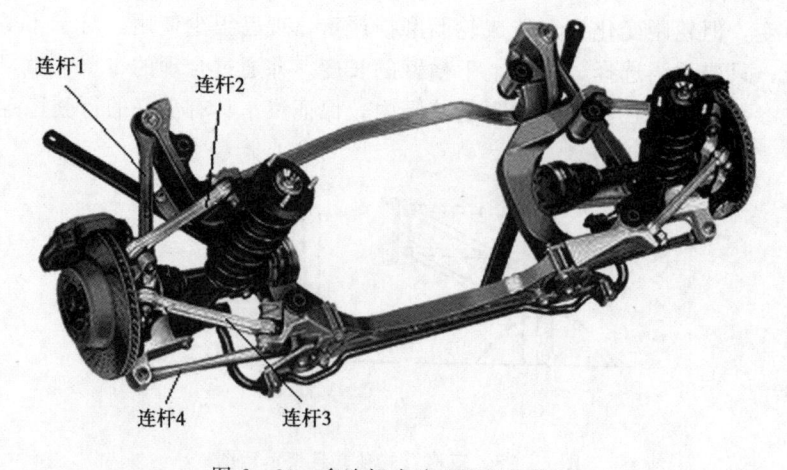

图 6-30　多连杆式独立悬架立体图

**(4) 三种悬架的比较**

麦弗逊式独立悬架结构简单、成本低、两侧车轮内侧空间大,便于发动机的布置,但是其抗侧倾能力一般,高速转向时横向稳定性不好,多用作中低级轿车的前悬架。双叉臂式独立悬架具有侧倾小、可调参数多、轮胎接地面积大、抓地性能优异等优点,但是相比麦弗逊式独立悬架多了一个上横臂,不仅需要占用较大的空间,而且其定位参数较难确定,因此小型轿车的前桥出于空间和成本考虑,一般不会采用此种悬架,多应用在中高级轿车的前后悬架系统上,部分运动型轿车及赛车的后轮也采用这一悬架系统结构。多连杆式悬架结构复杂、成本高、舒适性和操纵稳定性非常好,多用于高级轿车。

**3. 非独立悬架**

非独立悬架因其结构简单、工作可靠,广泛应用于货车的前、后悬架,而在轿车中非独立悬架仅用于后悬架。

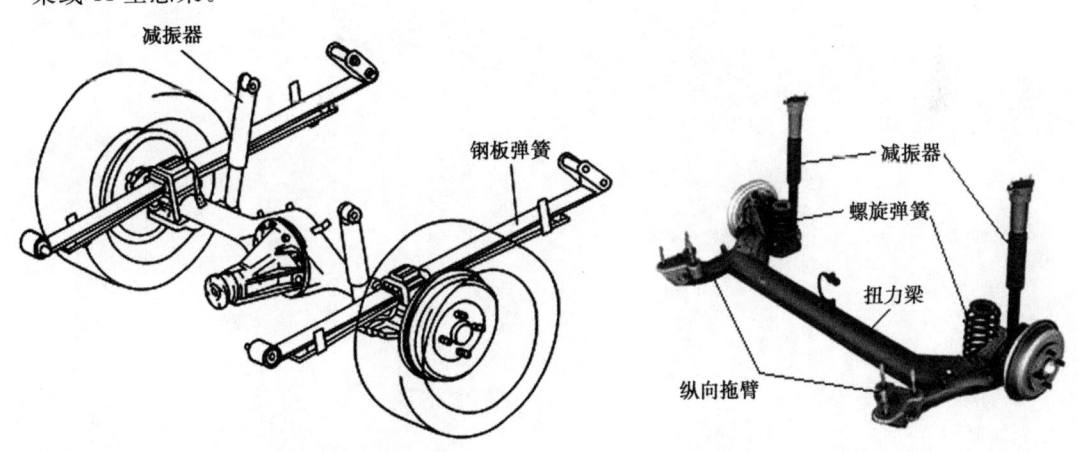

(1) 钢板弹簧式非独立悬架

钢板弹簧式非独立悬架主要由钢板弹簧和减振器组成,如图6-31所示。由于钢板弹簧本身可以兼起导向机构的作用,并有一定的减振作用,就使得悬架结构大为简化。钢板弹簧式非独立悬架通常是将钢板弹簧纵向布置,因此又称为纵置板簧式非独立悬架。

(2) 螺旋弹簧式非独立悬架

螺旋弹簧式非独立悬架一般只用作中低级轿车的后悬架,由螺旋弹簧、减振器、纵向拖臂和扭力梁组成,如图6-32所示。这种悬架也被称为扭力梁式悬架、拖曳臂式悬架或H型悬架。

图6-31 钢板弹簧式非独立悬架

图6-32 螺旋弹簧式非独立悬架

(3) 扭力梁式非独立悬架

扭力梁式悬架是汽车后悬架类型的一种,是通过一个扭力梁来平衡左右车轮的上下跳动,以减小车辆的摇晃,保持车辆的平稳。其工作原理是将非独立悬架的车轮装在一个扭力梁的两端,如图所示,当一边车轮上下跳动时,会使扭力梁绕跳动,从而带动另一侧车轮相应地跳动,减小整个车身的倾斜或摇晃。由于其自身具有一定的扭转刚度,可以起到与横向稳定杆相同的作用,可增加车辆的侧倾刚度,提高车辆的侧倾稳定性。

全新速腾后悬架使用的就是扭力梁式非独立悬架（见图6-33），大众官方将它称为耦合杆式非独立悬架。

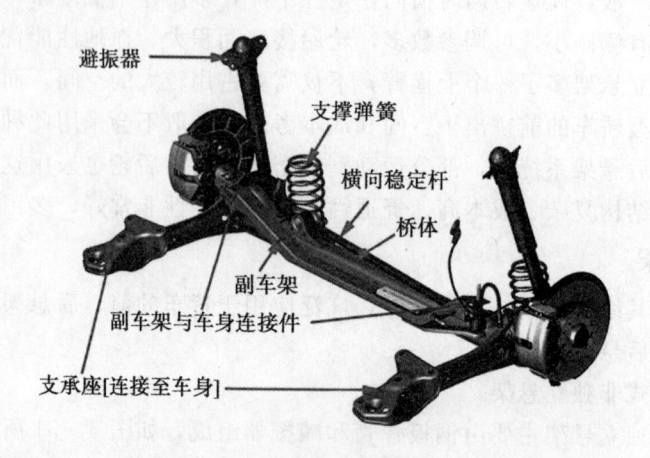

图6-33 新速腾耦合杆式非独立悬架

悬架的检修

# 项目七　汽车转向系统检修

**项目描述**

一位车主反映，在汽车转弯时，转动转向盘感到吃力，而且自动回正也不正常。排查了轮胎气压和转向轮定位，都没有问题。

**项目分析**

转向系统是用来改变或保持汽车行驶方向的一系列装置的总称。目前市面上主要采用的转向系都为动力转向系统。动力转向系统是在机械转向系统的基础上，增加动力装置。电动式动力转向系统由于结构简单、故障发生率低、工作可靠性高等优点，得到广泛的应用。因此在本项目中同学们要在机械转向系统的基础上，掌握电动式动力转向系统的结构和工作原理。

转向沉重是转向系统中最常见的故障现象。上述故障与轮胎气压、悬架、车轴、转向轮定位所存在的故障有关。其中与转向系统相关的故障为：齿条和小齿轮啮合间隙过小；转向轴的轴承问题；转向系统的连接问题等。

**知识及任务**

## 任务7.1　机械转向系统检修

**学习目标**

**1. 知识目标**

（1）了解汽车转向系统的功用和类型。
（2）掌握机械转向系统的组成和工作原理。
（3）掌握转向盘自由行程的定义与作用。
（4）掌握机械转向系统主要元件的结构及原理。

**2. 技能目标**

（1）能够完成汽车转向系统的基本检查和维护。
（2）能够完成转向器的拆装与检修。
（3）能够分析转向系统的常见故障。

## 7.1.1 转向系统概述

### 一、汽车转向系统的功用及分类

**1. 汽车转向系统的功用**

汽车在行驶中经常需要改变行驶方向,并且当汽车直线行驶时,往往转向轮也会受到路面侧向干扰力的作用,自动偏转而改变行驶方向。此时,驾驶员需利用一套机构,不但保证汽车能按照需要改变行驶方向,而且可以克服路面横向干扰使车轮自行产生的转向,恢复汽车原来的行驶方向。这一套用来改变或恢复汽车行驶方向的专设机构即称为汽车转向系。

**2. 转向系统的分类**

转向系统可按转向能源的不同分为机械转向系和动力转向系两大类。

机械转向系以驾驶员的体力作为转向能源,又称为人力转向系,其中所有传力件都是机械的,结构如图7-1所示。

动力转向系是兼用驾驶员体力和发动机动力为转向能源的转向系。在正常情况下,汽车转向所需能量,只有一小部分由驾驶员提供,而大部分是由发动机通过转向加力装置提供的。但在转向加力装置失效时,一般还应当能由驾驶员独力承担汽车转向任务。因此,动力转向系是在机械转向系的基础上加设一套转向加力装置而形成的,见图7-2。

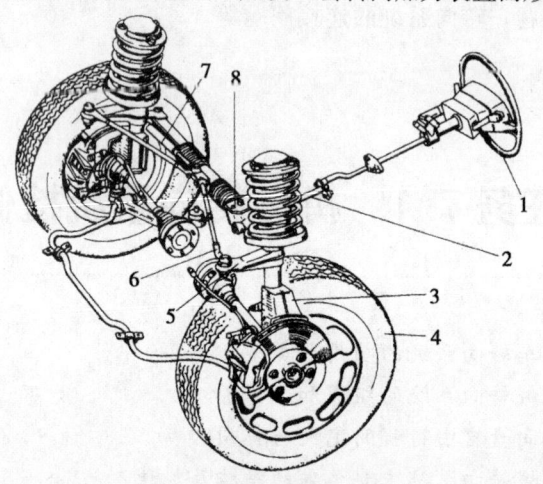

图7-1 轿车机械转向系示意图
1-转向盘;2-安全转向柱;3-转向节;4-车轮;5-转向节臂;
6-左、右横拉杆;7-转向减振器;8-转向器

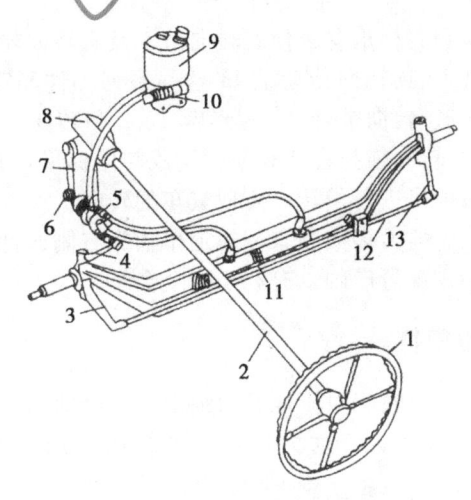

图 7-2 动力转向系示意图

1-转向盘；2-转向轴；3,13-梯形臂；4-转向节臂；5-转向控制阀；6-转向直拉杆；7-转向器摇臂；
8-机械转向器；9-储液罐；10-转向油泵；11-转向动力缸；12-转向横拉杆

## 二、转向系的基本组成

汽车转向系包括转向操纵机构、转向器和转向传动机构三个基本组成部分。转向操纵机构是驾驶员操纵转向器的工作机构，主要由转向盘、转向轴、转向管柱等组成。转向器是将转向盘的转动变为转向摇臂的摆动或齿条轴的直线往复运动，并对转向操纵力进行放大的机构。转向器一般固定在汽车车架或车身上，转向操纵力通过转向器后一般还会改变传动方向。转向传动机构是将转向器输出的力和运动传给车轮（转向节），并使左右车轮按照一定关系进行偏转的机构。图 7-3 为机械转向系示意图。

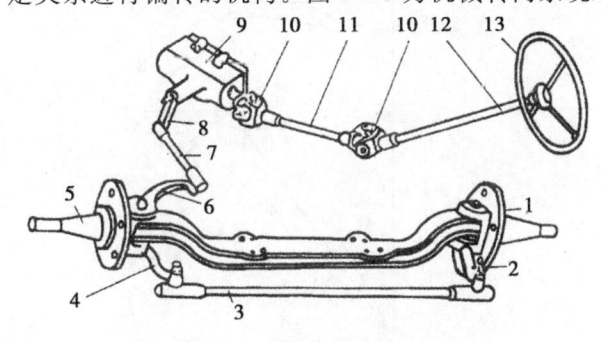

图 7-3 机械转向系示意图

1-右转向节；2,4-转向梯形臂；3-转向横拉杆；5-左转向节；6-转向节臂；7-转向直拉杆；
8-转向器摇臂；9-转向器；10-万向节；11-转向传动轴；12-转向轴；13-转向盘

## 三、机械转向系的工作原理

如图 7-3 所示，汽车转向时，驾驶员转动转向盘 13，通过转向轴 12、万向节 10 和转向传动轴 11，将转向力矩输入转向器 9，转向器 9 中有 1、2 级传动副，经过转向器减速后的运动和增大后的力矩传递给转向摇臂 8，再通过转向直拉杆 7 传给固定于左转向节 5 上的转向节臂 6，使左转向节及装于其上的左转向轮绕主销偏转。同时，左梯

135

形臂 4 经过转向横拉杆 3 和右梯形臂 2 使右转向节 1 及右转向轮绕主销同向偏转相应的角度。这其中，从转向盘 13 到转向传动轴 11 这一系列部件和零件属于转向操纵机构。转向摇臂 8、转向直拉杆 7、转向节臂 6、梯形臂 4、2 和转向横拉杆 3 共同组成转向传动机构。梯形臂 4、2 以及转向横拉杆 3 和前轴构成转向梯形，其作用是在汽车转向时，使内、外转向轮按一定的规律进行偏转，实现汽车的转向。

世界上，包括我国在内的大多数国家都规定车辆靠右侧通行，相应地将转向盘置于驾驶室左侧，使驾驶员左方视野广阔，有利于安全会车。

### 四、转向车轮运动规律

汽车在转弯时，要求各车轮相对于地面做纯滚动，否则如果有滑动的成分，车轮边滚边滑会导致转向行驶阻力增大，动力损耗和油耗的增加，更会直接导致轮胎磨损加剧。

汽车转向时，内侧车轮和外侧车轮滚过的距离是不等的。对于一般汽车而言，后桥左右两侧的驱动轮由于差速器的作用，能够以不同的转速滚过不同的距离。但前桥左右两侧的转向轮要滚过不同的距离，保证车轮做纯滚动，就要求所有车轮的轴线都相交于一点才能实现。如图 7-4 所示。此交点 $O$ 称为汽车的转向中心，这个转向中心随前轮转角的变化而变化，因此也称为瞬时转向中心。由图可看出，汽车转向时内侧转向轮偏转角 $\beta$ 大于外侧转向轮偏转角 $\alpha$。$\alpha$ 与 $\beta$ 的关系是：

$$\cot\alpha = \cot\beta + \frac{B}{L}$$

式中：$B$——两侧主销中心距（可近似认为是转向轮轮距）；

$L$——汽车轴距。

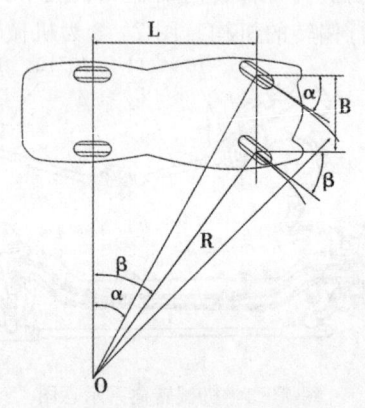

图 7-4 双轴汽车转向示意图

这一关系是由转向梯形保证的。所有汽车转向梯形的设计实际上都只能保证在一定的车轮偏转角范围内，使两侧车轮偏转角大体上接近这个关系式。

从转向中心 $O$ 到外侧转向轮与地面接触点的距离 $R$ 称为汽车转弯半径。转弯半径 $R$ 越小，则汽车转向所需要的平面空间就越小，汽车的灵活性也就越好。当外侧转向轮偏转角达到最大值 $\alpha_{\max}$ 时，转弯半径 $R$ 最小，这个最小值 $R_{\min}$ 就是一辆汽车的最小转弯半径。

汽车内侧转向轮的最大偏转角一般在 35°～42°之间。载货车的最小转弯半径一般约为 7～13 m。

三轴或四轴汽车转向时，与上述情况类似。

对于只用前桥转向的三轴汽车，由于中桥和后桥车轮的轴线总是平行的，故不存在理想的转向中心。它是用一根与中、后轮轴线等距的假想平行线 $CD$ 与前轮轴线交于 $O$ 点，如图 7-5（a）所示，转向时所有车轮均绕 $O$ 点滚动。在这种情况下，只有前轮做纯滚动，而中、后桥车轮在滚动的同时还伴有轻微的滑动。

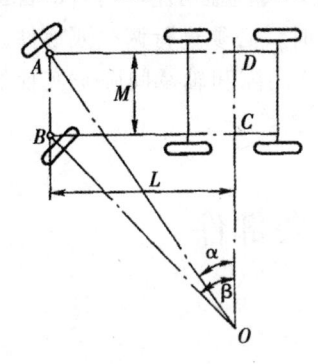

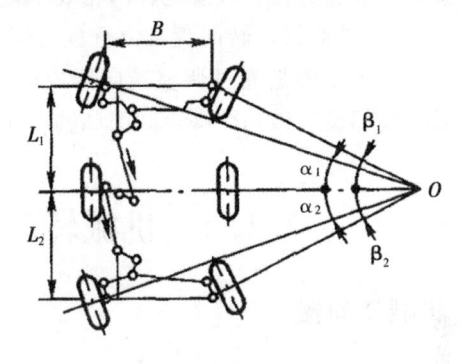

(a) 前桥转向的三轴汽车　　　　　(b) 一、三桥转向的三轴汽车

图 7-5　三轴汽车转向示意图

对于用第一、第三桥转向的三轴汽车（图 7-5b），以中桥车轮轴线为基线，可分别求出第一、第三桥的转向梯形理论特性关系式（与双轴汽车相同）。若 $L_1=L_2=L/2$，则汽车的转弯半径仅为同轴距的双轴汽车的转弯半径的一半。

图 7-6 所示为双前桥转向的四轴汽车转向示意图。以第三、第四两桥轴线之间的中间平行线为基线，可求出第一桥和第二桥的转向梯形理论特性关系式，分别为：

$$\cot \alpha_1 = \cot \beta_1 + \frac{B_1}{L_1}$$

$$\cot \alpha_2 = \cot \beta_2 + \frac{B_2}{L_2}$$

显然，以上两个关系式也适用于图 7-5（b）所示汽车。

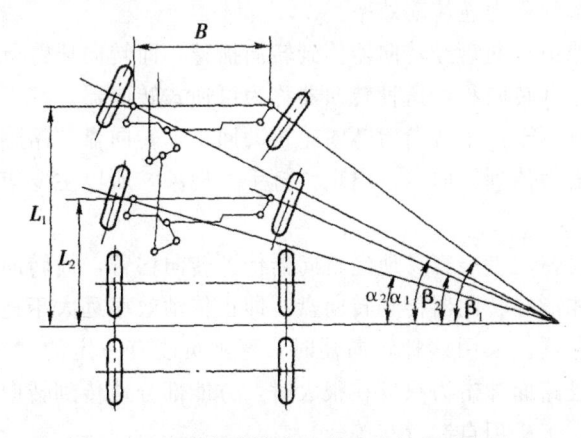

图 7-6　双前桥转向的四轴汽车转向示意图

### 五、转向盘自由行程

汽车转向系统各连接零件之间和传动副之间，都存在装配间隙。当汽车直线行驶时，转动转向盘首先需要消除这些间隙并克服机件的弹性变形才能使车轮开始偏转，这时转向盘转过的角度称为转向盘自由行程。转向盘自由行程对于缓和路面冲击及避免驾驶员过度紧张是有利的。一般规定转向轮处于直线行驶，转向盘向左、向右的自由行程不超过15°。当零件磨损、转向盘自由行程大于规定值时，必须进行调整或换件。转向盘自由行程的大小主要是通过调整转向器传动副的啮合间隙和轴承间隙来实现的。因此，转向器一般都设有传动副啮合间隙和轴承间隙调整装置。

## 7.1.2 机械转向系主要部件

### 一、机械转向器

#### 1. 转向器的功用、分类及传动效率

（1）转向器的功用

转向器是转向系统中减速增扭的传动装置，其功用是增大由转向盘传到转向节的力，并改变力的传递方向。

（2）转向器的分类

现代汽车的转向器已逐渐成熟，按转向器中的传动副的结构形式分，可以分为齿轮齿条式、循环球式、蜗杆曲柄指销式、蜗杆滚轮式等几种。目前应用较广泛的有齿轮齿条式、循环球式。

（3）转向器的传动效率

转向器传动效率是指转向器输出功率与输入功率之比。当功率由转向盘输入，从转向摇臂输出时，所求得的传动效率称为正传动效率；反之，转向摇臂受到道路冲击而传到转向盘的传动效率则称为逆传动效率。

作用力很容易地由转向盘经转向器传到转向摇臂，而转向摇臂所受的路面冲击也比较容易地经转向器传到转向盘，这种转向器称为可逆式转向器。其正、逆传动效率都很高。可逆式转向器有利于汽车转向后转向轮自动回正，转向盘"路感"很强，但也容易将坏路对车轮的冲击力传到转向盘，出现"打手"现象，所以主要应用于经常在良好路面行驶的车辆。

当作用力可以由转向盘很容易地经转向器传到转向摇臂，而转向摇臂受到的路面冲击只有在很大时，才能经转向器传到转向盘，即正传动效率远大于逆传动效率的转向器称为极限可逆式转向器。采用这种转向器时，驾驶员能有一定的"路感"，转向轮自动回正也可实现，而且路面冲击力只有在很大时，方能部分地传到转向盘，主要应用于中型以上的越野汽车、工矿自卸汽车等。

逆传动效率很低的转向器是不可逆式转向器，这种转向器使驾驶员不能得到路面的反馈信息，没有"路感"，而且转向轮也不能自动回正，所以很少采用。

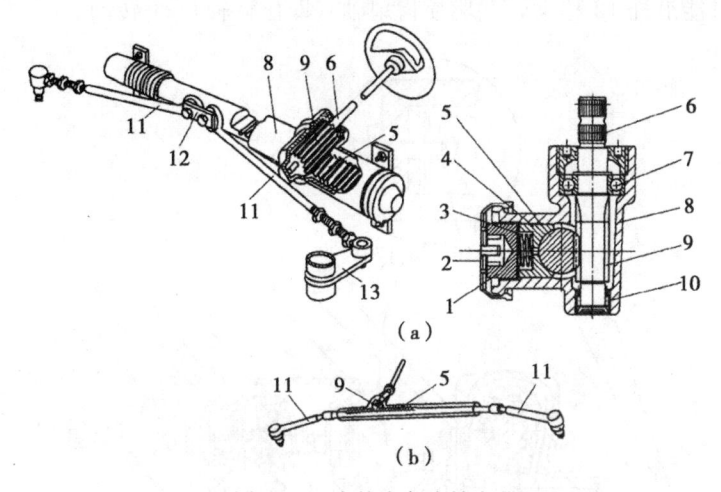

**2. 齿轮齿条式转向器**

齿轮齿条式转向器分中间输出式（图7-7a）和两端输出式（图7-7b）两种。其结构原理如图所示。

图7-7 齿轮齿条式转向器
1-调整螺塞；2-罩盖；3-压簧；4-压簧垫块；5-转向齿条；6-齿轮轴；7-球轴承；8-转向器壳体；9-转向齿轮；10-滚柱轴承；11-转向横拉杆；12-拉杆支架；13-转向节

图7-7（a）所示为齿轮齿条式转向器，它主要由转向器壳体8、转向齿轮9、转向齿条5等组成。转向器通过转向器壳体8的两端用螺栓固定在车身（车架）上。齿轮轴6通过球轴承7、滚柱轴承10垂直安装在壳体中，其上端通过花键与转向轴上的万向节（图中未画出）相连，其下部分是与轴制成一体的转向齿轮9。转向齿轮9是转向器的主动件，它与相啮合的从动件转向齿条5水平布置，齿条背面装有压簧垫块4。在压簧3的作用下，压簧垫块4将齿条5压靠在齿轮9上，保证二者无间隙啮合。调整螺塞1可用来调整压簧的预紧力。压簧3不仅起消除啮合间隙的作用，而且是一个弹性支承，可以吸收部分振动能量，缓和冲击。转向齿条5的中部（有的是齿条两端，如图2-7b所示）通过拉杆支架12与左、右转向横拉杆11连接。转动转向盘时，转向齿轮9转动，与之相啮合的转向齿条5沿轴向移动，从而使左、右转向横拉杆带动转向节13转动，使转向轮偏转，实现汽车转向。

齿轮齿条式转向器结构简单；可靠性好，质量轻，传动效率高；由于齿轮齿条直接啮合，转向灵敏，操纵轻便；由于不需要转向摇臂和转向直拉杆，还使转向传动机构得以简化；齿轮齿条无间隙啮合且无须调整，也便于独立悬架的布置。所以在各类型汽车上的应用越来越多。

**3. 循环球式转向器**

循环球式转向器是目前国内外应用最广泛的结构形式之一。与其他形式的转向器相比，循环球式转向器在结构上的主要特点是有两级传动副，第一级是螺杆螺母传动副，第二级是齿条齿扇传动副。

解放CA1092型汽车的循环球—齿条齿扇式转向器如图7-8所示。它的第一级传动副是转向螺杆 12—转向螺母 3；转向螺母 3 的下平面加工成齿条，与齿扇轴 21 内的齿扇相啮合，构成齿条—齿扇第二级传动副。显然，转向螺母 3 既是第一级传动副的从动件，也是第二级传动副的主动件。通过转向盘转动转向螺杆 12 时，转向螺母 3 不能随之转动，而只能沿杆 12 移动，并驱使齿扇轴（即摇臂轴）21 转动。

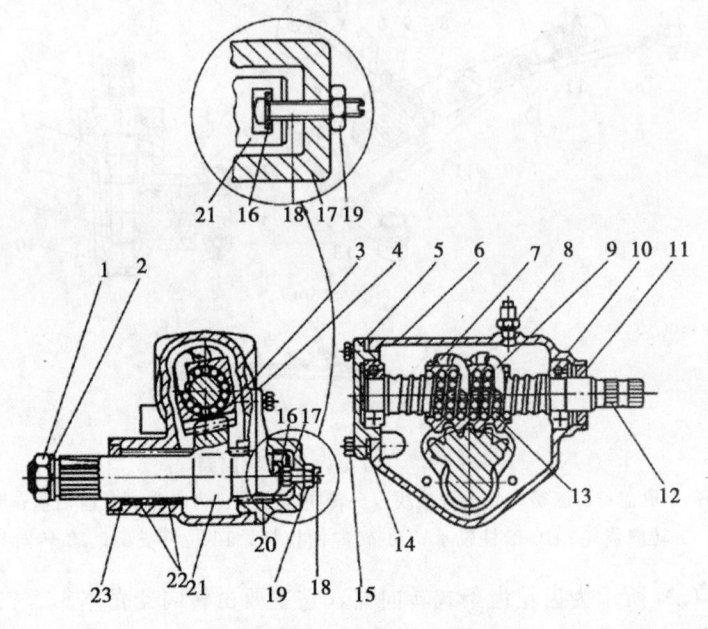

图 7-8 循环球式转向器

1-螺母；2-弹簧垫圈；3-转向螺母；4-转向器壳体密封垫圈；5-转向器壳体底盖；6-转向器壳体；7-导管夹；8-加油（通气）螺塞；9-钢球导管；10-球轴承；11，23-油封；12-转向螺杆；13-钢球；14-调整垫片；15-螺栓；16-调整垫圈；17-侧盖；18-调整螺钉；19-锁紧螺母；20，22-滚针轴承；21-齿扇轴（摇臂轴）

转向螺杆 12 支承在两个推力球轴承 10 上，轴承的预紧度可用调整垫片 14 调整。转向螺母 3 的内径大于转向螺杆 12 的外径，故能松套在螺杆上。为了减少它们之间的摩擦，二者的螺纹并不直接接触，其间装有许多钢球 13，以实现滚动摩擦。转向螺杆和螺母都加工成断面轮廓近似半圆的螺旋槽，二者的螺旋槽能配合形成近似圆形断面的螺旋管状通道。转向螺母侧面有两对通孔，可将钢球从此孔塞入螺旋形通道内。转向螺母外有两根钢球导管 9，每根导管的两端分别插入转向螺母侧面的一对通孔中，导管内也装满了钢球。这样，两根导管和转向螺母内的螺旋管状通道组合成两条各自独立的封闭的钢球"流道"。

当转动转向螺杆 12 时，通过钢球 13 将力传给转向螺母 3，使转向螺母 3 沿转向螺杆 12 轴向移动。同时，在转向螺杆及转向螺母与钢球间的摩擦力偶作用下，所有钢球便在螺旋管状通道内滚动，形成"球流"。钢球在管状通道内绕行两周后，流出转向螺母而进入导管的一端，再由导管另一端流回螺旋管状通道。故在转向器工作时，两列钢球只是在各自的封闭流道内循环，而不致脱出。随着转向螺母 3 沿转向螺杆 12 做轴向移动，其齿条便带动齿扇绕着转向摇臂轴 21 做圆弧运动，从而使转向摇臂轴 21 连同摇臂产生摆动，通过转向传动机构使转向轮偏转，实现汽车转向。

转向螺母 3 下平面上加工出的齿条是倾斜的,与之相啮合的是变齿厚齿扇。只要使齿扇轴 21 相对于齿条做轴向移动,便可调整二者的啮合间隙。调整螺钉 18 旋装在侧盖 17 上。齿扇轴 21 靠近齿扇的端部切有 T 形槽,调整螺钉 18 的圆柱形端头嵌入此切槽中,端头与 T 形槽的间隙用调整垫圈 16 来调整。旋入调整螺钉 18,则齿条与齿扇的啮合间隙减小;旋出调整螺钉 18,则啮合间隙增大。调整好后用锁紧螺母 19 锁紧。转向器的第一级传动副(转向螺杆—转向螺母)因结构所限,不能进行啮合间隙的调整,零件磨损严重时,只能更换零件。

上述循环球—齿条齿扇式转向器的传动比是固定不变的,即转向盘在任何位置转动时,它的传动比都是相同的。这种转向器的结构特点是它的齿条的齿顶面是一个平面,它的齿扇上的每个齿的节圆是相等的。有的汽车上使用的循环球—齿条齿扇式转向器的传动比是可变的,它的齿条的齿顶(节圆)面是一个鼓形弧面,如图 7-9 所示。

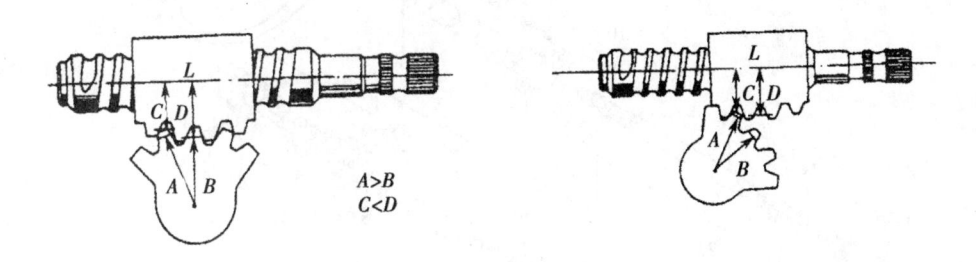

(a) 中间位置　　　　　　　　　(b) 极限位置

图 7-9　变传动比循环球—齿条齿扇式转向器示意图

从图中可以看出,齿扇上的每一个齿的节圆半径是不等的,中央节圆半径小,两端齿节圆半径大。当转向盘或转向摇臂处于中间位置时(相当于汽车直行状态),转向器的传动比小,转向盘稍有转动,转向车轮就有明显反应,因此转向非常灵敏,这一点对经常在良好路面上高速行驶的汽车非常重要。当汽车要急转弯时(例如汽车要入库停车),随着车速的降低和转向盘转角的加大,转向器的传动比也加大,这样可以减轻转动方向盘的操纵力,使转向轻便。显然这种转向器很适合经常在城市和高速公路上行驶的轿车和小客车使用。

循环球式转向器的正传动效率很高(最高可达 90%~95%),故操纵轻便,转向结束后自动回正能力强,使用寿命长。但其逆传动效率也很高,容易将路面的冲击力传给转向盘,产生"打手"现象,不过,随着道路条件的不断改善,对于较轻型的、前轴载重量不大而又经常在良好路面上行驶的汽车而言,这一缺点影响不大。因此,循环球式转向器广泛应用于各类各级汽车。

## 二、转向操纵机构

### 1. 转向操纵机构的功用和组成

(1) 转向操纵机构的功用

转向操纵机构的功用是产生转动转向器所必需的操纵力,并具有一定的调节和安全性能。

转向操纵机构要将驾驶员操纵转向盘的力传给转向器，同时为了驾驶员的舒适驾驶，还要求转向操纵机构可以进行调节，以满足不同驾驶员的需求；为了防止车辆撞击后对驾驶员的损伤，还要求转向操纵机构具有一定的安全保护装置。

（2）转向操纵机构的组成

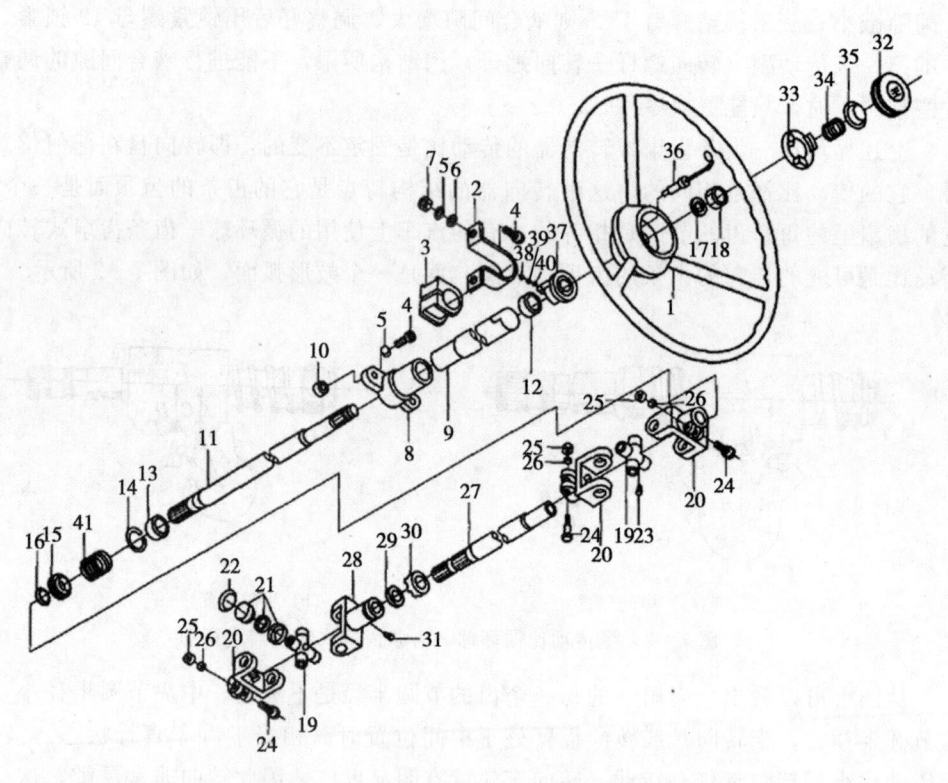

图 7-10 CA1091型汽车转向操纵机构

1-转向盘总成；2-盖板；3-橡胶套；4，24-螺栓；5，26，40-弹簧垫圈；6，39-垫圈；7，18，25-螺母；8-下固定支架；9-转向柱管；10-楔形螺母；11-上转向轴；12-衬套；13-球轴承；14，22-孔用弹性挡圈；15-轴承挡圈；16-轴用钢丝挡圈；17-平垫圈；19-十字轴；20-转向万向节叉；21-滚针轴承总成；23，31-滑脂嘴总成；27-转向传动轴；28-转向万向节滑动叉；29-油封；30-防尘套；32-喇叭按钮盖；33-搭铁接触板总成；34-接触弹簧；35-接触罩；36-电刷总成；37-集电环总成；38-螺钉；41-弹簧

如图 7-10 所示，转向操纵机构一般由转向盘 1、上转向轴 11、转向柱管 9、转向传动轴 27、转向万向节叉 20、转向万向节滑动叉 28 等组成。

转向盘 1 由塑料制成，内有钢制骨架，通过花键将转向盘 1 与上转向轴 11 相连，用螺母 18 固定。上转向轴上端支承在衬套 12 内，下端支承在轴承 13 中，由孔用弹性挡圈 14 和轴用钢丝挡圈 16 进行轴向定位。转向柱管 9 下端压配在下固定支架 8 中，并通过两个螺栓将下固定支架紧固在驾驶室地板上；上端通过橡胶套 3、盖板 2，由两个螺栓固定在驾驶室仪表板上。弹簧 41 可消除转向柱管与上转向轴间的轴向间隙。

下端的转向万向节叉 20 通过花键与转向器的转向螺杆相连接，转向万向节滑动叉 28 通过内花键与转向传动轴 27 的外花键相连，转向传动轴可轴向移动，以适应驾驶室与车架的相对位移。滑动叉一端焊有塞片，另一端装油封 29 和防尘套 30，防止灰砂和泥水进入,并由滑脂嘴 31 对滑动叉与转向传动轴的花键进行润滑。

十字轴 19 有两个,上装滑脂嘴 23,润滑四个滚针轴承 21,由弹性挡圈 22 固定在万向节叉上。万向节叉的结构与滑动叉基本相同,只是多一锁紧螺栓与上端的万向节叉和上转向轴相连。

**2. 安全式转向柱**

为了保证驾驶员的安全,同时为了更加舒适、可靠地操纵转向系,现代汽车(特别是乘用车)通常在转向操纵机构上增设相应的安全、调节装置。这些装置主要反映在转向轴和转向柱管的结构上。为了叙述方便,将转向轴和转向柱管统称为转向柱。

安全式转向柱有可分离式安全转向操纵机构和缓冲吸能式转向操纵机构。

(1) 可分离式安全转向操纵机构

有很多轿车的转向操纵机构都采用了可分离式安全转向操纵机构,如图 7-11 就是上海桑塔纳轿车可分离式安全转向操纵机构示意图。

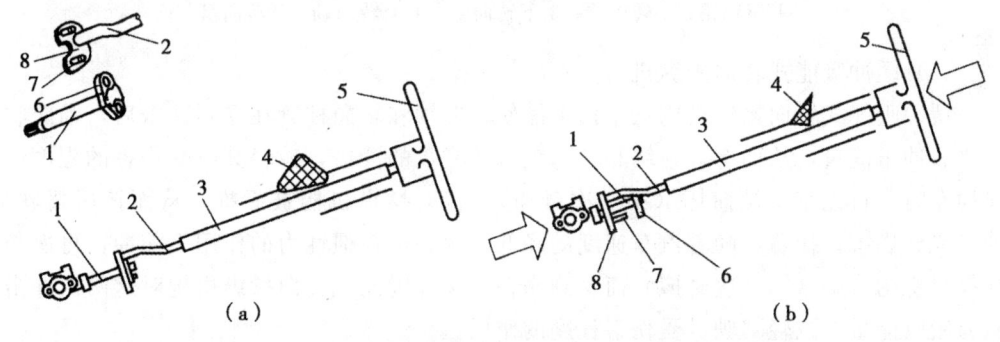

图 7-11 上海桑塔纳乘用车可分离式安全转向操纵机构
1-下转向轴;2-上转向轴;3-转向柱管;4-可折叠安全元件;5-转向盘;
6-凸缘;7-驱动销;8-半月形凸缘盘

图 7-11 (a) 所示为转向操纵机构的正常工作位置。此类转向操纵机构的转向轴分为上下两段,用安全联轴节连接,上转向轴 2 下部弯曲并在端面上焊接有半月形凸缘盘 8,盘上装有两个驱动销 7,与下转向轴 1 上端凸缘 6 压装尼龙衬套和橡胶圈的孔相配合,形成安全联轴节。一旦发生撞车事故,驾驶员因惯性而以胸部扑向转向盘 5 时,迫使转向柱管 3 压缩位于转向柱上方的安全元件 4 而向下移动,使两个销子 7 迅速从下转向轴凸缘 6 的孔中退出,从而形成缓冲以减少对驾驶员的伤害。如图 7-11 (b) 所示为转向盘受撞击时,安全元件被折叠、压缩,同时与安全联轴节脱开使转向柱产生轴向移动的情形。

一汽红旗、奥迪乘用车的转向操纵机构与此类似,如图 7-12 所示,只是无可折叠的安全元件。

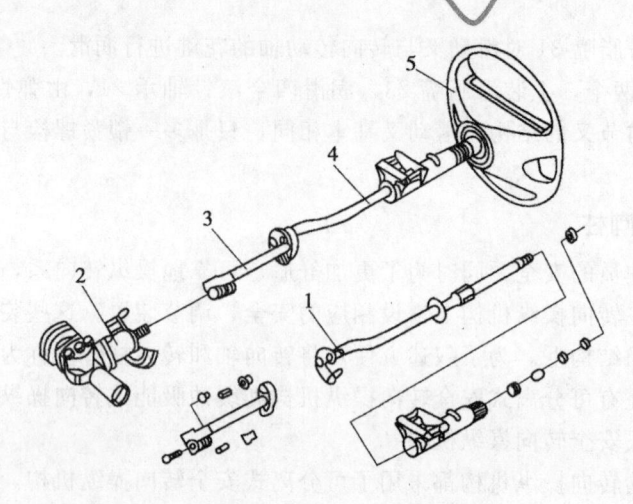

图 7-12　一汽红旗、奥迪乘用车转向操纵机构
1-驱动销；2-转向器；3-下转向轴；4-上转向轴；5-转向盘

（2）缓冲吸能式转向操纵机构

缓冲吸能式转向操纵机构从结构上能使转向轴和转向柱管在受到冲击后，轴向收缩并吸收冲击能量，从而有效地缓和转向盘对驾驶员的冲击，减轻其所受伤害的程度。汽车撞车时，首先车身被撞坏（第一次碰撞），转向操纵机构被后推，从而挤压驾驶员，使其受到伤害；接着，随着汽车速度的降低，驾驶员在惯性力的作用下前冲，再次与转向操纵机构接触（第二次碰撞）而受到伤害。缓冲吸能式转向操纵机构对这两次冲击都具有吸收能量、减轻驾驶员受伤害程度的作用。

1）网状管柱变形式　这种转向操纵机构的转向轴分为上下两段，如图 7-13（a）所示。上转向轴 2 套装在下转向轴 3 的内孔中，两者通过塑料销 1 结合在一起（也有采用细花键结合的），并传递转向力矩。塑料销的传力能力受到严格限制，它既能可靠地传递转向力矩，又能在受到冲击时被剪断，起到安全销的作用。

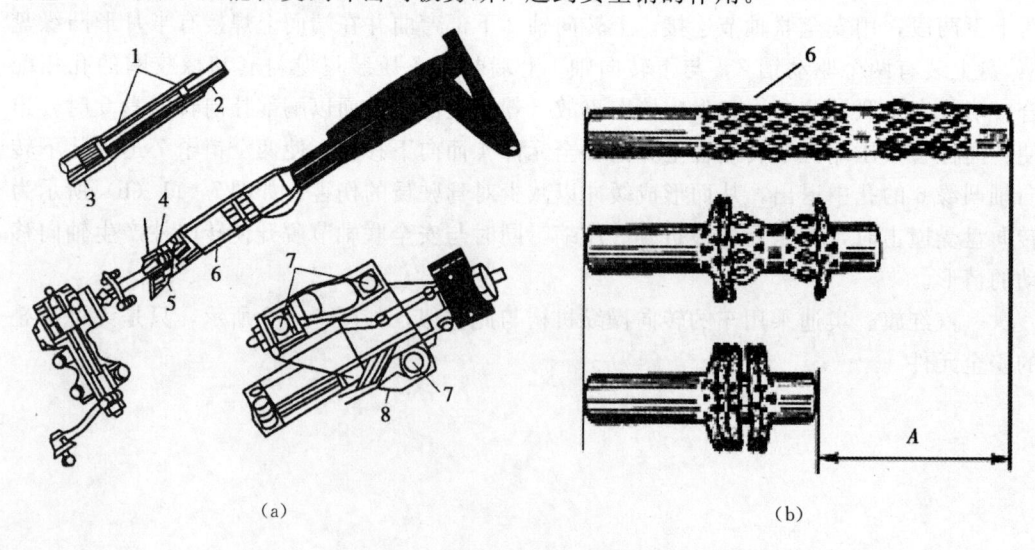

(a)　　　(b)

图 7-13　网状管柱变形式转向操纵机构

1-塑料销；2-上转向轴；3-下转向轴；4-凸缘盘；5-下托架；6-转向柱管；7-塑料安全销；8-上托架

这种转向操纵机构的转向柱管6的部分管壁制成网格状，使其在受到压缩时很容易轴向变形，并消耗一定的变形能量，如图7-13（b）所示。另外，车身上固定柱管的上托架8也是通过两个塑料安全销7与柱管连接的。当这两个安全销被剪断后，整个柱管就能前后自由移动。当发生第一次碰撞时，其一，塑料销1被剪断，上转向轴2将沿下转向轴3的内孔滑动伸缩。其二，转向柱管6上的网格部分被压缩而变形，这两个过程都会消耗一部分冲击能量，从而阻止了转向柱管6整体向上移动，避免了转向盘对驾驶员的挤压伤害。第二次碰撞时，固定转向柱管的塑料安全销7被剪断，使转向柱管和转向轴的上端能自由移动。同时，当转向柱管6受到来自上端的冲击力后，会再次被轴向压缩变形并消耗冲击能量，如图7-13（b）所示。这样，由转向系引起的对驾驶员的冲击和伤害被大大降低了。

2）钢球滚压变形式　这是一种用钢球连接的分开式转向柱，如图7-14所示。

如图7-14（a），转向轴分为上转向轴16和套在轴上的下转向轴15两部分，二者用塑料销钉17连成一体。转向柱管也分为上转向柱管和下转向柱管两部分，上、下转向柱管之间装有钢球，下转向柱管的外径与上转向柱管的内径之间的间隙比钢球直径稍小。上、下转向柱管连同柱管托架通过特制橡胶垫固定在车身上，橡胶垫则利用塑料销钉与托架连接。

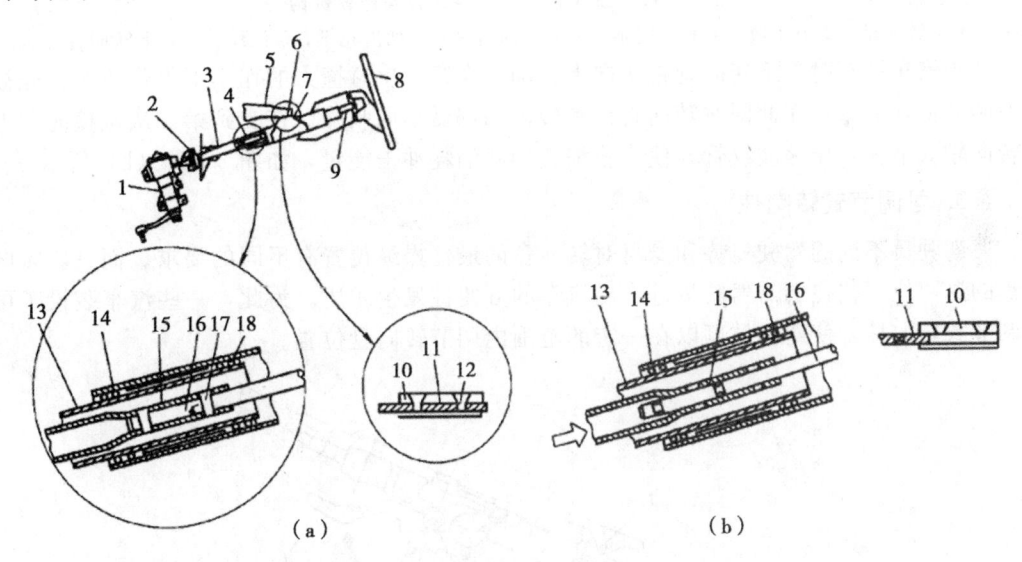

图7-14　钢球滚压变形式转向管柱

1-转向器总成；2-挠性联轴节；3、13-转向柱管；4、14-上转向柱管；5-车身；6、10-橡胶垫；7、11-转向柱管托架；8-转向盘；9、16-上转向轴；12、17-塑料销钉；15-下转向轴；18-钢球

当发生第一次碰撞时，将连接上、下转向轴的塑料销钉切断，下转向轴便套在上转向轴内向上滑动，如图7-14（b）所示。在这一过程中，上转向轴和上转向柱管的空间位置没有因冲击而上移，故可使驾驶员免受伤害。第二次碰撞时，则连接橡胶垫与柱管托架的塑料销钉被切断，托架脱离橡胶垫，即上转向轴和上转向柱管连同转向盘、托架一起，相对于下转向轴和下转向柱管向下滑动，从而减缓了对驾驶员胸部的冲击。在上

述两次冲击过程中，上、下转向柱管之间均产生相对滑动。因为钢球的直径稍大于上、下柱管之间隙，所以滑动中带有对钢球的挤压，冲击能量就在这种边滑动边挤压的过程中被吸收。日本丰田汽车的一些车型采用这种装置。

3) 波纹管变形吸能式 如图7-15（a）所示，波纹管变形吸能式转向操纵机构的转向轴和转向管都分成两段，上转向管柱4和下转向管柱7之间通过细齿花键5结合并传递转向力矩，同时它们两者之间可以做轴向伸缩滑动。在下转向轴1的外边装有波纹管6，它在受到冲击时能轴向收缩变形并消耗冲击能量。下转向管柱7的上端套在上转向管柱里面，但两者不直接连接，而是通过管柱压圈和限位块2分别对它们进行定位。

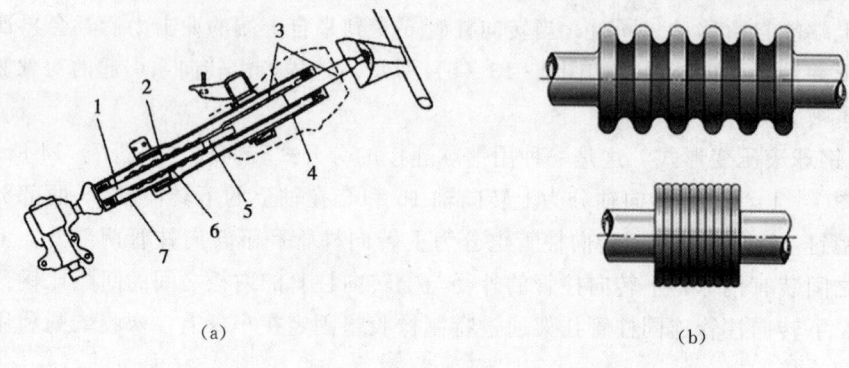

图7-15 波纹管变形吸能式转向操纵机构

1-下转向轴；2-限位块；3-上转向轴；4-上转向管柱；5-细齿花键；6-波纹管；7-下转向管柱

当汽车撞车时，下转向管柱7向上移动，在第一次碰撞力的作用下限位块2首先被剪断并消耗能量，在此同时转向管柱和转向轴都做轴向收缩。在受到第二次碰撞时，上转向轴3下移，压缩波纹管6使之收缩变形并消耗冲击能量，如图2-15（b）所示。

### 3. 可调节式转向柱

驾驶员不同的驾驶姿势和身材对转向盘的最佳操纵位置有不同的要求。而且，转向盘的这一位置往往会与驾驶员进、出汽车的方便性发生矛盾。为此，一些汽车装设了可调节式转向柱，使驾驶员可以在一定的范围内调节转向盘位置。

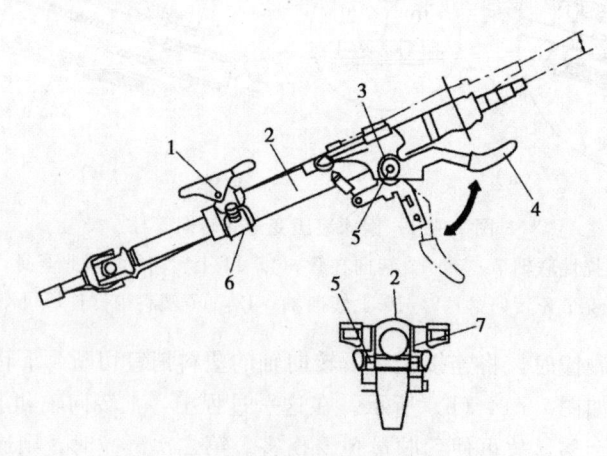

图7-16 转向轴倾斜角度调整机构

1-枢轴；2-转向柱管；3-长孔；4-调整手柄；5-锁紧螺栓；6-下托架；7-倾斜调节支架

转向柱调节的形式分为倾斜角度调节和轴向位置调节两种。图 7-16 所示为转向轴倾斜角度调整机构。转向柱管 2 的上段和下段分别通过倾斜调节支架 7 和下托架 6 与车身相连，而且转向柱管由倾斜调节支架夹持并固定。倾斜调节用锁紧螺栓 5 穿过调节支架 7 上的长孔 3 和转向柱管，螺栓的左端为左旋螺纹，调整手柄 4 即拧在该螺纹上。当向下扳动手柄时，锁紧螺栓的螺纹放松，转向柱管即可以下托架上的枢轴 1 为中心在装有螺栓的支架长孔范围内上下移动。确定了转向柱管的合适位置后，向上扳动调整手柄，从而将转向柱管定位。

如图 7-17（a）所示的是一种转向轴伸缩机构。转向轴分为上下两段，二者通过花键连接。上转向轴 2 由调节螺栓 4 通过楔状限位块 5 夹紧定位。调节螺栓的一端拧有调节手柄 3。当需要调整转向轴的轴向位置时，先向下推调节手柄 3，使限位块松开，再轴向移动转向盘，调到合适的位置后，向上拉调节手柄，将上转向轴锁紧定位。如图 7-17（b）所示。

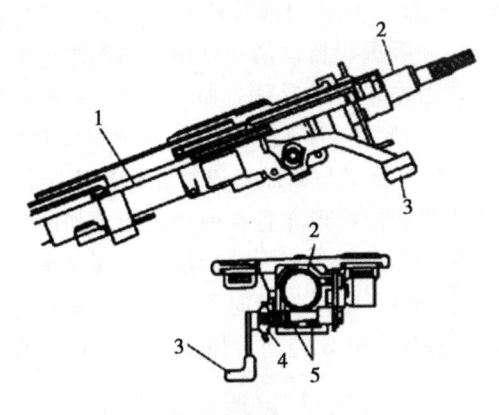

(a) 转向轴伸缩机构

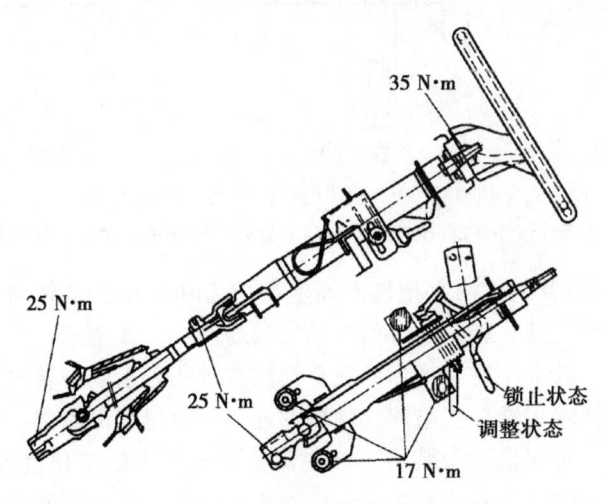

(b) 乘用车转向盘高度调节机构

图 7-17 转向轴伸缩机构

1-下转向轴；2-上转向轴；3-调节手柄；4-调节螺栓；5-楔状限位块

### 三、转向传动机构

**1. 转向传动机构的功用**

转向传动机构的功用是将转向器输出的力和运动传给转向轮,使两侧转向轮偏转角按一定关系变化,以实现汽车顺利转向。

**2. 转向传动机构的组成和构造**

转向传动机构的组成因转向器的结构形式、安装位置和悬架类型而异。转向传动机构按照悬架的分类可分为与非独立悬架配用的转向传动机构和与独立悬架配用的转向传动机构两大类。

(1) 与非独立悬架配用的转向传动机构

与非独立悬架配用的转向传动机构如 7-18 所示,它一般由转向摇臂 2、转向直拉杆 3、转向节臂 4、两个梯形臂 5 和转向横拉杆 6 等组成。各杆件之间都采用球形铰链连接,并设有防止松动、缓冲吸振、自动消除磨损后的间隙等的结构。

当前桥仅为转向桥时,由左、右梯形臂 5 和转向横拉杆 6 组成的转向梯形一般布置在前桥之后,如图 7-18(a)所示,称为后置式。这种布置简单方便,且后置的横拉杆 6 有前面的车桥做保护,可避免直接与路面障碍物相碰撞而损坏。当发动机位置较低或前桥为转向驱动桥时,往往将转向梯形布置在前桥之前,如图 7-18(b)所示,称为前置式。若转向摇臂 2 不是在汽车纵向平面内前后摆动,而是在与路面平行的平面内左右摆动(如北京 BJ2020N 型汽车),则可将转向直拉杆 3 横向布置,并借球头销直接带动转向横拉杆 6,从而推动左右梯形臂 5 转动,如图 7-18(c)所示。

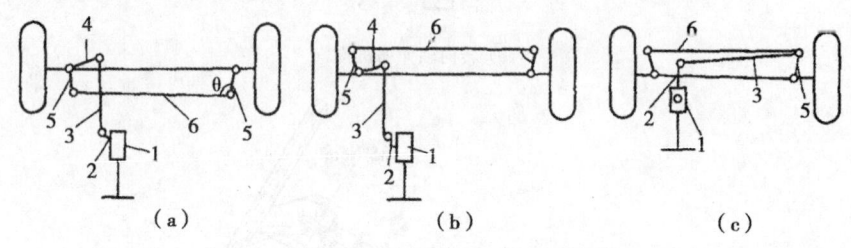

图 7-18 与非独立悬架配用的转向传动机构示意图
1-转向器;2-转向摇臂;3-转向直拉杆;4-转向节臂;5-转向梯形臂;6-转向横拉杆

1) 转向摇臂 转向摇臂的作用是把转向器输出的力和运动传给转向直拉杆和转向横拉杆,进而推动转向轮偏转。转向摇臂的典型结构如图 7-19 所示,它多采用中碳钢经锻造和机械加工制成。其大端具有锥形的三角形细花键孔,用以与转向摇臂轴外端连接,并用螺母固定。其小端用锥形孔与球头销柄部连接,也用螺母固定,球头再与转向直拉杆做空间铰链连接。转向摇臂安装后,从中间位置到两边的摆角范围应大致相同,故在向转向摇臂轴上安装时,二者的安装记号应对正。为此,常在摇臂大孔外端面上和摇臂轴的外端面上各刻短线,或是在二者的花键部分上都少铣一个齿作为装配标记,装配时应将标记对齐。

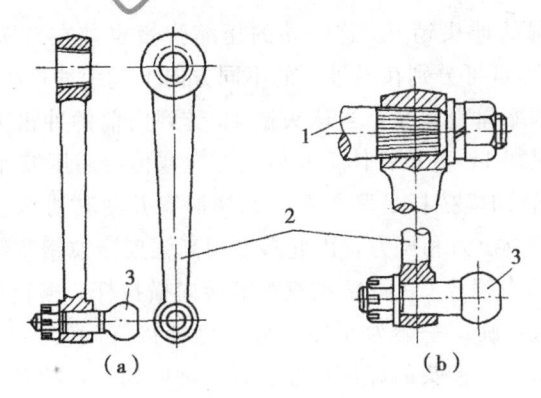

图 7-19 转向摇臂
1-转向摇臂轴；2-转向摇臂；3-球头销

2）转向直拉杆　转向直拉杆的作用是将转向摇臂传来的力和运动传给转向梯形臂或转向节臂。它所受的力既有拉力，又有压力，因此转向直拉杆都是采用优质特种钢制造的，以保证工作可靠。图 7-20 为常见汽车的转向直拉杆。在转向轮偏转或因悬架弹性变形而相对于车架跳动时，转向直拉杆、转向摇臂及转向节臂的相对运动都是空间运动，为了不发生运动干涉，三者之间的连接都采用球头销。

直拉杆体 7 由两端扩大的钢管制成，在扩大的端部里，装有由球头销 13、球头座 2、弹簧座 4、压缩弹簧 3 和螺塞 1 等组成的球铰链。球头销的锥形部分与转向摇臂 12 连接，并用螺母固定；其球头部分的两侧与两个球头座配合，前球头座靠在端部螺塞上，后球头座在弹簧的作用下压靠在球头上，这样，两个球头座就将球头紧紧夹持住。为保证球头与座的润滑，可从油嘴注入润滑脂。拆装时供球头出入的直拉杆体上的孔口用油封垫的护套盖住，以防止润滑脂流出和污物侵入。

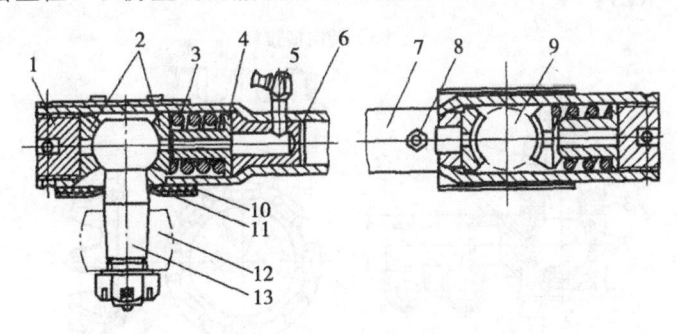

图 7-20 转向直拉杆
1-端部螺塞；2-球头座；3-压缩弹簧；4-弹簧座；5,8-油嘴；6-座塞；7-直拉杆体；9-转向节臂球头销；
10-油封垫；11-油封垫护套；12-转向摇臂；13-球头销

压缩弹簧 3 随时补偿球头及球头座的磨损，保证二者间无间隙，并可缓和经车轮和转向节传来的路面冲击。弹簧预紧力可用端部螺塞 1 调节，调好后用开口固定住螺塞的位置。当球头销作用在内球头座上的冲击力超过压缩弹簧预紧力时，弹簧便进一步变形而吸收冲击能量。弹簧变形增量受到弹簧座自由端的限制，这样可以防止弹簧过载超载，并保证在弹簧折断的情况下球头销不致从管腔中脱出。直拉杆体后方（图中为右端）可以嵌装转向摇臂的球头销9。这一端的压缩弹簧也装在球头座后方（图中为右方）。这样，两个压缩弹簧可分别在沿轴线的不同方向上起缓冲作用。自球头销13传来的向后的冲击力由前压缩弹簧承受，当球头销13受到向前的冲击力时，冲击力即依次经前球头座、前端部螺塞1、直拉杆体7和后端部螺塞传给后压缩弹簧。

3) 转向横拉杆　转向横拉杆是联系左、右梯形臂并使其协调工作的连接杆。它在汽车行驶过程中反复承受拉力和压力，因此多采用高强度冷拉钢管制造。

图7-21（a）所示为解放CA1092型汽车的转向横拉杆。横拉杆体用钢管制成，其两端切有螺纹，一端为右旋，一端为左旋，与横拉杆接头旋装连接。两端接头结构相同，如图7-21（b）所示。接头的螺纹孔壁上开有轴向切口，故具有弹性，旋装到杆体上后可用螺栓夹紧。旋松夹紧螺栓以后，转动横拉杆体，可改变转向横拉杆的总长度，从而调整转向轮前束。

在横拉杆两端的接头上都装有球头销等零件组成的球形铰链。球头销的球头部分被夹在上、下球头座内，球头座用聚甲醛制成，有较好的耐磨性。球头座的形状如图7-21（c）所示。装配时上、下球头座凹凸部分互相嵌合。弹簧通过弹簧座压向球头座，以保证两球头座与球头的紧密接触，在球头和球头座磨损时能自动消除间隙，同时还起缓冲作用。弹簧的预紧力由螺塞调整。球铰上部有防尘罩，以防止尘土侵入。球头销的尾部锥形柱与转向梯形臂连接，并用螺母固定、开口销锁紧。

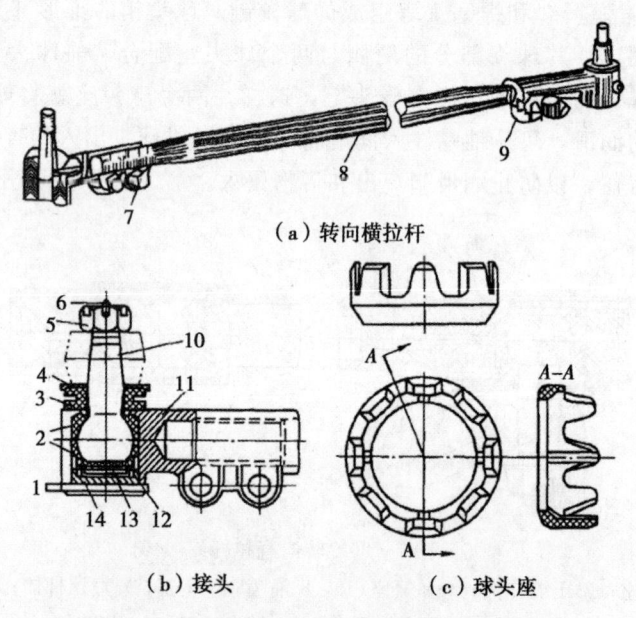

图7-21　解放CA1092型汽车转向横拉杆
1-限位销；2-球头座；3-防尘罩；4-防尘垫；5-螺母；6-开口销；7-夹紧螺栓；8-横拉杆体；
9，11-横拉杆接头；10-球头销；12-弹簧座；13-弹簧；14-螺塞

4) 转向节臂和梯形臂　解放CA1092型汽车的转向节臂和梯形臂如图7-22所示，转向横拉杆通过转向节臂与转向节相连。转向横拉杆两端经左、右梯形臂与转向节相连。转向节臂和梯形臂带锥形柱的一端与转向节锥形孔相配合，用键防止螺母松动。臂

的另一端带有锥形孔，与相应的拉杆球头销锥形柱相配合，同样用螺母紧固后插入开口销锁住。

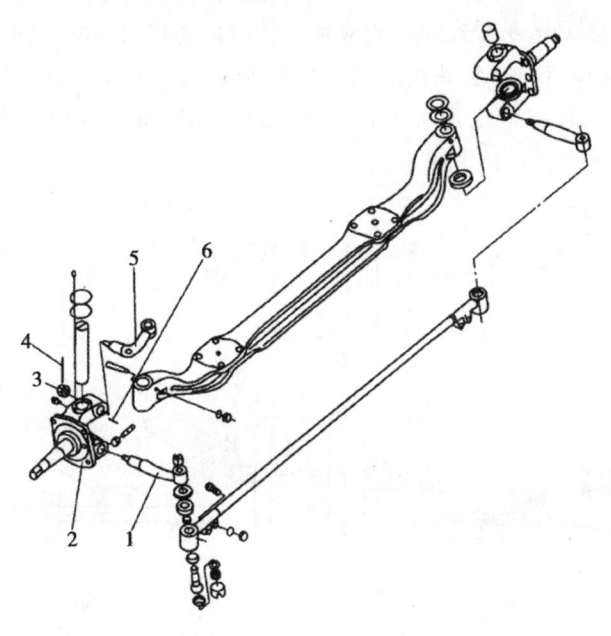

图 7-22 解放 CA1092 型汽车转向节臂和梯形臂
1-左转向梯形臂；2-转向节；3-锁紧螺母；4-开口销；5-转向节臂；6-键

5）转向减震器 随着汽车车速的提高，现代汽车的转向轮有时会产生摆振，即转向轮绕主销轴线往复摆动，进而引起整车车身的振动，这不仅影响汽车行驶的稳定性，而且还影响汽车的舒适性，加剧前轮轮胎的磨损。在转向传动机构中设置转向减振器是克服转向轮摆振的有效措施。

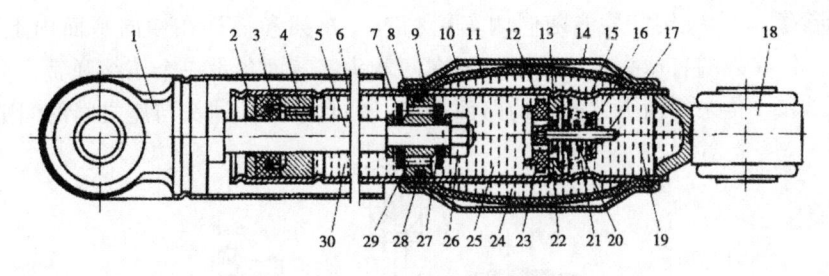

图 7-23 转向减震器
1，18-吊环；2-支撑板；3-油封；4-导向座；5-活塞杆；6-储液缸筒；7-流通阀片；8，23，29-轴向孔；9-活塞；10-储气室；11-储液囊；12-压缩补偿阀座；13-挡圈；14-储气筒；15-径向孔；16-挡片；17-阀杆；19-补偿室；20-柱形弹簧；21-锥形弹簧；22-压缩阀片；24-储液室；25-右腔室；26-螺母；27-伸张阀片；28-密封圈；30-左腔室

转向减振器的一端与车身或前桥铰接，另一端与转向直拉杆或转向器铰接。图 7-23 是一种转向减振器的结构及零件分解图，其结构和工作原理类似于悬架减振器，这里不再赘述。

(2) 与独立悬架配用的转向传动机构

当转向轮采用独立悬架时，由于每个转向轮都需要相对于车架（或车身）做独立运动，所以转向桥也必须是断开式的。相应地，转向传动机构中的转向梯形也必须是断开式的。图 7-24 为几种与独立悬架配用的转向传动机构示意图。其中图 7-24（a）（b）所示机构与循环球式转向器配用，图 7-24（c）（d）所示机构与齿轮齿条式转向器配用。

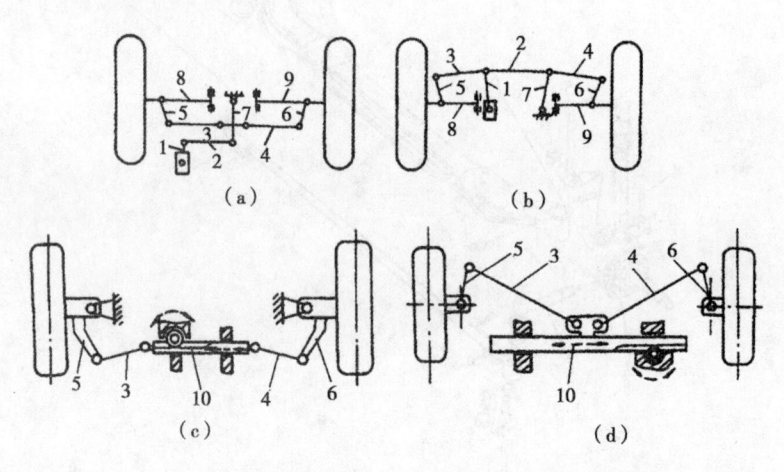

图 7-24 与独立悬架配用的转向传动机构示意图
1-转向摇臂；2-转向直拉杆；3-左转向横拉杆；4-右转向横拉杆；5-左梯形臂；6-右梯形臂；7-摇杆；
8-悬架左摆臂；9-悬架右摆臂；10-齿轮齿条式转向器

图 7-25 所示红旗 CA7560 型轿车的转向传动机构即采用了图 7-24（a）所示的结构方案。摇杆 7 前端固定于车架横梁中部，后端借球头销与转向直拉杆 2 和左右横拉杆 3，4 连接。转向直拉杆外端与转向摇臂球头销 1 相连。左、右横拉杆外端也用球头销分别与梯形臂 5，6 铰接，故能随同侧车轮相对于车架和摇杆在横向平面内上下摆动。转向直拉杆仅在外端有球头座，故有必要在两球头座背面各设一个压缩弹簧，分别吸收由横拉杆 3 和 4 传来的两个方向上的路面冲击，并自动消除球头与座之间的间隙。

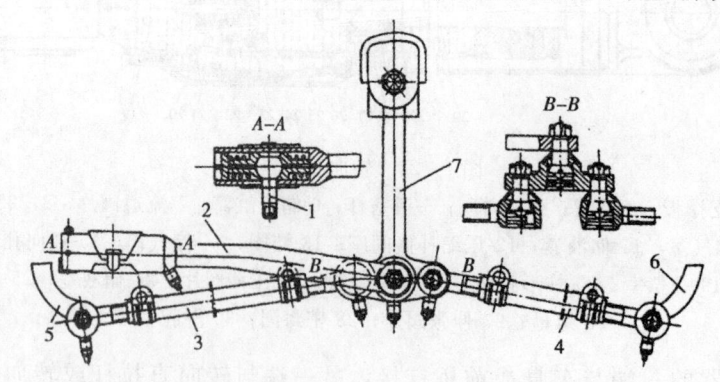

图 7-25 红旗 CA7560 型轿车转向传动机构
1-转向摇臂球头销；2-转向直拉杆；3-左转向横拉杆；4-右转向横拉杆；
5-左梯形臂；6-右梯形臂；7-摇杆

采用齿轮齿条式转向器时，相应的转向传动机构形式如图 7 - 24（c）（d）所示。若齿轮齿条式转向器为两端输出式（如捷达和卡罗拉轿车），转向器齿条本身就是转向传动机构的一部分，转向横拉杆的内端通过球头销与齿条铰接（图 7 - 7），外端通过螺纹与连接转向节的球头销总成相连。图 7 - 26 为与两端输出的齿轮齿条式转向器配用的转向横拉杆，当需要调前束时，松开锁紧螺母 5，转动横拉杆体 4，达到合理的前束值时，再将锁紧螺母锁死。

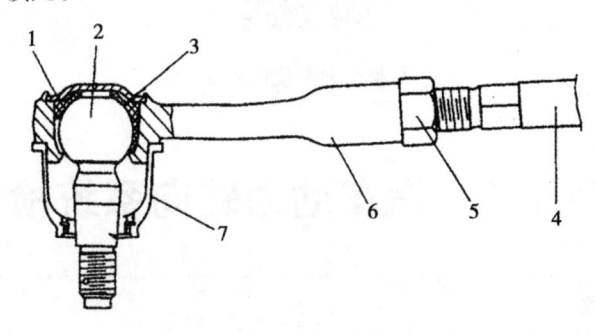

图 7 - 26　与两端输出的齿轮齿条式转向器配用的转向横拉杆
1-堵盖；2-球头销；3-球头销座；4-横拉杆体；5-锁紧螺母；6-横拉杆接头总成；7-防尘套

图 7 - 27 是与中间输出的齿轮齿条式转向器配用的转向传动机构示意图。桑塔纳轿车、红旗 CA7220 型轿车采用的就是这种转向传动机构。横拉杆 9 的内端通过托架 2，8 和螺栓 7 与转向器齿条的一端相连，外端通过球头销 4 与转向节铰接。由于横拉杆体 6 不能绕自身轴线转动，为调整前束，在横拉杆体与球头销 4 之间装有双头螺栓 3，螺栓两端的螺纹旋向相反，并各旋装一个锁紧螺母 5。当需要调前束时，先拧松两端的锁紧螺母，然后转动调节螺栓，达到合理的前束值时，再将锁紧螺母锁死。

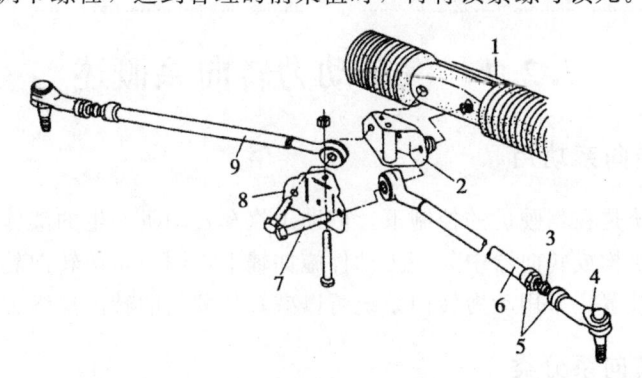

图 7 - 27　与中间输出的齿轮齿条式转向器配用的转向传动机构
1-转向器壳体；2-内托架；3-调节螺栓；4-球头销总成；5-锁紧螺母；
6-横拉杆体；7-螺栓；8-外托架；9-横拉杆总成

## 7.1.3　机械转向系统的检修

机械转向系统的检修

# 任务7.2　汽车动力转向系统检修

**1. 知识目标**
（1）了解动力转向系统的结构和类型。
（2）了解液压式动力转向系统的组成和工作原理。
（3）掌握电动式动力转向系统的组成和工作原理。
（4）了解四轮转向系统的类型和工作原理。
（5）了解自动泊车系统。

**2. 技能目标**
（1）能够完成动力转向系统的基本检查及维护作业。
（2）能够分析动力转向系统的常见故障。

## 7.2.1　汽车动力转向系概述

### 一、动力转向系功用

动力转向系统是在驾驶员的控制下，借助于汽车发动机产生的液体压力或电动机驱动力对转向传动机构或转向器中某一传动件施加辅助作用力，使转向轮偏摆，以实现汽车转向的一系列装置。采用动力转向系统可以减轻驾驶员的转向操纵力。

### 二、动力转向系分类

根据动力能源形式的不同可以分为液压式、气压式和电动式三种类型。本任务重点介绍的是液压式动力转向系统。

### 三、液压式动力转向系的组成和工作原理

液压式动力转向系的组成如图7-28所示。它由转向油泵、转向油罐、转向控制阀、动力缸、活塞等组成。

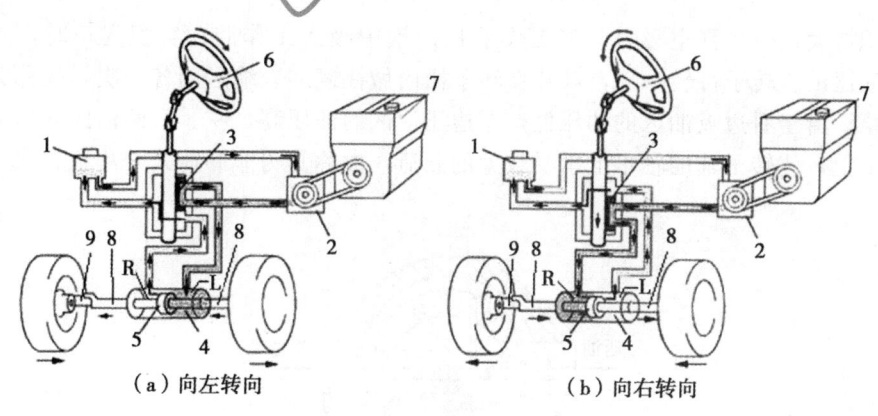

图 7-28 液压式动力转向系示意图

1-转向油罐；2-转向油泵；3-转向控制阀；4-动力缸；5-活塞；6-方向盘；
7-发动机；8-齿条和横拉杆；9-转向节臂

转向油泵 2 安装在发动机上，由曲轴通过皮带驱动运转向外输出油压。转向油罐 1 有进、出油管接头，通过油管分别和转向油泵 2 及转向控制阀 3 连接。转向控制阀的作用是改变油路。动力缸 4 被活塞 5 分成两个工作腔，R 腔为右转向动力腔，L 腔为左转向动力腔，它们分别通过油道和转向控制阀连接。

当汽车直线行驶时，转向控制阀将转向油泵泵出来的工作液与转向油罐相通，转向油泵处于卸荷状态，动力转向系不工作。汽车左转向时，驾驶员逆时针转动方向盘，转向控制阀将转向油泵和动力缸 L 腔接通，同时将动力缸 R 腔和转向油罐接通，如图 7-28（a）所示。活塞的右侧为高压腔，左侧为低压腔，在高压油的作用下，活塞向左移动，推动齿条和横拉杆 8 一起向左移动，横拉杆推动转向节臂 9 使车轮向左偏摆，从而实现左转向。右转向则相反，如图 7-28（b）所示。

## 7.2.2 液压助力转向系统的主要部件

### 一、转向油泵

转向油泵是动力转向中的主要能源，其作用是将发动机输入的机械能转化为液压能向外输出，动力转向油泵由发动机前端的皮带轮驱动。

叶片式转向油泵按其转子叶片每转一周的供油次数和转子轴的受力情况可以分为单作用非卸荷式和双作用卸荷式两种。

**1. 单作用非卸荷式叶片泵工作原理**

它主要由定子、转子及叶片等件组成，如图 7-29 所示。定子具有圆柱形内表面，转子上均布径向切槽。矩形叶片安装在转子槽内，并可在槽内滑动。矩形叶片两端与配油盘端面滑动配合，形成由转子外表面、定子内表面、叶片和配油盘组成的密封工作容积。转子和定子不同心，有一个偏心距 e，当转子旋转时，叶片靠自身的离心力贴紧定子的内表面，并在转子槽内做往复运动，使上述的工作容积由小变大、由大变小不断变化。容积增大，产生真空吸力，将工作液从油罐中吸入工作腔；容积变小时，产生油压，将油压出。转子每转一周，叶片在转子槽内做往复伸、缩运动各一次，故称为单作用叶片泵。由于右边吸油区的油压低，左边压油区的油压高，左、右两油区的压力差作用在转子上，使转子轴的轴承上承受较大的载荷，故称其为非卸荷式叶片泵。

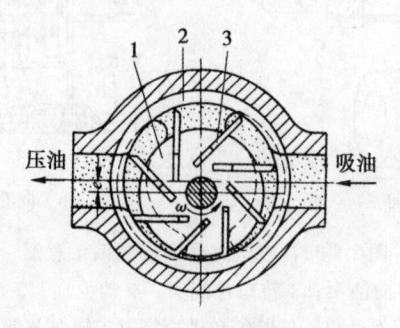

图 7-29 单作用叶片泵的工作原理
1-转子；2-定子；3-叶片

叶片式油泵是容积式油泵，其输出油量随转子转速升高而增大，输出的油压取决于动力转向系统的负荷。为了限制发动机转速升高时输出油量过大，油温升高，以及限制输出油压，防止由于油压过高损坏机件、破坏油封，通常在泵的进油道之间还设有流量控制阀和限压阀。

**2. 双作用卸荷式叶片泵工作原理**

双作用式卸荷式叶片泵也由转子、定子、叶片和端盖等组成，如图 7-30 所示。与单作用叶片泵的不同之处在于：双作用叶片泵的转子与定子的中心相重合。定子内表面不是圆形而是一个近似的椭圆形，它由两条长半径 R 和两条短半径 r 所决定的圆弧以及四段过渡曲线所组成。转子每转一周，叶片在转子切槽内往复运动两次，完成两次吸油和两次压油，故称为双作用叶片泵。由于两个吸油区和两个压油区各自的中心夹角对称，所以作用在转子上的油压作用力相互平衡，故称为卸荷式叶片泵。为了使转子受到的径向油压力完全平衡，工作油腔数（即叶片数）应当为偶数。

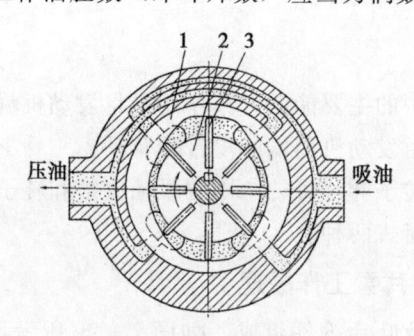

图 7-30 双作用叶片泵的工作原理
1-定子；2-转子；3-叶片

## 二、动力转向器

目前大多数车型都采用整体式动力转向系统。它将动力缸、控制阀和机械转向器三者组装在一个壳体内,这种三合一的部件称为整体式动力转向器。常用的整体式动力转向器有滑阀式和转阀式两种,其工作原理基本相同,都是通过控制阀的动作,实现油路和油压的控制,从而推动工作缸中活塞运动,实现转向器的助力作用。目前整体式动力转向器广泛采用转阀式转向控制阀。转阀式动力转向器也分为齿轮齿条式和循环球式两种。

### 1. 齿轮齿条整体式动力转向器

图 7-31 为轿车常用的齿轮齿条整体式动力转向器,工作原理见图 7-32。活塞安装在转向齿条上,转向齿条的壳体相当于动力缸,动力缸活塞是齿条的一部分,齿条活塞两边的齿条套管被密封形成两个油液腔,连接左、右转向回路。控制阀安装在转向齿轮壳体内。转动方向盘时,旋转阀改变油液流量,在转向齿条两端形成压力差,使得齿条向压力低的方向移动。齿条相当于动力缸的推杆,从而减轻驾驶员加在方向盘上的力。

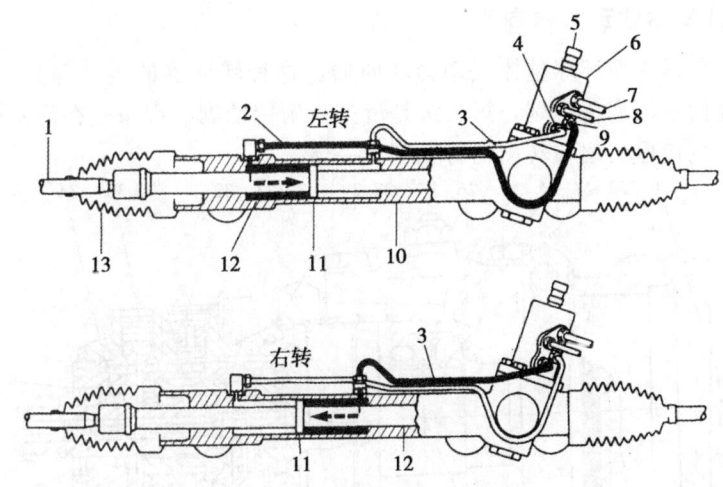

图 7-31 整体式动力转向系

1-横拉杆;2-左转进油管;3-右转进油管;4-右转进油口;5-转向输入轴;6-旋转阀式控制阀;7-出油口;8-进油口;9-左转进油口;10-套管;11-活塞;12-转向齿条;13-波纹管

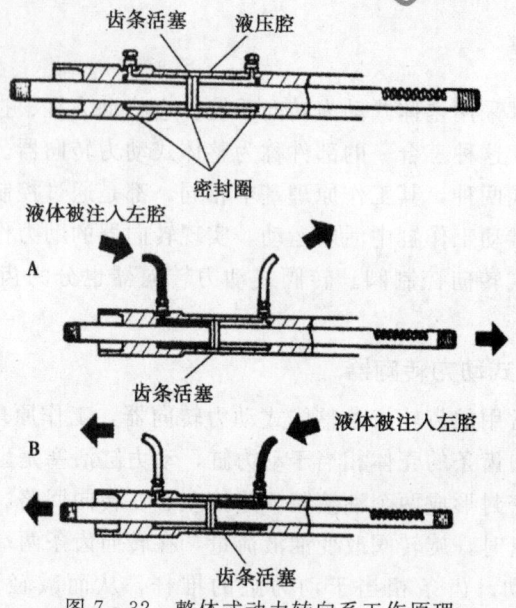

图 7-32 整体式动力转向系工作原理

## 2. 循环球整体式动力转向器

图 7-33 所示为循环球整体式动力转向器。这种转向器的机械部分有两级传动副。第一级是螺杆齿条活塞传动副，第二级是齿条齿扇传动副。齿条是在活塞圆柱面上加工出来的斜齿，变齿厚齿扇与转向摇臂轴制成一体。

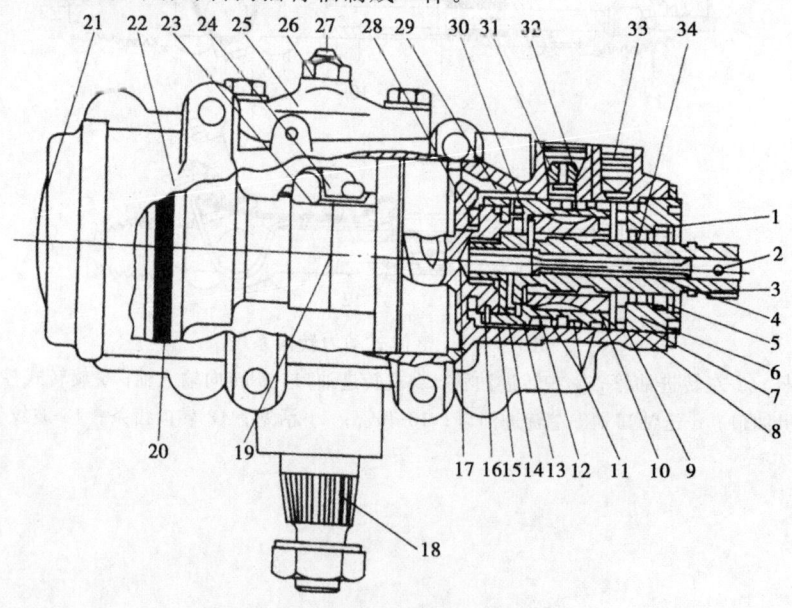

图 7-33 循环球式整体动力转向器

1-卡环；2-锁销；3-短轴；4-扭杆；5-骨架油封；6-调整螺塞；7-锁母；8,10,11,15,20-O 形密封圈；9-推力滚针轴承；12-阀芯；13-阀体；14-下端轴盖；16-锁销；17-转向螺杆；18-转向摇臂轴；19-转向螺母（齿条—活塞）；21-转向器端盖；22-壳体；23-循环球导管；24-导管压紧板；25-侧盖；26-锁紧螺母；27-调整螺钉；28-推力滚针轴承；29-定位销；30-锁销；31-止回阀；32-进油口；33-出油口；34-滚针轴承转阀是循环球式整体动力转向器的核心部件，它主要由阀体、阀芯和扭杆等组成。扭杆的一端同阀体连接在转向轴上，另一端通过定位销与阀芯相连。阀体和阀芯上开有相对应的油道，动力缸左腔和右腔分别与阀体上相对两油道相连，阀上还开有回油道。

汽车直线行驶时，阀芯相对于阀体不动，油泵供给的油液流入控制阀进油道，从阀芯和阀体的预开缝隙经回油道流回油罐。动力缸左右两腔压力基本相同，活塞保持其位置基本不变，因此车辆保持原有的行驶方向不变。

方向盘右转时，阀体随转向轴向右转动，由于转向阻力的反作用，扭杆与阀芯相连一端不能转动，扭杆被扭转一个角度，这样就使阀芯相对于阀体向左转动，从而改变了阀芯与阀体所构成的通道。此时，从进油道流入的高压油能流向动力缸的前腔，从而使前腔室成为高压区，动力缸后腔室经阀体回油道与回油路相通成为低压区，活塞在压力差作用下向后移动，推动转向轮向右偏转，汽车向右行驶。

汽车向左转向时，情况与向右转弯时相近，控制阀改变油道使动力缸前腔成为低压区，后腔变成了高压区，汽车向左行驶。

### 三、转向控制阀

**转阀式转向控制阀**

（1）结构

转阀式转向控制阀位于动力转向器的上部，主要由阀体、输入轴组件、阀芯及密封件组成。

图 7-34 为控制阀阀体的结构图，阀体的外圆柱面上加工有六道环槽，其中，三道较小的环槽用来安装 O 形橡胶密封圈，另外三道较大的环槽是环形油道。每两个环形油道均由安装在小环槽中的 O 形橡胶密封圈隔开，环形油道底部的油孔与内壁相通，中间环形油道的四个油孔 6 直径较大，是进油通道，与转向油泵相通；两侧环形油道各有四个直径较小的油孔 1 和 2，分别与动力缸的左右腔相通。阀体的内圆柱面加工有八条不贯通的纵槽 7，每两道纵槽中间的部分称为槽肩（图 7-34 中的 5）。在阀体下部内表面固定有锁销 8，此锁销的外端埋在外圆表面以下，内端伸出少许，与扭杆组件下端端盖外圆缺口相配合，使二者不能相对转动。转向螺杆上端的凸缘部分的外圆滑配在阀体的下端止口中，阀体的下边缘开有矩形缺口 4，此缺口与转向螺杆用锁销相配合，形成阀体和驱动螺杆的传力连接。

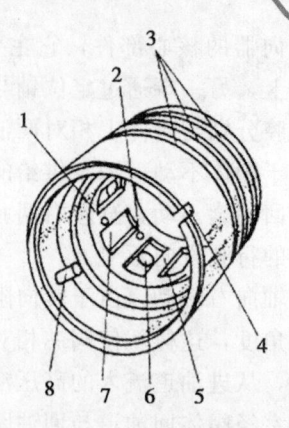

图 7-34 阀体的结构

1-小孔（通动力缸左腔）；2-小孔（通动力缸右腔）；3-环槽；4-缺口；5-槽肩；
6-孔（通进油口）；7-纵槽；8-锁销

图 7-35 为控制阀阀芯结构图，阀芯的外圆柱面与阀体内圆柱面滑动配合，二者可以相对转动。阀芯与阀体为配合间隙小、配合精度高的精密耦合件，不可单独更换。阀芯外表面上也有与阀体内表面上的纵槽和槽肩相同尺寸的不贯通的八条纵槽和八条槽肩，分别与阀体的槽肩和纵槽配合形成液体流动间隙。在阀芯的不同槽肩上开有四个等间隔的径向通孔 4，用以流通液压油。阀芯的上端外表面加工有环形槽，用来安装 O 形密封圈（图 7-33 中的 10）。阀芯下端的内圆柱面开有一个缺口 5，短轴下端安装的锁销（图 7-33 中的 30）即插入此缺口中，以保证短轴（图 7-33 中的 3）和阀芯的同步转动，而不发生相对转动。阀芯和短轴间的径向间隙较大，以便于流通回流的油液。

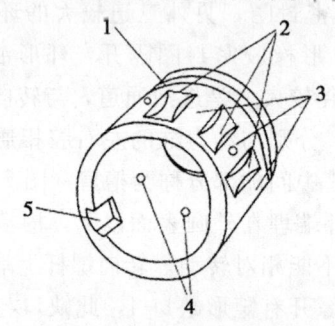

图 7-35 阀芯的结构

1-环槽；2-纵槽；3-槽肩；4-孔（通回油口）；5-缺口

输入轴组件由短轴、扭杆、轴盖和锁销组成。短轴为空心管形轴件，扭杆是在扭矩作用下可产生弹性扭转变形的杆件。如图 7-36 所示，短轴与扭杆套装在一起，右端用锁销 5 与扭杆固定在一起，左端通过锁销 4 与阀芯连接在一起。扭杆左端通过花键与轴盖 10 连接，轴盖通过锁销 3 与阀体连接，阀体通过锁销 2 与转向螺杆连接。扭杆的右端与短轴和阀芯可以同步旋转，扭杆的左端随阀体和转向螺杆可以同步旋转。因此转向过程中当扭杆产生扭转时，短轴可相对轴盖产生旋转运动，也就意味着阀芯可与阀体产生相对转动。

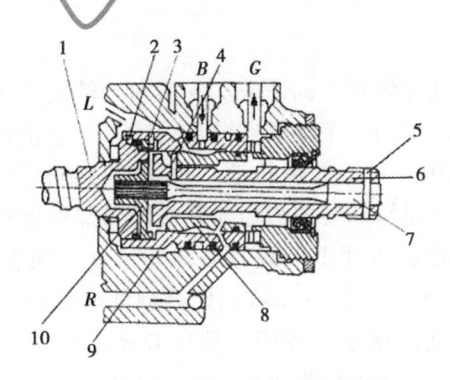

图 7-36 转向控制阀结构图
1-转向螺杆；2，3，4，5-锁销；6-短轴；7-扭杆；8-阀芯；9-阀体；10-轴盖
R-接右转向动力缸；L-接左转向动力缸；B-接转向油泵；G-接转向油罐

如图 7-33 所示，在动力转向器上部设有进油口 32 和出油口 33，通过油管分别与转向油泵和转向油罐相连接。在进油口处设有进油阀座和止回阀 31，进油口与阀体的中间环槽相通。出油口与短轴和阀芯中间的回油腔相通。如图 7-36 所示，在控制阀壳体上开有 L、R 两条油道，L 油道的一端与阀体的左侧环形油道相通，另一端与动力缸左腔相通；R 油道的一端与阀体的右侧环形油道相通，另一端与动力缸的右腔相通。

(2) 工作原理

1) 汽车直线行驶时

当汽车直线行驶时，阀芯处于中间位置，如图 7-37 所示。来自转向油泵的工作液从转向器壳体的进油口（图 7-36 中的 B）流到阀体的中间环形油道中，经过其槽底的通孔进入阀体和阀芯之间，此时因阀芯处于中间位置，所以进入的油液分别通过阀体和阀芯纵槽和槽肩形成的两边相等的间隙，再通过阀芯的纵槽以及阀体的径向孔流向阀体外表面左、右环形油道，然后通过壳体中的两条油道分别流到动力缸的左、右腔中去。流入阀体内腔的油液在通过阀芯纵槽流向阀体左、右环形油道的同时，通过阀芯槽肩上的径向油孔流到转向螺杆和输入轴之间的空隙中，经阀体组件和调整螺塞之间的空隙流到回油口，经油管回到油罐中去，形成了常流式油液循环。此时，左、右腔油压相等且很小，齿条—活塞既没有受到转向螺杆的轴向推力，也没有受到左、右腔因压力差造成的轴向推力。所以齿条—活塞处于中间位置，动力转向器不工作。

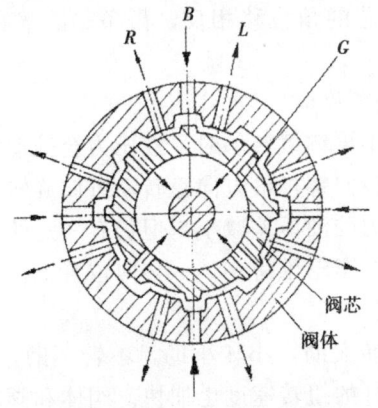

图 7-37 汽车直线行驶时阀芯与阀体的相对位置
R-接右转向动力缸；L-接左转向动力缸；B-接转向油泵；G-接转向油罐

2) 汽车左转弯时

当汽车需要转向时，如左转弯，如图 7-36 所示，转动方向盘，使短轴逆时针转动（从右向左看），通过其左端锁销 4 带动阀芯同步转动，这个扭矩也通过具有弹性的扭杆传给轴盖 10，轴盖通过锁销 3 带动阀体转动，阀体通过锁销 2，把转向力矩传给螺杆。由于转向阻力的存在，要有足够的转向力矩才能使转向螺杆转动。这个转矩促使扭杆发生弹性扭转，造成阀体的转动角度小于阀芯的转动角度，两者产生相对角位移，如图 7-38 所示。通右动力腔的进油缝隙减小或封闭，回油缝隙增大，油压降低；通左动力腔的进油缝隙增大而回油缝隙减小或关闭，油压升高。左、右动力腔产生油压差，齿条—活塞便在左、右动力腔油压差的作用下移动，产生助力作用。此时，来自转向油泵的压力流向动力缸左腔，动力缸右腔的油则流向阀芯和短轴之间的径向间隙中，最终流回储油罐。

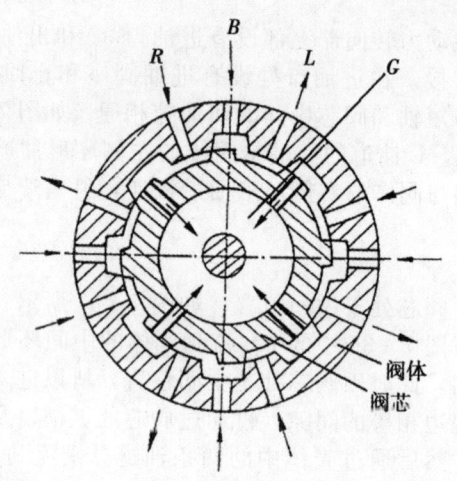

图 7-38 汽车左转弯时阀芯与阀体的相对位置

R-接右转向动力缸；L-接左转向动力缸；B-接转向油泵；G-接转向油罐

3) 汽车右转弯时

汽车右转弯时其工作过程与左转弯时基本相似，如图 7-39 所示。不同的是由于转向方向相反，造成阀体和阀芯的角位移相反，齿条—活塞右腔油压升高而左腔油压降低，产生右转向助力。

4) 方向盘处于某一转向角度时

当方向盘停在某一位置不再继续转动时，液压力会推动齿条—活塞继续移动，促使转向螺杆继续转动，阀体随转向螺杆沿方向盘转动方向旋转一个角度，使其与阀芯的相对角位移量减小，左、右动力腔油压差减小，但仍有一定的助力作用。此时的助力转矩与车轮的回正力矩相平衡，使车轮维持在某一转向位置上。

5) 助力装置的随动作用

随动作用是指方向盘大转大助，小转小助，不转不助，停车维持。在转向过程中，若转向盘转动加快，弹性扭杆的扭转速度也加快。阀体和阀芯相对错开，角位移量也迅速增大，左、右动力腔的油压差也相应增大，前轮偏转速度加快。可见，转向盘转动，前轮随之转动，转向盘转动快，前轮偏转快，转向盘停转，前轮就停止偏转，即处于平衡状态。

6）转向后的回正

转向后需回正时，如果驾驶员放松方向盘，阀芯回到中间位置，失去了助力作用，此时转向轮在回正力矩的作用下自动回位；若驾驶员同时回转方向盘时，转向助力器助力，帮助车轮回正。

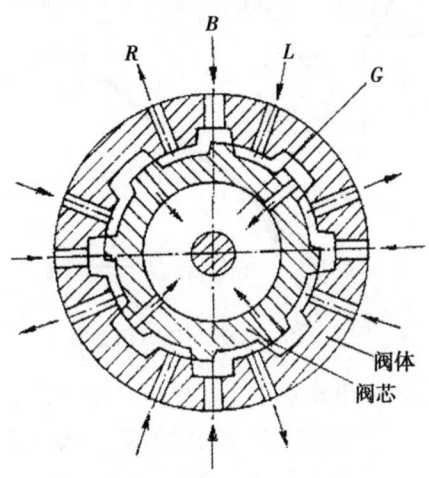

图 7-39 汽车右转向时阀芯与阀体的相对位置
R-接右转向动力缸；L-接左转向动力缸；B-接转向油泵；G-接转向油罐

当汽车直线行驶遇到外界干扰力使转向轮发生偏转时，阻力矩通过转向传动机构、转向螺杆、转向螺杆与阀体的锁销作用在阀体上，使之与阀芯之间产生相对角位移，这样使动力缸左、右腔产生油压差，助力作用恰好与转向轮偏转方向相反，从而使转向轮迅速回正，保证了汽车直线行驶时的稳定性。

当转向助力装置失效时，该动力转向器即变成机械转向器。此时转动方向盘，带动短轴一起转动，短轴左端凸缘盘边缘有弧形缺口，转过一定角度后，通过螺杆右端凸缘盘的凸块带动螺杆旋转，以保证汽车转向。助力装置失效时，方向盘的自由行程明显加大，转向会比较沉重，应及时修理。

## 7.2.3　电动式动力转向系统简介

尽管液压式动力转向系统应用广泛，但是由于这种装置容易产生泄漏，转向力不易有效控制，所以研究人员一直在致力于研究一种新的动力转向装置来替代液压式动力转向系统。近年来随着微机在汽车上的广泛应用，出现了电动式电子控制动力转向系统（简称电动式 EPS），使汽车的经济性、动力性和机动性都有所提高。

电动式 EPS 利用电动机产生的动力协助驾车者进行转向。此类系统一般由转矩传感器、电控单元（微处理器）、电动机、减速器、机械转向器和蓄电池电源所组成。如图 7-40 所示。

汽车转向时，转矩传感器检测到方向盘的力矩和转动方向，将这些信号输送到电控单元，电控单元根据方向盘的转动力矩、转动方向和车辆速度等数据向电动机控制器发出信号指令，使电动机输出相应大小及方向的转动力矩以产生助动力。

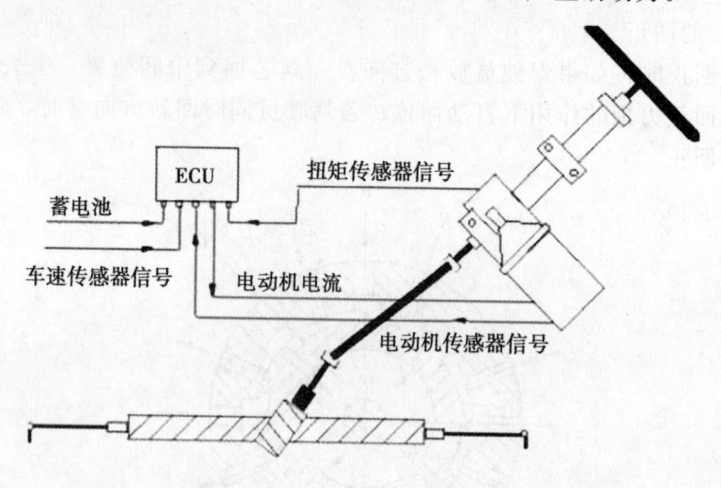

图 7 - 40  电动式 EPS 示意图

当不转向时，电控单元不向电动机控制器发信号指令，电动机不工作。同时，电控单元根据车辆速度信号，确定施加给方向盘的阻力矩，减少驾车者在高速行驶时方向盘"飘"的感觉。

由于电动式 EPS 只需电力不用液压，与液压式动力转向系统相比较省略了许多元件。没有液压系统所需要的油泵、油管、压力流量控制阀、转向油罐等，零件数目少，布置方便，重量轻。而且无"寄生损失"和液体泄漏损失。因此电动式 EPS 在各种行驶条件下均可节能 80% 左右，提高了汽车的运行性能。因此在近年得到迅速的推广，也是今后动力转向系统的发展方向。

需要指出的是，有一些汽车冠以电动式动力转向，其实不是真正意义上的纯电动的动力转向，它还需要液压系统，只不过由电动机带动转向油泵，而传统的液压式动力转向系统的油泵由发动机驱动。

对于传统的液压式动力转向系统而言，为保证汽车原地转向或者低速转向时的轻便性，油泵的排量是以发动机怠速时的流量来确定的。而汽车行驶中大部分时间处于高于怠速的速度和直线行驶状态，只能将油泵输出的油液大部分经控制阀回流到储油罐，造成很大的"寄生损失"。

为了减少此类损失，采用了电动机驱动油泵，当汽车直线行驶时电动机低速运转，汽车转向时电动机高速运转，通过控制电动机的转速调节油泵的流量和压力，减少"寄生损失"。

# 项目八  汽车制动系统检修

**项目描述**

一位车主反映其爱车刹车踏板踩到底时，制动效果也不好，连续刹车，效果不会改善，而且踏板逐渐升高。

**项目分析**

汽车制动系统是汽车的重要安全装置。汽车制动系统主要部件的性能直接影响到汽车的安全性。同时汽车上的相关安全性能的辅助系统都是以制动系统为基础的。因此，本项目的学习至关重要。

无论是液压制动系统还是气压制动系统，相关的部件比较多，出现故障的可能性也多。上述故障是制动系统的常见故障，主要是制动管路内混有空气导致的。通过本项目的学习，同学们会了解制动系统的结构和工作原理，并且会分析制动系统的常见故障。

**知识及任务**

## 任务 8.1  常规制动系统检修

**学习目标**

**1. 知识目标**
(1) 了解汽车常规制动系统的功用和类型。
(2) 掌握汽车制动系统的组成和工作原理。
(3) 掌握鼓式制动器的类型、结构和工作原理。
(4) 掌握盘式制动器的类型、结构和工作原理。
(5) 了解驻车制动系统的结构和工作原理。
(6) 掌握液压制动系统传动装置各部件的组成和结构。

**2. 技能目标**
(1) 能够完成汽车制动系统的基本检查和维护方法。
(2) 能够完成汽车制动系统部件及总成的拆解和检修。
(3) 能够分析汽车制动系统的故障。

## 8.1.1 汽车制动系概述

### 一、制动系的功用

为了提高汽车的运输生产率，应在保证安全行驶的前提下，提高汽车的平均行驶车速。同时在需要时，应能实现汽车的减速或停车，以及能够使停驶的汽车可靠地驻留原地不动。因此，制动系的功用是根据需要使行驶中的汽车减速甚至停车，使下坡行驶的汽车保持车速稳定，以及使已停驶的汽车保持不动。

### 二、制动系的工作原理

制动系的工作原理见图 8-1，这是一种简单的液压制动系的工作原理示意图。它由制动器、操纵机构和液压传动机构组成。

车轮制动器主要由旋转部分、固定部分和张开机构组成。旋转部分是制动鼓 8，它固定在车轮轮毂上，随车轮一起旋转，它的工作面是内圆柱面。固定部分包括制动蹄 10 和制动底板 11 等。制动底板用螺栓与转向节凸缘（前轮）或桥壳凸缘（后轮）固定在一起。在固定不动的制动底板上，有两个支承销 12，支承着两个弧形制动蹄 10 的下端。制动蹄的外圆面上装有摩擦片 9，上端用制动蹄回位弹簧 13 拉紧压靠在轮缸活塞 7 上。制动蹄可用液压轮缸（或凸轮）等张开机构使其张开。液压轮缸也安装在制动底板上。

操纵机构主要是制动踏板 1。

传动机构主要由推杆 2、制动主缸 4、制动轮缸 6 和油管 5 等组成。装在车架上的制动主缸用油管 5 与制动轮缸相连通。主缸活塞 3 可由驾驶员通过制动踏板 1 来操纵。

制动系不工作时，制动鼓的内圆面与制动蹄摩擦片的外圆面之间保留有一定的间隙，使制动鼓可以随车轮自由旋转。

制动时，踩下制动踏板 1，推杆 2 便推动主缸活塞 3，使主缸中的油液以一定压力流入制动轮缸 6，通过轮缸活塞 7 使两制动蹄 10 的上端向外张开，从而使摩擦片压紧在制动鼓的内圆面上。这样，不旋转的制动蹄就对旋转着的制动鼓产生一个摩擦力矩 $M_\mu$，其作用方向与车轮旋转方向相反，摩擦力矩大小取决于轮缸的张力、摩擦因数和制动鼓及制动蹄的尺寸等。制动鼓将该力矩 $M_\mu$ 传到车轮后，由于车轮与路面间的附着作用，车轮即对路面作用一个向前的周缘力 $F_\mu$，与此同时，路面给车轮作用一个向后的反作用力 $F_B$，即制动力。制动力 $F_B$ 由车轮经车桥和悬架传递给车架和车身，迫使整个汽车产生一定的减速度。制动力越大，减速度也越大。当松开制动踏板时，制动蹄回位弹簧 13 即将制动蹄拉回原位，摩擦力矩 $M_\mu$ 和制动力 $F_B$ 消失，制动作用即行解除。

制动时车轮上的制动力 $F_B$ 不仅取决于制动力矩 $M_\mu$，还取决于轮胎与路面间的附着条件。如果完全丧失附着，就不会产生制动效果，即车轮停止了转动而被抱死，汽车仍然向前滑移。不过，在讨论制动系的结构问题时，一般都假设具备良好的附着条件。

近年来，国内外不少汽车在制动系统中增设了前后桥车轮制动力分配调节装置，以减少车轮的抱死现象。但最理想的还是电子控制的自动防抱死制动系统。

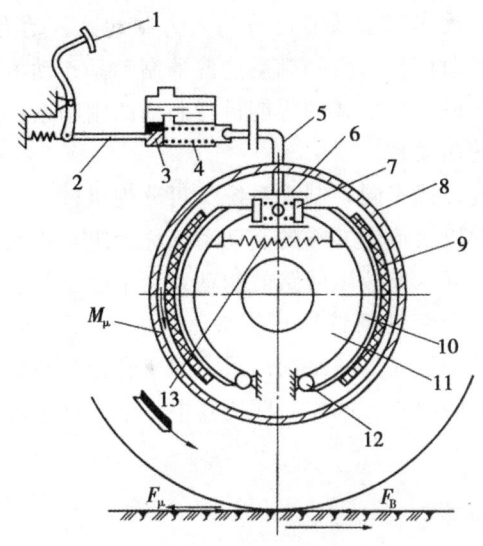

图 8-1 制动系工作原理示意图

1-制动踏板；2-推杆；3-主缸活塞；4-制动主缸；5-油管；6-制动轮缸；7-轮缸活塞；8-制动鼓；9-摩擦片；10-制动蹄；11-制动底板；12-支承销；13-制动蹄回位弹簧

### 三、制动系的组成及类型

汽车制动系一般都有以下四个组成部分：

（1）供能装置：包括供给、调节制动所需能量以及改善传能介质状态的各种部件。如气压制动系中的空气压缩机、液压制动系中人的肌体。

（2）控制装置：包括产生制动动作和控制制动效果的各种部件，如制动踏板等。

（3）传动装置：将制动能量传递到制动器的各个部件，如制动主缸、制动轮缸等。

（4）制动器：产生阻碍车辆的运动或运动趋势的力的部件。

较为完善的制动系统还具有制动力调节装置以及报警装置、压力保护装置等。

制动系可从不同角度进行分类。按照制动系统的功用不同，一般汽车应包括两套独立的制动系：行车制动系和驻车制动系。行车制动系的功用是使正在行驶中的汽车减速或在最短的距离内停车。它是由驾驶员用脚来操纵的，故又称脚制动系。驻车制动系的功用是使已经停在各种路面上的汽车驻留原地不动。它通常是由驾驶员用手来操纵的（目前部分汽车驻车制动系用脚操纵），故又称手制动系。但是，在紧急情况下，两套制动系统可同时使用，以增加汽车的制动效果。

有的汽车还装有应急制动系统和辅助制动系统。应急制动系统也称第二制动系统，是在行车制动系统失效的情况下保证汽车仍能实现减速或停车的一套装置。在许多国家的制动法规中规定第二制动系统也是汽车必须具备的。

辅助制动系统是在汽车下长坡时用于稳定车速的一套装置。比如经常在山区行驶的汽车，若单靠行车制动系统来达到下长坡时稳定车速的目的，则可能导致行车制动系统的制动器过热而降低制动效能，严重时会完全失效。因此山区用的汽车应具备辅助制动系统。

按照制动能源不同，汽车制动系又可分为人力制动系、动力制动系和伺服制动系。人力制动系是以驾驶员的肌体作为唯一制动能源的制动系；动力制动系是完全靠由发动机的动力转化而成的气压或液压形式的势能进行制动的制动系；伺服制动系是兼用人力和发动机动力进行制动的制动系。

按照制动能量的传递方式不同，制动系统又可分为机械式、液压式、气压式和电磁式。同时采用两种或两种以上传能方式的制动系统称为组合式制动系统。

传动机构采用单一的气压或液压回路的制动系为单回路制动系。这种制动系中，只要有一处损坏而渗漏，整个制动系统即行失效。故我国自 1988 年 1 月 1 日开始规定，所有汽车均使用双回路制动系或多回路制动系。即所有行车制动系的气压或液压管路分属于两个或多个彼此独立的回路。这样，即使其中一个回路失效，还能利用其他回路获得部分制动力。

### 四、对制动系的要求

为保证汽车能在安全的条件下发挥出高速行驶的能力，制动系必须满足下列要求：

（1）具有良好的制动效能：迅速减速直至停车的能力，其评价指标有制动距离、制动减速度、制动力和制动时间。制动效能可以用制动试验台来检验，常用制动力来衡量制动效能。而在实际使用过程中，通常用制动距离来衡量汽车的制动效能。

（2）操纵轻便：操纵制动系所需的力不应过大。

（3）制动稳定性好：制动时，前后车轮制动力分配合理，左右车轮上的制动力矩基本相等，使汽车在制动过程中不跑偏、不甩尾。

（4）制动平顺性好：制动力矩迅速而平稳地增加，也能迅速而彻底地解除。

（5）散热性好：连续制动时，制动鼓和制动蹄上的摩擦片因高温引起的摩擦系数下降要小（抗热衰退性好）；水湿后恢复要快（抗水衰退性好）。

（6）对挂车的制动系，还要求挂车的制动作用略早于主车；挂车自行脱挂时能自动进行应急制动。

## 8.1.2　制动器

制动器是制动系中用以产生阻止车辆运动或运动趋势的力的部件。目前，一般汽车所使用的制动器的制动力矩都来源于固定元件和旋转元件工作表面之间的摩擦，即摩擦式制动器。

摩擦制动器按照制动力矩产生的位置不同，分为车轮制动器和中央制动器。车轮制动器的旋转元件固装在车轮或半轴上，制动力矩直接作用在两侧车轮上。中央制动器的旋转元件固装在传动系的传动轴上，其制动力矩必须经过驱动桥再分配到两侧车轮上。车轮制动器一般用于行车制动，也有兼用于应急制动。中央制动器一般只用于驻车制动和缓速制动。按照摩擦工作表面的不同，分为鼓式制动器和盘式制动器。鼓式制动器旋转元件为制动鼓，工作表面为制动鼓的内圆柱面，如图 8-2（a）所示；盘式制动器的旋转元件为制动盘，工作表面为制动盘的端面，如图 8-2（b）所示。

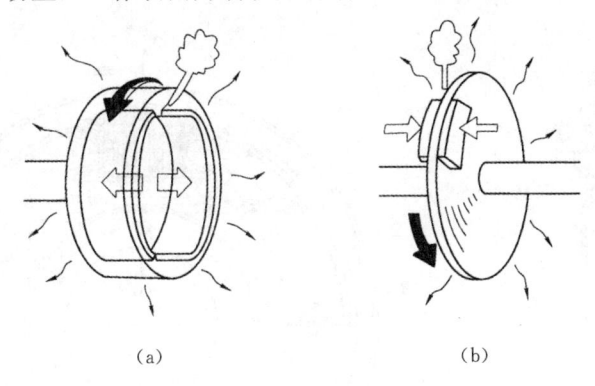

图 8-2 制动器的类型
（a）鼓式制动器；（b）盘式制动器

## 一、鼓式制动器

以液压机构控制的制动轮缸作为制动蹄促动装置的称为轮缸式制动器。此外还有用凸轮作为促动装置的凸轮式制动器和用楔块作为促动装置的楔式制动器等。

**1. 轮缸式制动器**

轮缸式鼓式制动器按照其结构与工作特点不同，又分为领从蹄式制动器、双领蹄式制动器、双向双领蹄式制动器和自增力式制动器。

（1）领从蹄式制动器

领从蹄式制动器的结构如图 8-3 所示，制动底板 3 固装在后桥壳或前桥转向节的凸缘上，在制动底板的下部装有两个偏心的支承销 11，两个制动蹄 1 和 9 的下端有孔，套装在偏心的支承销上，并用锁止螺母 13 锁止。旋动偏心支承销，可调整制动蹄下端的间隙。在制动底板的中上部装有两个制动蹄调整凸轮 7，用来调整制动蹄上部的间隙。限位杆 15 借螺纹旋装在制动底板上，弹簧 14 使制动蹄腹板紧靠着限位杆 15 中部的台肩，以防止制动蹄的轴向窜动。两制动蹄由复位弹簧 4 和 10 拉拢并紧靠在调整凸轮 7 上。制动蹄的外圆面上，用埋头铆钉铆接着用石棉和铜丝压制成的摩擦片 2。作为制动蹄促动装置的制动轮缸 19 也用螺钉固装在制动底板上。制动鼓 18 固装在车轮轮毂的凸缘上，随车轮一起转动。轮毂内装有油封，防止润滑油漏入制动鼓内，制动鼓的边缘有一小孔，用来检查摩擦片与制动鼓的间隙。

制动时，两蹄在相同的轮缸液压作用下，绕各自的偏心支承销 11 的轴线向外旋转张开，压靠到旋转的制动鼓上，制动蹄与制动鼓之间产生摩擦力矩（即制动力矩），其方向与车轮的旋转方向相反，对车轮产生制动作用。解除制动时，油压撤除，两制动蹄在复位弹簧 4 的作用下回位。

当汽车前进行驶时，制动鼓的旋转方向如图中箭头所示。制动时，两制动蹄绕各自的支承点向外旋转张开。制动蹄 1 的旋转方向与制动鼓的旋转方向相同，称为领蹄，制动蹄 9 的旋转方向与制动鼓的旋转方向相反，称为从蹄。当汽车倒驶制动时，制动蹄 1 变成从蹄，而制动蹄 9 变成领蹄。这种在汽车前进制动和倒向行驶制动时，都有一个领蹄和一个从蹄的制动器即称为领从蹄式制动器。

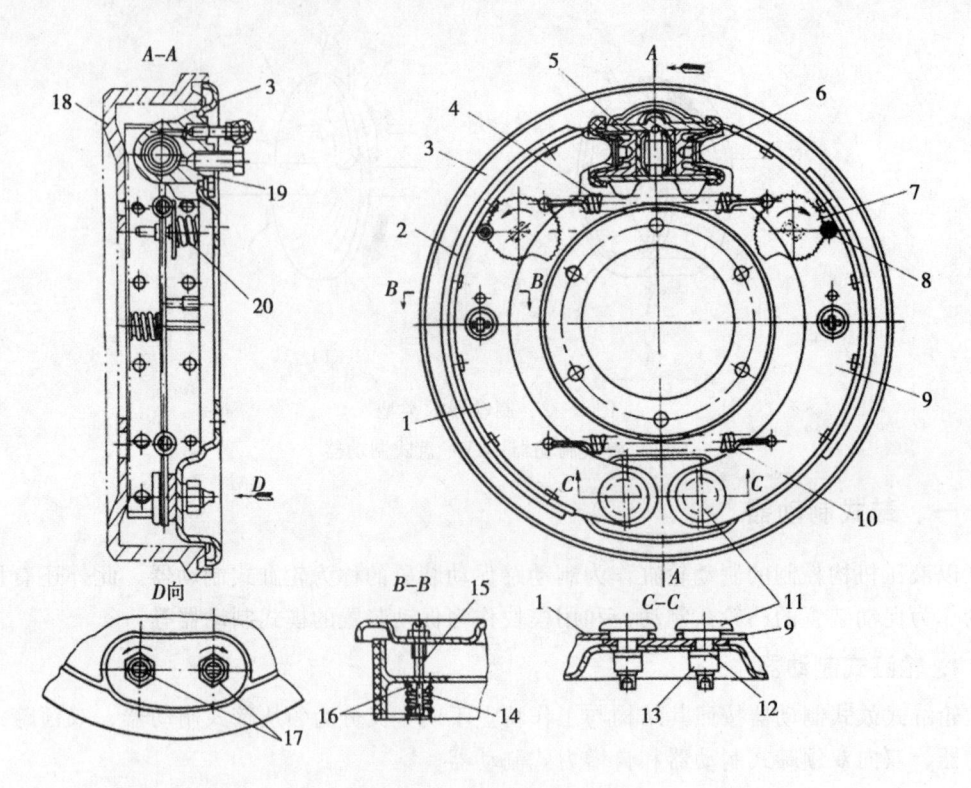

图 8-3 领从蹄式制动器

1-前制动蹄；2-摩擦片；3-制动底板；4、10-制动蹄复位弹簧；5-制动轮缸活塞；6-活塞顶块；7-调整凸轮；8-调整凸轮锁销；9-后制动蹄；11-支承销；12-弹簧垫圈；13-螺母；14-制动蹄限位弹簧；15-制动蹄限位杆；16-弹簧盘；17-支承销内端面上的标记；18-制动鼓；19-制动轮缸；20-调整凸轮压紧弹簧

领从蹄式制动器的受力情况见图 8-4。制动时，两制动蹄 1 和 2 在相等的促动力 $F_S$ 的作用下，绕各自的支承销 3 和 4 向外偏转一个角度，紧压在制动鼓 5 上，旋转的制动鼓即对两制动蹄分别作用着法向反力 $F_{N1}$ 和 $F_{N2}$ 以及相应的切向反力 $F_{T1}$ 和 $F_{T2}$，这里法向反力 $F_N$ 和切向反力 $F_T$ 均为分布力的合力。两制动蹄受到的这些力分别被各自的支点 3 和 4 的支承反力 $F_{S1}$ 和 $F_{S2}$ 所平衡。由图可见，领蹄上的切向力 $F_{T1}$ 所造成的绕支点 3 的力矩与促动力 $F_S$ 所造成的绕同一支点的力矩是同向的。所以力 $F_{T1}$ 的作用结果是使领蹄 1 在制动鼓上压得更紧，即力 $F_{N1}$ 变得更大，从而力 $F_{T1}$ 也更大。这表明领蹄具有"增势"作用。与此相反，切向力 $F_{T2}$ 则使从蹄 2 有放松制动鼓的趋势，即有使 $F_{N2}$ 和 $F_{T2}$ 本身减小的趋势。故从蹄具有"减势"作用。

由上述可见，虽然领蹄和从蹄所受促动力相等，但所受制动鼓法向反力 $F_{N1}$ 和 $F_{N2}$ 却不相等，且 $F_{N1} > F_{N2}$，相应的 $F_{T1} > F_{T2}$。故两制动鼓所施加的制动力矩不相等。一般说来，领蹄产生的制动力矩约为从蹄制动力矩的 2~3 倍。显然，由于领蹄与从蹄所受法向反力不等，在两蹄摩擦片工作面积相等的情况下，领蹄摩擦片上的单位压力较大，因而磨损较严重。为了使领蹄和从蹄的摩擦片寿命相近，有些领从蹄式制动器，其领蹄摩擦片的周向尺寸设计得较大。但这样将使两蹄的摩擦片不能互换，从而增加了零

件品种数和制造成本。

此外，领从蹄式制动器的制动鼓所受到的来自两蹄的法向力 $F_{N1}$ 和 $F_{N2}$ 不相平衡，则两蹄法向力之和只能由车轮轮毂轴承的反力来平衡，这就对轮毂轴承造成了附加径向载荷，使其寿命缩短。这种制动器称为非平衡式制动器。

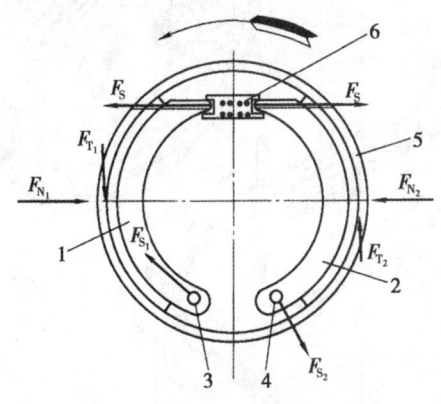

图 8-4 领从蹄式制动器示意图
1-领蹄；2-从蹄；3，4-支承销；5-制动鼓；6-制动轮缸

一汽奥迪 100 型轿车、捷达轿车、前轮驱动的宝来 A4 轿车和上海桑塔纳轿车的后轮制动器都采用了这种领从蹄式制动器。制动器的固定部分结构如图 8-5 所示。两个制动蹄 3 和 12 下端插在制动底板 10 相应槽内，由上、下两个弹簧 5 和 8 将其拉拢，使其上端紧靠在制动轮缸 9 的活塞上。制动蹄通过限位螺钉和限位弹簧使其压靠在制动底板上。制动蹄外圆弧面上铆有制动摩擦片。其特点是制动蹄采用了浮式支承，整个制动蹄可沿支承平面有一定的浮动量，使制动蹄自动定心，保证尽可能与制动鼓全面接触。

该行车制动器兼充驻车制动器，因此，在制动器中还加装了驻车制动机械传动机构。驻车制动拉杆 7 铆装在制动蹄 3 上，并能自由摆动。驻车制动推杆 2 左端的槽插在驻车制动拉杆上，右端槽孔插装在前制动蹄的凸棱上。连接弹簧 4 左端钩挂在驻车制动推杆左侧的孔内，右端钩挂在前制动蹄的腹板上。上回位弹簧 5 右端钩挂驻车制动推杆右侧的孔内，左端钩挂在后制动蹄的腹板上。由于弹簧的作用，使驻车制动推杆拉靠在驻车制动拉杆 7 上，驻车制动拉杆的下端与驻车制动软轴相连。

制动时，驾驶员拉动驻车制动操纵手柄，带动驻车制动软轴，进而带动驻车制动拉杆 7 绕上端支点向右转动，推动推杆 2 向右移动，向外推开前制动蹄 12。当这个制动蹄压紧在制动鼓上后，驻车制动拉杆又绕和推杆接触处转动，推动后制动蹄也压靠在制动鼓上。这样，两个制动蹄都将制动鼓胀住，而对车轮进行制动。解除制动时，驾驶员松开驻车制动操纵杆，两个制动蹄在上、下回位弹簧及连接弹簧的作用下回位，使制动蹄和制动鼓间保持适当的间隙，车轮便可以自由转动，制动作用解除。

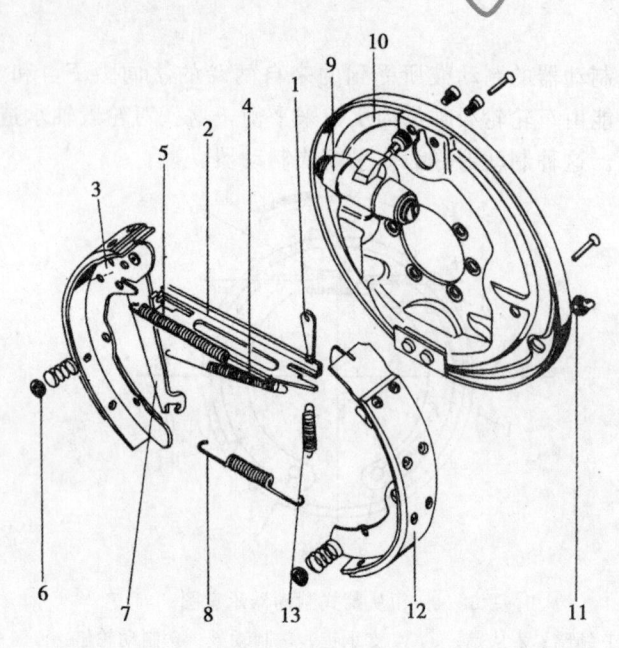

图 8-5 一汽奥迪 100 型轿车后轮制动器固定元件
1-调整楔；2-推杆；3-制动蹄；4-连接弹簧；5-上回位弹簧；6-弹簧座；7-驻车制动拉杆；
8-下回位弹簧；9-制动轮缸；10-制动底板；11-栓塞；12-前制动蹄；13-弹簧

（2）双领蹄式与双从蹄式制动器

在汽车前进时，两制动蹄均为领蹄的制动器称为双领蹄式制动器。

图 8-6 为双领蹄式鼓式制动器零件图，其总体构造与图 8-3 所示的领从蹄式制动器相差不多。只是采用了两个单活塞式制动轮缸 6，且两套制动蹄、轮缸、支承销和调整凸轮等，在制动底板上的布置是中心对称的，以替代领从蹄式制动器中的轴对称布置。制动蹄一端卡在制动轮缸活塞上，另一端支承于另一制动轮缸后端的调整螺钉上。该制动器的受力情况可以简化为图 8-7 所示的示意图，在汽车前进时，该制动器的前、后蹄均为领蹄，故称为双领蹄式制动器。

这种制动器前进制动时效能高，但在倒车制动时，两制动蹄都变成从蹄，制动效能下降很多。我国生产的北京 BJ2023 和 CA1046 系列轻型汽车的前轮制动器均为双领蹄式制动器。

如将图 8-6 所示的制动器翻转 180°，便成为在汽车前进时两蹄均为从蹄的双从蹄式制动器。显然，双从蹄式制动器的前进制动效能低于双领蹄式和领从蹄式制动器。但其制动效能对摩擦系数变化的敏感程度较小，即具有良好的制动效能稳定性。

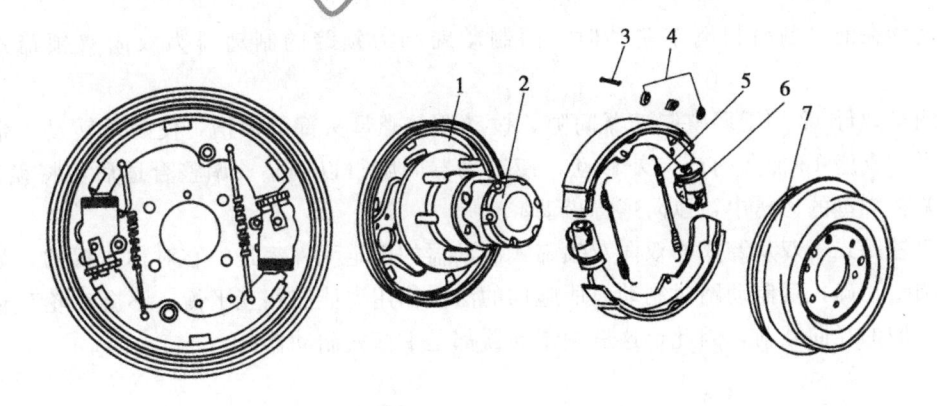

图 8-6 双领蹄式制动器及其零件图
1-制动底板；2-轮毂；3-销；4-制动蹄限位弹簧和卡环；5-回位弹簧；6-制动轮缸；7-制动鼓

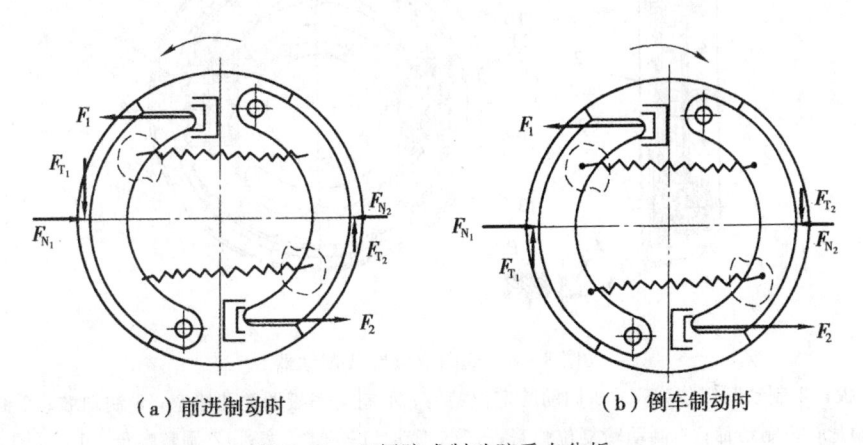

图 8-7 双领蹄式制动蹄受力分析
（a）前进制动时　（b）倒车制动时

（3）双向双领蹄式制动器

在倒车制动时，如果能使上述制动器的两个制动蹄的支承点和促动力作用点相互对调一下，就可以得到与前进制动时相同的制动效能。

解放 CA1040 系列轻型载货汽车的后轮制动器即根据这一设想制成的一种双向双领蹄式制动器，如图 8-8 所示。其结构与前述的领从蹄式制动器（图 8-3）相比，其差别就是在制动轮缸的对面又加了一个轮缸，两制动蹄的两端都为浮式支承，且支承点的周向位置也是浮动的。制动底板上的所有固定元件，如制动蹄、制动轮缸、复位弹簧等都是成对的，而且是既按轴对称，又按中心对称布置。

在前进制动时，所有的轮缸活塞 11 都在液压作用下向外移动，将两制动蹄 8 压靠在旋转的制动鼓 5 上。之后，在制动鼓摩擦力的作用下，两制动蹄绕车轮中心 O 点，沿车轮旋转方向转过一个角度，将两轮缸活塞外端的支座 10 推回，直到顶靠在轮缸端面上为止，此时两轮缸的支座 10 便成为制动蹄的支承点，制动器的工作情况同图 8-6 所示的制动器一样，为双领蹄式制动器。倒车制动时，制动鼓对制动蹄作用着相反方向的摩擦力矩，使两制动蹄绕车轮中心逆箭头方向转过一个角度，将可调支座 13 连同调整螺母 12 一起推回原位，于是两支座 13 便成为制动蹄新的支承点，两个制动蹄仍为领蹄。这种在前进制动和倒车制动时，两制动蹄都为领蹄的制动器为双向双领蹄式制动器。

调整螺母 12 用于调整制动器间隙。拨动调整螺母头部的齿槽，使螺母转动，带螺杆的可调支座 13 便向内或向外移动，使制动器间隙得以调整。调整合适后，将锁片 7 插入调整螺母的齿槽中，以防螺母松动。

双领蹄式、双从蹄式与双向双领蹄式制动器的固定元件都是中心对称布置的，如果间隙调整正确，两制动蹄对制动鼓所施加的法向作用力能够相互平衡，不会对轮毂轴承造成附加的径向载荷，因此，这三种制动器都是平衡式制动器。

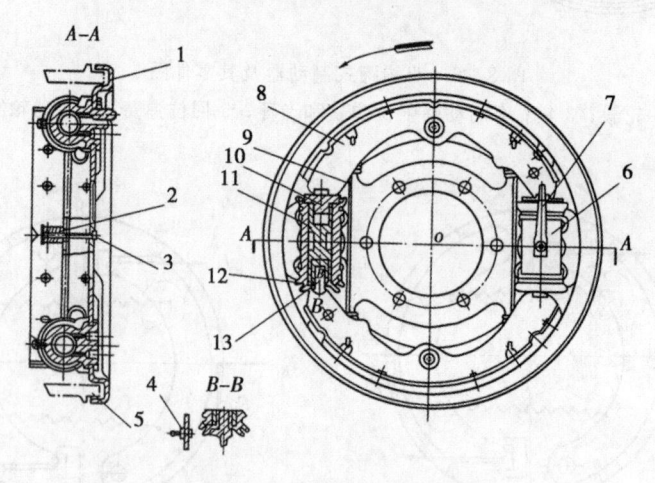

图 8-8 双向双领蹄式制动器
1-制动底板；2-制动蹄定位弹簧；3-制动蹄定位销钉；4-制动底板调整孔堵塞；5-制动鼓；6-制动轮缸；7-锁片；8-制动蹄；9-制动蹄复位弹簧；10-支座；11-轮缸活塞；12-调整螺母；13-可调支座

## 2. 凸轮式制动器

国内外汽车的气压制动系中，大都采用凸轮促动的车轮制动器，而且多为领从蹄式，如图 8-9 所示。这种制动器除了用制动凸轮作张开装置外，其余部分结构与轮缸促动的领从蹄式制动器大体相同。可锻铸铁铸成的两制动蹄 10 的一端套在偏心支承销 12 上，支承销下面有支承销座 11，固定在制动底板上。制动蹄的另一端靠回位弹簧 14 拉拢并使之紧靠在制动凸轮 9 上。凸轮与凸轮轴 6 制成一体，凸轮轴安装在制动底板 8 的支架 7 内，轴端有花键与制动调整臂内的蜗轮 5 相连。调整臂的另一端则和制动气室 1 的推杆连接叉 2 相连。在制动蹄的外圆弧面上铆有两块石棉摩擦片。不制动时，摩擦片和制动鼓 13 之间留有适当的间隙，使制动鼓能随车轮自由转动。

制动时，压缩空气进入制动气室 1，通过推杆及连接叉 2 使制动调整臂 3 转动，调整臂带动凸轮轴转动，凸轮 9 迫使两制动蹄 10 张开并压紧在制动鼓 13 上，产生相应的制动作用。当放松制动踏板时，制动气室中的压缩空气排出，膜片在回位弹簧作用下回位，并通过推杆、连接叉、制动调整臂带动凸轮轴回位，同时，两制动蹄在回位弹簧作用下，以其上端支承面靠紧于制动凸轮的两侧，制动蹄鼓间保持一定的间隙，制动作用解除。

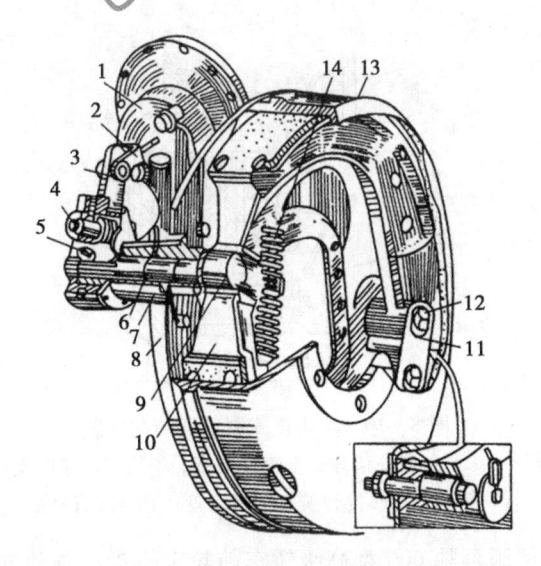

图 8 - 9　凸轮式车轮制动器

1-制动气室；2-连接叉；3-制动调整臂；4-蜗杆；5-蜗轮；6-凸轮轴；7-支架；8-制动底板；9-凸轮；
10-制动蹄；11-支承销座；12-支承销；13-制动鼓；14-回位弹簧

上述制动器为领从蹄式制动器。制动时在蹄与鼓之间摩擦力的作用下，使领蹄有离开凸轮的倾向，从蹄有压紧凸轮的倾向，造成凸轮对领蹄的张开力小于从蹄，从而使两蹄所受到的制动鼓的法向反力基本相等，使两蹄的制动力矩近似相等。但由于这种制动器结构上不是中心对称的，两蹄作用于制动鼓上的法向等效合力虽然大小相等，但不在一条直线上，不能完全平衡。因此这种制动器仍为非平衡式制动器。

## 二、盘式制动器

盘式制动器摩擦副中的旋转元件是以端面工作的金属圆盘，称为制动盘。其固定元件有着多种结构形式。根据固定元件的结构形式不同，盘式制动器大体上可以分为两类，即钳盘式制动器和全盘式制动器。钳盘式制动器中的固定元件是工作面积不大的摩擦块与其金属背板组成的制动块，每个制动器中 2～4 块。这些制动块及其促动装置都装在横跨制动盘两侧的钳型支架中，总称为制动钳。根据制动钳的结构形式不同，钳盘式制动器又分为定钳盘式制动器和浮钳盘式制动器两种。

全盘式制动器的固定元件的金属背板和摩擦片都做成圆盘形，因而其制动盘的全部工作面可同时与摩擦片接触。全盘式制动器由于制动钳的横向尺寸较大，主要应用在重型汽车上。这里不做介绍。

### 1. 定钳盘式制动器

定钳盘式制动器的基本结构见图 8 - 10。制动盘 9 与车轮相连接，随车轮一起转动。轮缸活塞 3 布置在制动盘两侧的制动钳支架中，活塞的端部粘有摩擦片。制动钳用螺栓固定在桥壳或转向节上，既不能旋转，也不能轴向移动。制动时，高压制动液被压入两制动轮缸中，推动轮缸活塞 3，使两个制动摩擦片同时压向制动盘 9，产生制动作用。

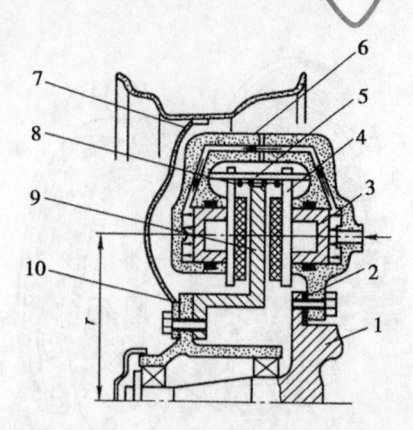

图 8-10 定钳盘式制动器结构简图

1-转向节或桥壳凸缘；2-调整垫片；3-轮缸活塞；4-块；5-导向支承销；6-钳体；
7-轮辐；8-回位弹簧；9-制动盘；10-轮毂凸缘

图 8-11 所示为德国奔驰 600 型高级轿车前轮定钳盘式制动器各主要元件安装示意图。制动盘 3 用螺钉固定在轮毂 4 上，随车轮一起旋转。两个制动钳对称地布置在制动盘外缘处（图中只表示一个，另一个已剖去）。制动钳体由内外两部分 1 和 2 组成，用四个螺栓连接成一个整体。两个制动钳内侧钳体 1 和 9 各用制动钳固定螺钉 8 固定在前轴转向节 10 上。

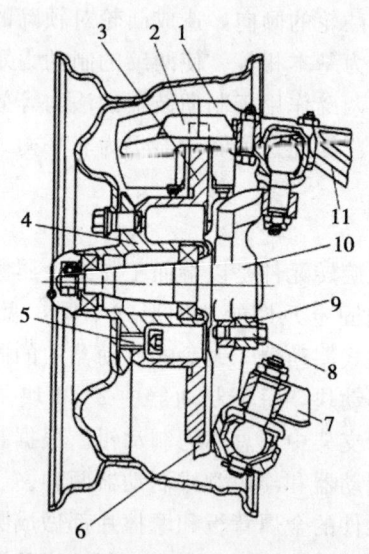

图 8-11 德国奔驰 600 型轿车前轮制动器安装示意图

1-内侧制动钳体；2-外侧制动钳体；3-制动盘；4-轮毂；5-固定螺钉；6-盖板；7-前悬架下摆臂；
8-制动钳固定螺钉；9-内侧制动钳体；10-转向节；11-前悬架上摆臂

制动钳的构造见图 8-12。内、外两侧制动钳体实际上各为一个液压轮缸的缸体，其中各装有一个活塞 5，内外液压轮缸有油道连通。摩擦弹簧 17 固装在活塞的尾端，并紧箍着回位销 16 的中部。回位销的头部装有限位垫圈 14。爪形回位弹簧 15 及其挡盘 13 装在钳体底部的锥形凹坑中，其弹力的方向始终是向左拉着回位销 16。在活塞 5 的前端装有活塞压板 6，摩擦片 9 黏结在摩擦片底板 3 上，底板的外端装在摩擦片定位销 2 上，并可沿定位销轴向移动。

制动时，制动液被压入活塞后面的轮缸腔体内，推动活塞向前（图中向右）移动，将摩擦片 9 压紧在制动盘 10 上，即对车轮产生制动作用。同时，活塞还通过摩擦弹簧 17、回位销 16 使爪形回位弹簧 15 向前拱曲变形。

解除制动时，轮缸中的油压撤除，在爪形回位弹簧 15 的作用下，回位销 16 又通过摩擦弹簧 17 将活塞拉回，于是摩擦片在制动盘与活塞压板 6 之间浮动，不起制动作用。

这种制动器中摩擦副的间隙是自动调整的。间隙为标准值时，活塞在油压作用下右移到爪形回位弹簧 15 与其挡盘 13 接触时，摩擦片 9 应当与制动盘压紧。即爪形回位弹簧 15 与其挡盘 13 之间的间隙应等于制动器的正常间隙。若摩擦片磨损，制动器间隙便大于爪形回位弹簧与其挡盘之间的间隙，则在爪形回位弹簧与挡盘接触而回位销 16 停止右移时，由于液压力大于摩擦弹簧与回位销之间的摩擦力，故活塞带动摩擦弹簧相对于回位销继续右移，直到摩擦片压紧到制动盘上为止。其右移的距离正好等于磨损量。油压撤除后，爪形回位弹簧带动回位销并依靠摩擦弹簧与回位销之间的摩擦力使活塞回位，其回位量只能等于爪形回位弹簧与其挡盘之间的间隙。这种结构工作可靠，可简化保养作用。

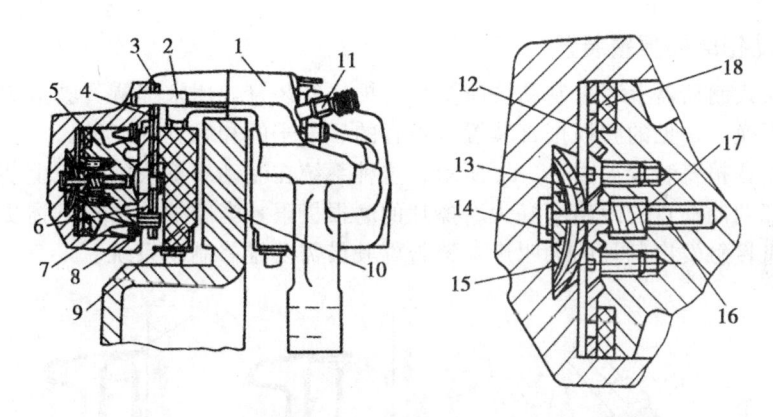

图 8 - 12 德国奔驰 600 型轿车前轮制动器制动钳
1-制动钳体；2-摩擦片定位销；3-摩擦片底板；4-隔片；5-活塞；6-活塞压板；7-防尘罩；8-卡环；9-摩擦片；10-制动盘；11-放气螺钉；12-密封环挡片；13-回位弹簧挡盘；14-限位垫圈；15-爪形回位弹簧；16-回位销；17-摩擦弹簧；18-活塞密封环

### 2. 浮钳盘式制动器

浮钳盘式制动器的制动钳是浮动的，可以相对于制动盘做轴向移动。其中只在制动盘的内侧设置油缸，用以驱动内侧制动块，而外侧的制动块则附着在钳体上，制动时随制动钳做轴向移动。图 8 - 13 所示为浮钳盘式制动器结构示意图。制动时，内侧活塞及摩擦片在液压作用力 $F_1$ 作用下，向左移动压向制动盘 4。同时，液压的反作用力 $F_2$ 推动制动钳体 1 向右移动，使外侧摩擦片也压靠到制动盘 4 上。导向销 2 上的橡胶衬套不仅能够稍微变形以消除制动器间隙，而且可使导向销免受泥污。解除制动时，橡胶衬套所释放出来的弹性能有助于外侧制动块离开制动盘。活塞密封圈使活塞回位。

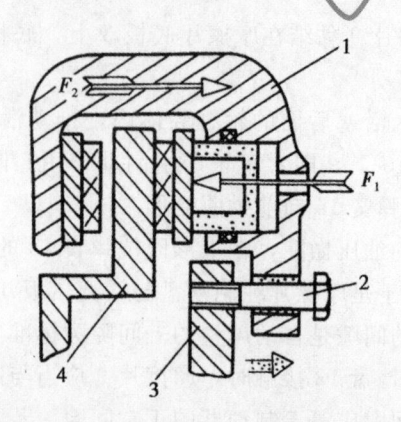

图 8-13 浮钳盘式制动器结构示意图
1-制动钳体；2-导向销；3-制动钳支架；4-制动盘

与定钳盘式制动器相比，浮钳盘式制动器的单侧油缸结构简单，使制动器的轴向与径向尺寸较小，有可能布置得更接近车轮轮毂。浮钳盘式制动器在兼充行车和驻车制动器时，不用加设驻车制动钳，只需在行车制动钳油缸附近加装一些驻车制动机械传动零件，用以推动油缸活塞。由于浮钳盘式制动器优点较多，近年来在轿车及轻型载货汽车上得到广泛应用。

**3. 制动钳磨损报警装置**

许多盘式制动器上装有制动块摩擦片磨损报警装置，用来提醒驾驶员制动块上的摩擦片需要更换。常见的磨损报警装置有声音的、电子的和触觉的三种。

(1) 声音报警装置如图 8-14 所示，这种系统在制动摩擦块的背板上装有一小弹簧片，其端部到制动盘的距离刚好为摩擦片的磨损极限，当摩擦片磨损到需更换时，弹簧片与制动盘接触发出刺耳的尖叫声，警告驾驶员需要维修制动系统。

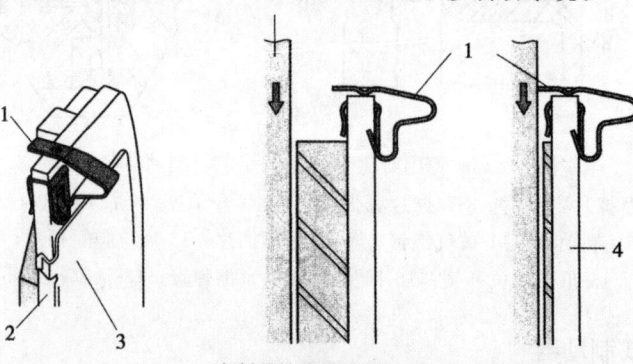

在制动块摩擦片磨损前　在制动块摩擦片磨损后

图 8-14 声音报警装置
1-制动块摩擦片磨损指示器；2-盘式制动器摩擦片；3-消声片；4-背板

(2) 电子报警装置是在摩擦片内预埋了电路触点，当衬片磨损到触点外露接触制动盘时，形成电流回路接通仪表板上的警告灯，告知驾驶员摩擦片需更换。

(3) 触觉报警装置是在制动盘表面有一传感器，摩擦片也有一传感器。当摩擦片磨损到两个传感器接触时，踏板产生脉动，提醒驾驶员需要更换摩擦片。

## 4. 盘式制动器的特点

盘式制动器与鼓式制动器相比，具有以下优点：

(1) 摩擦表面为平面，不易发生较大变形，制动力矩较稳定。

(2) 热稳定性好，受热后制动盘只在径向膨胀，不影响制动间隙。

(3) 受水浸渍后，在离心力的作用下水很快被甩干，摩擦片上的剩水也由于压力高而较容易被挤出。

(4) 制动力矩与汽车行驶方向无关。

(5) 制动间隙小，便于自动调节间隙。

(6) 摩擦片容易检查、维护和更换。

不足之处：

(1) 盘式制动器摩擦片直接压在圆盘上，无自动摩擦增力作用，所以在此系统中须另行装设动力辅助装置。

(2) 兼用驻车制动时，加装的驻车制动传动装置较鼓式制动器复杂，因而用在后轮上受到限制。

## 三、驻车制动装置

驻车制动装置的作用是使停驶后的汽车能够驻留原地不动，使汽车在坡道上能顺利起步，当行车制动效能失效后临时使用或配合行车制动器进行紧急制动。

驻车制动装置按其安装位置可分为中央制动式和车轮制动式两种。前者的制动器安装在变速器的后面，制动力作用在传动轴上；后者与车轮制动器共用一个制动器总成，只是传动机构是相互独立的。驻车制动器按其结构形式分为鼓式、盘式、带式和弹簧作用式。

### 1. 中央驻车制动装置

图 8-15 所示为东风 EQ1090E 型汽车驻车制动器的结构。该制动器为中央制动、鼓式、简单非平衡式。

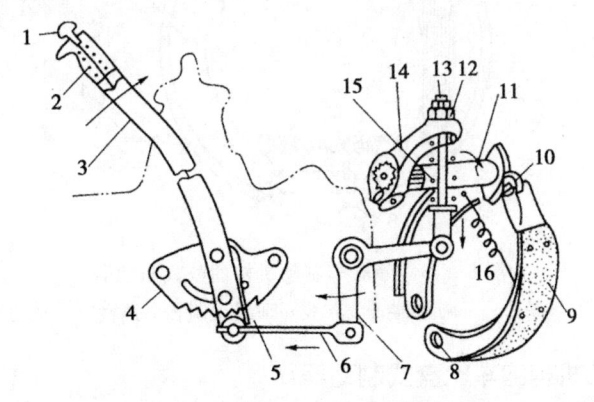

图 8-15 东风 EQ1090E 型汽车驻车制动器

1-按钮；2-拉杆弹簧；3-驻车制动杆；4-齿扇；5-锁止棘爪；6-传动杆；7-摇臂；8-偏心支承销孔；9-制动蹄；10-滚轮；11-凸轮轴；12-调整螺母；13-拉杆；14-摆臂；15-压紧弹簧；16-复位弹簧

制动鼓通过螺栓与变速器输出轴的凸缘盘连接在一起，制动底板固定在变速器输出轴轴承盖上，两制动蹄通过偏心支承销支承在制动底板上，其上端装有滚轮，在复位弹簧的作用下，滚轮抵靠在凸轮的两侧，凸轮轴支承在制动底板的上部，轴外端与摆臂连接，摆臂的另一端与穿过压紧弹簧的拉杆相连，驻车制动杆上装有棘爪。驻车制动时，将驻车制动杆上端向后拉动，则制动杆的下端向前摆动，传动杆带动摇臂顺时针转动，拉杆则带动摆臂顺时针转动，凸轮轴亦顺时针转动，凸轮则使两制动蹄以支承销为支点向外张开，压靠到制动鼓上，产生制动作用。当制动杆拉到制动位置时，棘爪嵌入齿扇上的棘齿内，起锁止作用。

解除制动时，按下驻车制动杆上的按钮使棘爪脱离棘齿，向前推动制动杆，则传动杆、拉杆、凸轮轴按逆时针方向转动，制动蹄在复位弹簧的作用下复位，制动蹄与制动鼓间恢复制动间隙，驻车制动解除。

调整制动间隙时，须将驻车制动杆3置于不制动位置，旋进拉杆13上的调整螺母12，通过改变凸轮的原始位置，使制动器间隙和自由行程减小，反之则增大。若仍不能调整到需要的间隙，则需拆下摆臂14，错开一个或数个花键齿安装后再利用螺母12进行调整。此时，不应松动驻车制动器偏心支承销的锁紧螺母和改变支承销的位置，否则有可能破坏摩擦片和制动鼓的贴合状态。当需要进行全面调整时，方可改变偏心支承销的位置。

**2. 带驻车制动机构的车轮鼓式制动器**

图8-16所示为带驻车制动机构的鼓式制动器，这种驻车制动机构通常设置在后轮鼓式制动器中，与行车制动系共用一套制动器。操纵机构通过驻车制动拉索，拉动制动蹄操纵杆绕支点转动，并通过驻车制动蹄支柱，推动两制动摩擦片外张，压住后制动鼓，起到驻车制动的作用。

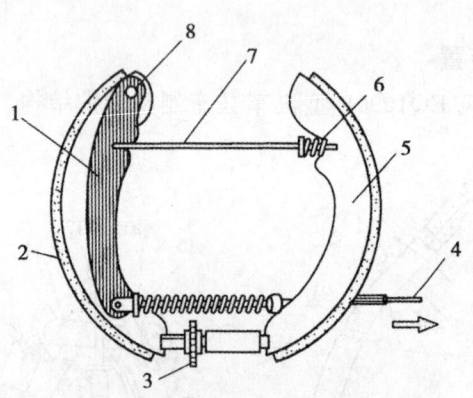

图8-16 带驻车制动机构的鼓式制动器
1-制动蹄操纵杆；2-摩擦片；3-调整器；4-软线；5-制动蹄；6-弹簧；7-制动蹄支柱；8-杠杆销

**3. 带驻车制动机构的车轮盘式制动器**

轿车的驻车制动装置通常设置在后轮制动器中，后轮制动器有鼓式和盘式之分。带驻车制动的鼓式制动器前面已经介绍，这里介绍目前在轿车上采用的带驻车制动机构的后轮盘式制动器。

图8-17所示为一种带凸轮促动机构的浮钳盘式制动器。自调螺杆9穿过制动钳体

1 的孔，旋装在有粗牙螺纹的自调螺母 12 中，螺母凸缘的左边部分被扭簧 13 紧箍着。扭簧的一端固定在活塞上，而另一端则自由地抵靠在螺母凸缘上。推力球轴承 11 固定在螺母凸缘的右侧，并被固定在活塞 14 上的挡片 10 封闭。膜片弹簧 8 使螺杆右边斜面与驻车制动杠杆 7 的凸缘斜面始终贴合。

施行驻车制动时，在驻车制动杠杆 7 的凸轮推动下，自调螺杆 9 连同自调螺母 12 一直左移到螺母接触活塞 14 的底部。此时，由于扭簧的障碍，自调螺母不可能倒转着相对于螺杆向右移动，于是轴向推力便通过活塞传动到制动块上而实现制动。解除制动时，自调螺杆 9 在膜片弹簧 8 的作用下，随着驻车制动杠杆 7 复位。

图 8-18 所示是雷克萨斯 LS400 轿车盘鼓式驻车制动器。这种制动器将一个作行车制动器的盘式制动器和一个作驻车制动器的鼓式制动器组合在一起。双作用制动盘的外缘盘作盘式制动器的制动盘，中间的鼓部作鼓式制动器的驻车制动鼓。

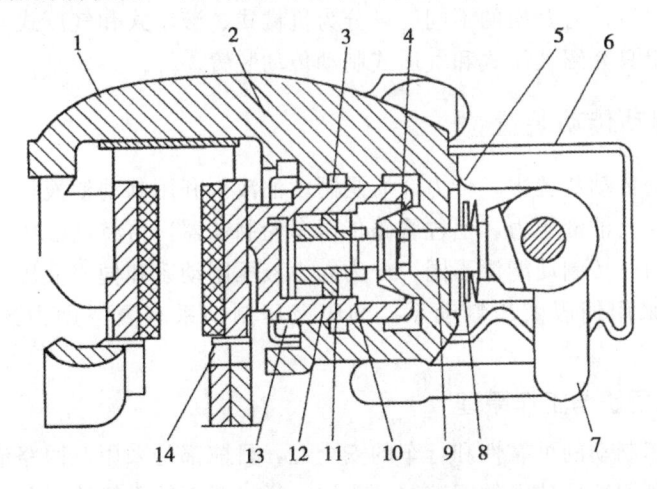

图 8-17 带凸轮促动机构的浮式制动钳

1-制动钳体；2-活塞护罩；3-活塞密封圈；4-自调螺杆密封圈；5-膜片弹簧支承垫圈；6-驻车制动杠杆护罩；7-驻车制动杠杆；8-膜片弹簧；9-自调螺杆；10-挡片；11-推力球轴承；12-自调螺母；13-扭簧；14-活塞

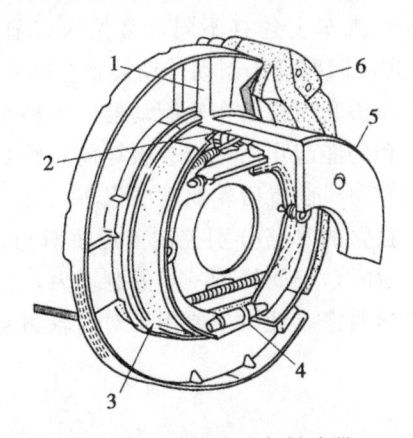

图 8-18 盘鼓式驻车制动器

1-制动盘；2-制动鼓；3-驻车制动蹄；4-调整器；5-冠部；6-盘式制动卡

进行驻车制动时，将驾驶室中的手动驻车制动操纵杆拉到制动位置，经一系列杠杆和拉绳传动,将驻车制动杠杆的下端向前拉,使之绕平头销转动,其中间支点推动制动推杆左移,将前制动蹄推向制动鼓。待前制动蹄压靠到制动鼓上之后,推杆停止移动,此时制动杆绕中间支点继续转动,于是制动杠杆的上端向右移动,使后制动蹄压靠到制动鼓上,施以驻车制动。

解除制动时,将驻车制动操纵杆推回到不制动的位置,制动杠杆在卷绕在拉绳上的复位弹簧作用下复位,同时制动蹄复位弹簧将两制动蹄拉拢。

## 8.1.3 制动传动装置

汽车制动传动装置的功用是将驾驶员施加于踏板上的力放大后传到制动器,并控制制动器的工作,以获得所需要的制动作用。

制动传动装置按传力介质的不同,可分为机械式、液压式和气压式。由于机械式应用较少,因此这里只介绍液压式和气压式制动传动装置。

### 一、液压制动传动装置

在液压式制动传动装置中,传力介质是制动油液,利用制动油液将驾驶员作用于制动踏板上的力转换为油液压力,通过管路传至车轮制动器,再将油液压力转换为使制动蹄张开的机械推力。按制动能源不同,分为人力液压制动系和伺服液压制动系。目前轿车和轻型车普遍采用伺服液压制动系,伺服液压制动系有真空助力式和真空增压式两种。

**1. 液压制动回路与工作原理**

为了提高汽车制动的可靠性和行车的安全性,目前都是采用双回路液压制动传动装置。双回路是指利用彼此独立的双腔制动主缸,通过两套独立管路,分别控制两桥或三桥的车轮制动器。其特点是若其中一套回路发生故障而失效时,另一套回路仍能继续起制动作用。

双回路的布置方案在各型汽车上各有不同,常见的有前后独立式和交叉式两种形式,见图 8-19。前后独立式双回路液压制动传动装置(图 8-19a)由双腔制动主缸通过两套独立的管路分别控制前桥和后桥的车轮制动器。这种布置方式结构简单,如果其中一套管路损坏漏油,另一套仍能起作用,但会破坏前后桥制动力分配的比例,主要用于对后轮制动依赖性较大的发动机前置后轮驱动的汽车。交叉式双回路液压制动传动装置由双腔制动主缸通过两套独立的管路分别控制前后桥对角线方向的两个车轮制动器。这种布置方式在任一管路失效时,仍能保持一半的制动力,且前后桥制动力分配比例保持不变,有利于提高制动方向的稳定性,主要用于对前轮制动依赖性较大的发动机前置前轮驱动的轿车。

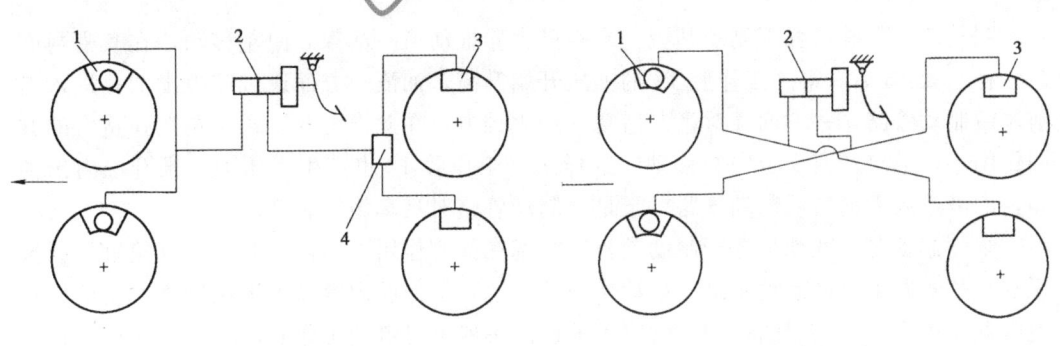

(a) 前后分开式　　　　　　　　　　　(b) 交叉式

图 8-19　双回路液压制动传动装置布置示意图
1-盘式制动器；2-双腔制动主缸；3-鼓式制动器；4-制动力调节器

**2. 液压式制动传动装置的主要部件**

（1）制动主缸

制动主缸的作用是将踏板力转变成液压力。现代汽车的行车制动系都必须采用双回路制动系，因此液压制动系都采用双腔式制动主缸。图 8-20 所示为串联双腔式制动主缸。缸体 11 内装有两个活塞 3 和 9，将主缸内腔分为两个工作腔 12 和 17。第一工作腔 17 既与右前轮盘式制动器液压缸相通，还经感载比例阀与左后轮鼓式制动器轮缸相通。第二工作腔 12 也有两条通路，一是通往左前轮盘式制动器液压缸，一是经感载比例阀通往右后轮鼓式制动器轮缸。每套管路和工作腔又分别通过补偿孔 18 和回油孔 19 与储油罐相通。第二活塞 9 两端均承受弹簧力，但左弹簧张力小于右弹簧张力，故主缸不工作时，第二活塞由右端弹簧保持在正确的初始位置，使补偿孔和进油孔与缸内相通。第一活塞 3 在左端弹簧作用下，压靠在套 1 上，使其处于补偿孔 18 和回油孔 19 之间的位置。密封套 2 用来防止主缸漏油。此外每个活塞上都装有密封圈，以便两腔建立油压并保证密封。

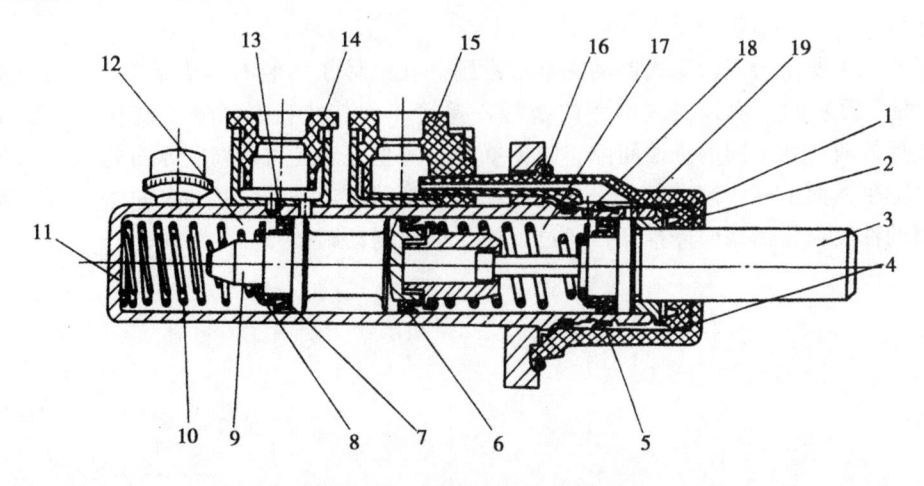

图 8-20　串联式双腔制动主缸
1-套；2-密封套；3-第一活塞；4-盖；5-防动圈；6、13-密封圈；7-垫片；8-挡片；9-第二活塞；10-弹簧；11-缸体；12-第二工作腔；14、15-进油孔；16-定位圈；17-第一工作腔；18-补偿孔；19-回油孔

制动时，驾驶员踩下制动踏板，真空助力器推动第一活塞3向左移动，在其密封圈遮住补偿孔18后，第一工作腔17的油压开始升高。油液一方面通过腔内出油孔进入右前左后制动管路，一方面又对第二活塞9产生推力，在此推力及活塞3左端弹簧力的共同作用下，第二活塞9也向左移动，这样第二工作腔12也产生了压力，推开腔内出油阀，油液进入左前右后制动管路，于是两制动管路对汽车施行制动。

解除制动时，驾驶员松开制动踏板，活塞在弹簧作用下回位，液压油自轮缸（或液压缸）和管路中流回制动主缸。如活塞回位迅速，工作腔内容积也迅速扩大，使油压迅速降低。由于管路阻力的影响，管路中的油液不能及时流回工作腔以充满活塞移动让出的空间，使工作腔形成一定的真空度。这时，储液罐里的油液便经进油孔和活塞上面的小孔推开密封圈的边缘流入工作腔。当活塞完全回位时，补偿孔打开，工作腔内多余的油由补偿孔流回储液罐。若液压系统由于漏油，以及由于温度变化引起主缸工作腔、管路、轮缸中油液的膨胀或收缩，都可以通过补偿孔进行调节。

若左前右后轮制动管路损坏漏油，则踩下制动踏板时，只有第一工作腔中能建立一定压力，而第二工作腔中无压力。此时在两腔压力差的作用下，第二活塞被迅速推到底。之后，第一工作腔中的油压才迅速升高，使右前左后车轮产生制动作用。

若右前左后轮制动管路损坏漏油，则在踩下制动踏板时，开始只是第一活塞前移，因第一工作腔不能建立油压，因而不能推动第二活塞向前移动。继续踩下制动踏板，在第一活塞前端杆部直接顶到第二活塞时，便能推动第二活塞，使第二工作腔建立油压而使左前右后车轮产生制动作用。由此可见，双回路液压制动系统中，一套管路损坏漏油时，另一套管路仍能工作，只是所需的踏板行程加大而已。

（2）制动轮缸

制动轮缸的功用是将液体压力转变为制动蹄张开的机械推力。制动轮缸有单活塞式和双活塞式两种。单活塞式制动轮缸主要用于双领蹄式和双从蹄式制动器，而双活塞式制动轮缸应用较广，既可用于领从蹄式制动器，又可用于双向双领蹄式制动器及自增力式制动器。

图8-21所示为双活塞式制动轮缸示意图。在缸体1内装有两个活塞2，两个皮碗3装在两个活塞的端面以实现油腔的密封，弹簧4保持皮碗、活塞、制动蹄的紧密接触，并保持两活塞之间的进油间隙。防护罩6除防尘外，还可以防止水分进入，以免活塞和缸体生锈而卡死。制动时，来自制动主缸的制动液经进油管接头和进油孔进入两活塞之间的油腔，将活塞向外推开，通过顶块5推动制动蹄。

项目八 汽车制动系统检修

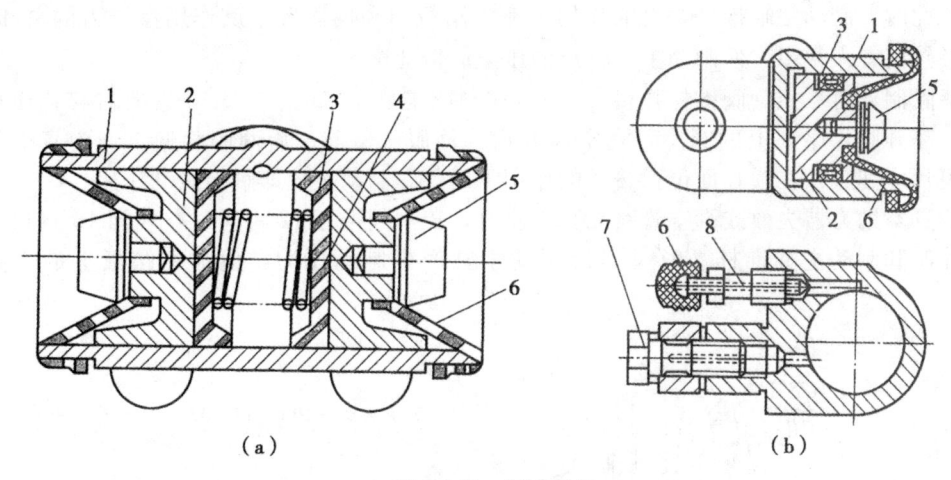

图 8-21 制动轮缸
1-缸体；2-活塞；3-皮碗；4-弹簧；5-顶块；6-防护罩；7-进油管接头；8-放气阀

（3）真空助力器

真空助力器是利用真空能（负气压能）对制动踏板进行助力的装置，对其控制是利用踏板机构直接操纵。真空助力器的结构与工作原理见图 8-22。真空助力器主要由真空伺服气室和控制阀两部分组成。真空伺服气室由前后壳体 1 和 19 组成，其间夹装有伺服气室膜片 20，将伺服气室分成前腔和后腔。前腔经真空单向阀通向发动机进气歧管（即真空源），后腔膜片座 8 的毂筒中装有控制阀 6，控制阀由空气阀 10 和真空阀 9 组成，空气阀与控制阀推杆 12 固装在一起，控制阀推杆借调整叉 13 与制动踏板机构连接。外界空气经过滤环 11 和毛毡过滤环 14 滤清后进入伺服气室后腔。伺服气室膜片座 8 上有通道 A 和 B，通道 A 用于连通伺服气室前腔和控制阀，通道 B 用来连通伺服气室后腔和控制阀。膜片座的前端装有制动主缸推杆 2，其间有传递脚感的橡胶反作用盘 7，橡胶反作用盘是两面受力：右面要承受控制阀推杆 12、空气阀 10 及膜片座 8 的推力；左面要承受制动主缸推杆 2 传来的主缸液压的反作用力。

真空助力器不工作时，空气阀 10 和控制阀推杆 12 在控制阀推杆回位弹簧 15 的作用下，离开橡胶反作用盘 7，处于右端极限位置，并使真空阀 9 离开膜片座 8 上的阀座，即真空阀处于开启状态。而真空阀 9 又被阀门弹簧 16 压紧在空气阀 10 上，即空气阀处于关闭状态。此时，伺服气室的前后两腔互相连通，并与大气隔绝。在发动机工作时，两腔内都产生一定的真空度。

制动时，踩下制动踏板，来自踏板机构的控制力推动控制阀推杆 12 和控制阀柱塞 18 向前移动，首先消除柱塞与橡胶反作用盘 7 之间的间隙后，再继续推动制动主缸推杆 2，主缸内的制动液以一定压力流入制动轮缸，此力为驾驶员踏板所给。与此同时，在阀门弹簧 16 的作用下，真空阀 9 也随之向前移动，直到压靠在膜片座 8 的阀座上，从而使通道 A 与通道 B 隔绝。即伺服气室的后腔同前腔（真空源）隔绝。进而空气阀 10 离开真空阀 9 而开启。空气经过滤环 11、毛毡过滤环 14、空气阀的开口和通道 B 充入伺服气室后腔。随着空气的进入，在伺服气室膜片的两侧出现压力差而产生推力，此推力通过膜片座 8、橡胶反作用盘 7，推动制动主缸推杆 2 向前移动，此力为压力差所

185

供给。此时，制动主缸推杆 2 上的作用力应为踏板力和伺服气室反作用盘推力的总和，但后者较前者大很多，使制动主缸输出的压力成倍地增高。

解除制动时，控制阀推杆弹簧 15 即将控制阀推杆 12 和空气阀 10 推向右移，使真空阀 9 离开膜片座 8 上的阀座，真空阀开启。伺服气室前、后两腔相通，均为真空状态。膜片座和膜片在膜片回位弹簧 4 的作用下回位，制动主缸即解除制动作用。

若真空助力器失效或真空管路无真空度时，控制阀推杆 12 将通过空气阀 10 直接推动膜片座和制动主缸推杆 2 移动，使制动主缸产生制动压力，但加在踏板上的力要增大。

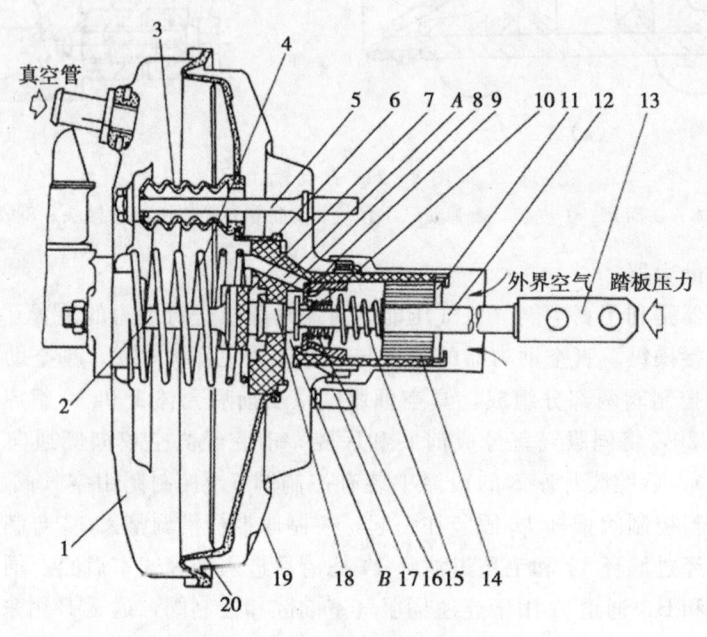

图 8-22 真空助力器结构示意图

1-伺服气室前壳体；2-制动主缸推杆；3-导向螺栓密封圈；4-膜片回位弹簧；5-导向螺栓；6-控制阀；7-橡胶反作用盘；8-膜片座；9-真空阀；10-空气阀；11-过滤环；12-控制阀推杆；13-调整叉；14-毛毡过滤环；15-控制阀推杆弹簧；16-阀门弹簧；17-螺栓；18-控制阀柱塞；19-伺服气室后壳体；20-伺服气室膜片

## 二、气压制动传动装置

气压式制动传动装置的功用是利用压缩空气的压力，按驾驶员的要求，经控制阀对制动器进行有效的制动，从而获得所需要的制动力矩。

气压制动系统的制动力大，制动灵活，广泛应用于中型和重型载货汽车上。

图 8-23 所示为双回路气压制动传动装置示意图。空气压缩机 1 产生的压缩空气首先经过单向阀 4 输入湿储气筒 6 进行油水分离，之后分成两个回路：一个回路经过主储气筒 14、并列双腔式制动控制阀 3 的后腔通向前制动气室 2，另一路经过主储气筒 17、双腔制动控制阀 3 的前腔和快放阀 13 通向后制动气室 10。当其中一个回路发生故障失效时，另一回路仍能继续工作，以维持汽车具有一定的制动能力，从而提高汽车的行车安全性。

快放阀 13 装在制动控制阀 3 和后制动气室 10 之间，其作用是当松开制动踏板时，使后轮制动气室放气线路和放气时间缩短，保证后轮制动器迅速解除制动。

前、后制动回路的储气筒上都装有低压报警器 15，当储气筒中的气压低于 0.35Mpa 时，便接通装在驾驶室内转向柱支架内侧的蜂鸣器电路，使之发出断续鸣叫声，以警告驾驶员，注意储气筒内气压过低。

在不制动的情况下，前制动器主储气筒 14 还通过挂车制动阀 9、挂车分离开关 11、连接头 12 向挂车储气筒充气。制动时，双腔制动阀的前、后腔输出气压可能不一致，但都通过梭阀 8，梭阀则只让压力较高一腔的压缩空气输入挂车制动阀 9，后者输出的气压又控制装在挂车上的继动阀，使挂车产生制动。

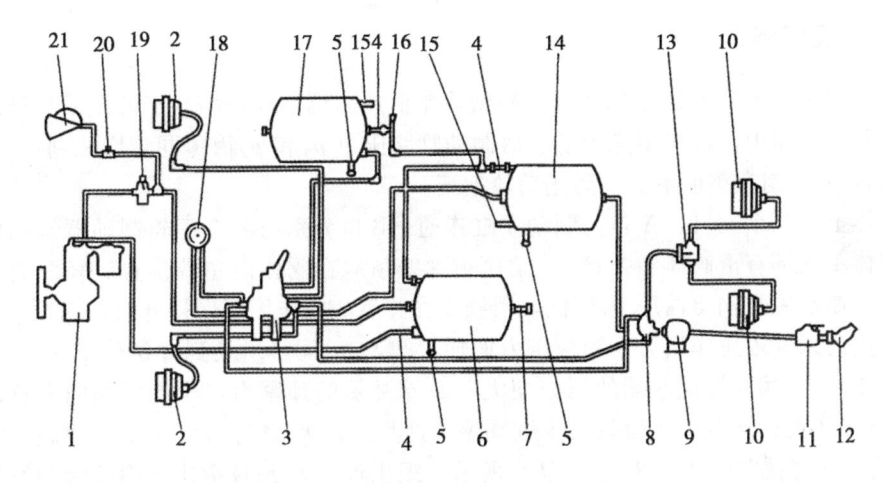

图 8-23 双回路制动传动装置示意图

1-空气压缩机；2-前制动气室；3-并列双腔式制动控制阀；4-储气筒单向阀；5-放水阀；6-湿储气筒；7-安全阀；8-梭阀；9-挂车制动阀；10-后制动气室；11-挂车分离开关；12-连接头；13-快放阀；14-前制动器主储气筒；15-低压报警器；16-取气阀；17-后制动器储气筒；18-双针气压表；19-气压调节阀；20-气喇叭开关；21-气喇叭调压阀

## 8.1.4 制动压力调节装置

在制动过程中，当车轮尚未抱死时，车轮所受到的路面制动力以及车轮制动器所产生的制动力矩 $M_\mu$ 都随着踏板力的增加而增加。但受到轮胎与路面附着情况的限制，地面制动力不可能超过附着力。当地面制动力等于附着力时，车轮将被抱死而在路面上拖滑。拖滑会使轮胎局部严重磨损，也使轮胎失去附着能力。

轮胎与路面的附着力取决于轮胎与路面的状况，同时也与轮胎与地面的接触压力成正比。通常情况下，由于前后轮与地面间的接触压力不等，因此如果前后轮的制动器制动力相等，在制动强度不断增大的过程中，与地面接触压力较小的车轮就会先出现抱死打滑。这对提高制动效果和保证汽车制动时的方向稳定性都是不利的。由试验和理论分析得知，在制动过程中，如前轮抱死而后轮滚动时，会使汽车失去操纵性能，无法转向；如后轮抱死而前轮滚动时，会使汽车侧滑而发生甩尾的危险，造成极为严重的后果。因此，要使汽车既能得到尽可能大的制动力，又能保持行驶方向的稳定性（既不丧失转向操纵性，又不甩尾），就必须使汽车前后轮制动到同步滑移。前后轮同步滑移的条件是，前后轮制动力之比等于前后轮对路面的垂直载荷之比。但在制动过程中，随着装载量的不同和汽车制动时减速度引起载荷的转移不同，汽车前后车轮的实际垂直载荷比是变化的。另外，轮胎气压、胎面花纹磨损状况不同而使前后车轮的附着系数也不同，因此，很难使汽车前后轮都获得最理想的制动力。在一些汽车上，主要是采用各种压力调节装置，来调节前后轮制动器的输入压力，以改变前后轮制动力分配，使之接近理想分配，以获得尽可能高的制动效能。制动力调节装置的类型很多，有限压阀、比例阀、感载阀和惯性阀等。它们一般都串联在后制动管路中，但也有的串联在前制动管路中，这些装置对制动力的调节一般是自动和渐进的。

## 一、限压阀

图8-24（a）所示的限压阀是一种最简单的压力调节阀，串联于液压或气压制动系统的后制动管路中。其作用是当前、后制动管路压力 $p_1$ 和 $p_2$ 由零同步增长到一定值后，即自动将 $p_2$ 限制在该值不变，防止后轮抱死。

阀体上有三个孔口，A口与制动主缸连通，B口分别与两个后轮制动器制动轮缸相连。阀体1内部有滑阀3和弹簧2，滑阀被弹簧顶靠在阀体内左端位置。轻踩制动踏板时，由于制动主缸输出油压 $p_1$ 较低，滑阀3在弹簧2的作用下保持开启，因而 $p_1 = p_2$，即限压阀尚未起限压作用。当踏板压力增加，$p_2$ 与 $p_1$ 同步增长到一定值 $p_s$ 后（开始限压的油压），作用在滑阀左端的压力便大于右端弹簧的预紧力，于是滑阀向右移动，关闭A腔与B腔的通路，使后轮与主缸隔绝。此后，$p_1$ 再增高，$p_2$ 也不再增高，将保持定值 $p_s$。其特性曲线如图8-24（b）所示，限压点压力 $p_s$ 仅取决于限压阀的结构，而与汽车的轴载质量无关。

限压阀用于重心高度与轴距的比值较大的轻型汽车上，因为这种汽车在制动时，其后轮垂直载荷向前轮转移较大，可以充分地利用前轮的附着质量，提高制动效果。

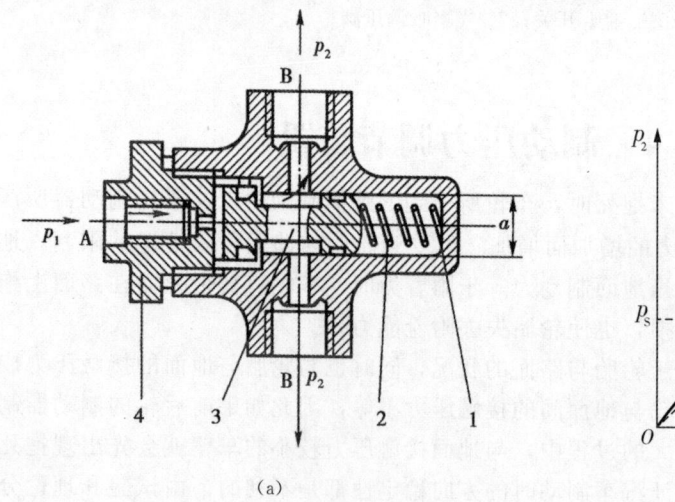

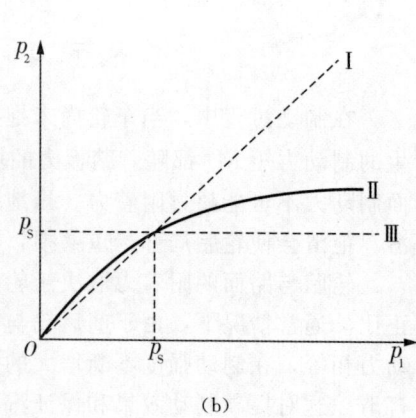

图8-24 液压式限压阀及其特性曲线

（a）限压阀；（b）特性曲线

1-阀体；2-弹簧；3-滑阀；4-接头；A-通制动主缸；B-通轮缸

Ⅰ-无阀时压力分配曲线；Ⅱ-理想压力分配曲线；Ⅲ-采用限压阀时压力分配曲线

## 二、比例阀

比例阀与限压阀的区别在于油压达到 $p_s$ 以后,对 $p_2$ 的增长按比例加以限制,减小其增量。

比例阀的结构如图 8-25(a)所示。一般采用活塞两端面承压面积不等的差径结构,差径活塞的力平衡方程为:

$$p_1 A_1 + F = p_2 A_2$$

即：$p_2 = p_1 A_1 / A_2 + F / A_2$

式中：$A_1$——活塞下腔面积

$A_2$——活塞上腔面积

不工作时,弹簧 3 将活塞 2 推靠到上极限位置,使阀门 1 处于开启状态。轻微制动时,输出压力可随输入控制压力从零同步增长,即 $p_2 = p_1$。但是压力 $p_1$ 的作用面积 $A_1$ 小于压力 $p_2$ 的作用面积 $A_2$,故活塞上方的油压作用力大于活塞下方的油压作用力,并且随着输入压力的增加,两者的差值将越来越大。当活塞上、下两端油压作用力之差超过弹簧 3 的预紧力时,活塞便开始下移,当 $p_1$ 和 $p_2$ 同步增长到 $p_s$ 时,阀门 1 被活塞关闭,进油腔与出油腔被隔绝。此为比例阀的平衡状态。当踏板力增大时,$p_1$ 进一步提高,活塞将回升,阀门又重新开启,油液继续流入出油腔,使 $p_2$ 也升高,但由于 $A_2 > A_1$,$p_2$ 尚未增长到 $p_1$ 值时,活塞又下落到平衡位置。因此 $p_2$ 的增长比例小于 $p_1$ 的增长比例。图 8-25(b)中的折线 $OAB$ 为装用比例阀以后的实际管路压力分配特性曲线,它更接近理想分配曲线。

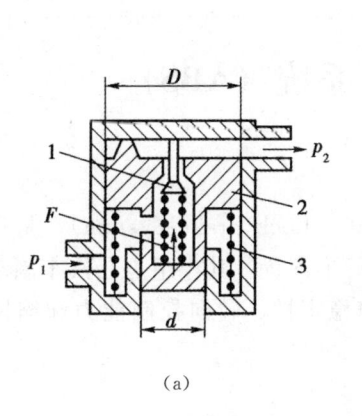

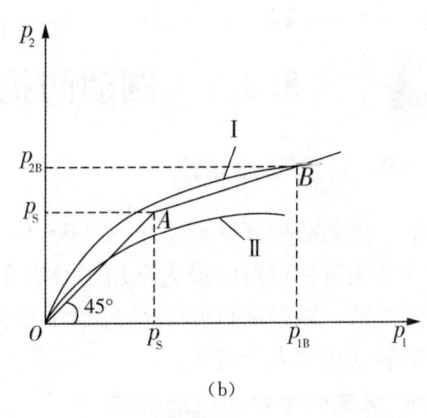

图 8-25 比例阀结构及其特性曲线

(a)比例阀结构;(b)特性曲线

1-阀门；2-活塞；3-弹簧

Ⅰ-满载理想特性曲线；Ⅱ-空载理想特性曲线

### 8.1.5 制动系统基本检查与检修

## 任务 8.2 电控制动系统检修

**1. 知识目标**
(1) 掌握 ABS 系统的功用、组成和工作原理。
(2) 了解 ABS 系统主要部件的结构及工作原理。
(3) 掌握 ASR 系统的功用、组成和工作原理。
(4) 了解 ESP 系统的功用、组成和工作原理。
(5) 了解辅助制动系统和电子驻车制动系统。

**2. 技能目标**
(1) 能够完成 ABS 系统的检修。
(2) 能够分析 ABS 的常见故障。

### 8.2.1 制动防抱死系统（ABS）

#### 一、ABS 系统基础知识

汽车电子控制防抱死制动系统（ABS——Anti—Lock Brake System），是汽车上的一种主动安全装置。目前已成为乘用车及客车的标准配置。其作用是在汽车制动时，防止车轮抱死拖滑，以提高汽车制动过程中的方向稳定性、转向控制能力和缩短制动距离，使汽车制动更为安全有效。

**1. 车轮抱死后车辆的运动情况**

汽车在行驶中进行制动时，如果左右轮制动力相等，车辆能够在行驶方向上停驶下来。但当左右轮制动力不等时，就会产生车辆绕重心旋转的力矩。此时，如果轮胎与地面的侧向反力能够阻止旋转力矩的作用，则车辆仍能保持行驶方向，如果轮胎与地面的侧向反力很小，则车辆就会出现如图 8-26 所示的不规则运动。

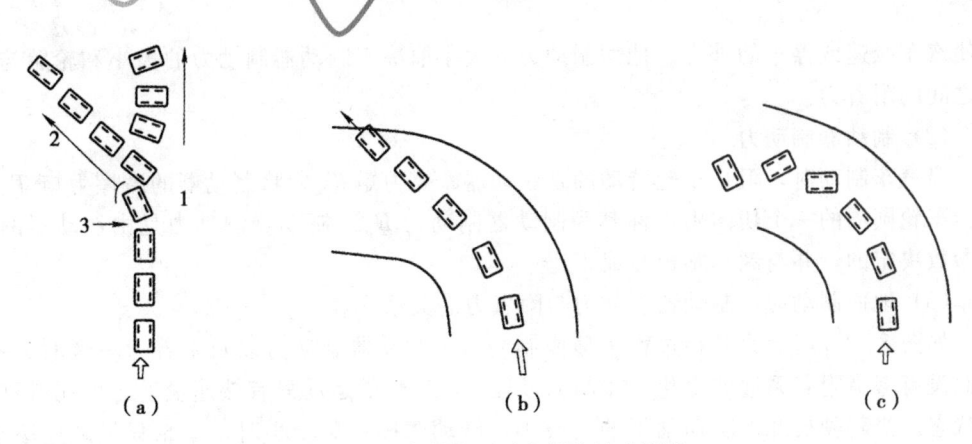

图 8-26　车轮抱死后车辆的运动情况

(a) 车辆直线行驶车轮抱死时；(b) 车辆弯道行驶仅前轮抱死时；(c) 车辆弯道行驶仅后轮抱死时

1-甩尾侧滑；2-制动跑偏；3-开始失去控制

如图 8-26（a）所示，当车辆直线行驶车轮抱死时，车辆出现了制动跑偏或甩尾侧滑的现象。如图 8-26（b）所示，当车辆弯道行驶仅前轮抱死时，车辆出现了失去转向能力的现象。如图 8-26（c）所示，当车辆弯道行驶仅后轮抱死时，车辆出现了甩尾侧滑的现象。

**2. 制动时车轮的受力分析**

（1）地面制动力

如图 8-27 所示是汽车在良好路面上行驶时车轮的受力情况。图中忽略了滚动阻力矩和减速时的惯性力矩。

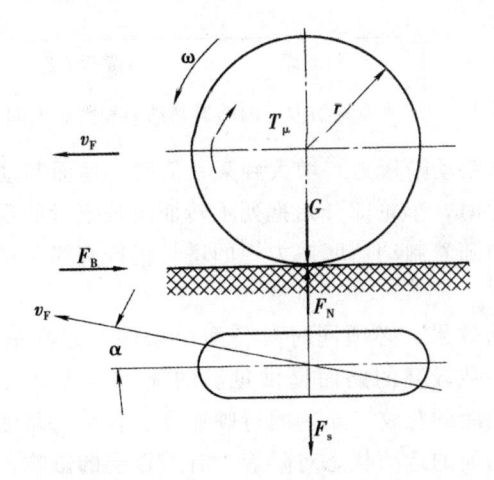

图 8-27　制动时车轮受力分析

$T_\mu$-制动中的摩擦力矩；$v_F$-汽车瞬时速度；$F_B$-地面制动力；$G$-车轮垂直载荷；$F_N$-地面对车轮的反作用力；$r$-车轮滚动半径；$v_R$-车轮圆周速度；$F_S$-侧向力；$\omega$-车轮角速度；$\alpha$-侧偏角

汽车制动时，由于制动鼓（盘）与制动蹄摩擦片的摩擦作用，形成了摩擦力矩 $T_\mu$，此力矩与车轮转动方向相反。车轮在 $T_\mu$ 的作用下，给地面一个向前的作用力，与此同时地面给车轮一个与行驶方向相反的切向反作用力 $F_B$，这个力就是地面制动力，它是

191

迫使汽车减速或停车的外力。地面制动力的大小取决于制动器制动力的大小和轮胎与地面之间的附着力。

（2）制动器制动力

当汽车制动时，阻止车轮转动的是制动器摩擦力矩 $T_\mu$。将制动器的摩擦力矩 $T_\mu$ 转化为车轮圆周的一个切向力，称其为制动器制动力 $F_\mu$。制动器制动力是由制动器的结构参数决定的，并与制动踏板力成正比。

（3）地面制动力、制动器制动力与附着力的关系

如图 8-28 所示为制动过程中地面制动力、制动器制动力以及附着力三者的关系，在此没有考虑附着系数的变化。在制动过程中，车轮的运动只有减速滚动与抱死滑移两种状态。当驾驶员踩下制动踏板的力较小，转动摩擦力矩较小时，车轮只做减速滚动，并且随着摩擦力矩的增加，制动器制动力和地面制动力也随之增长，且在车轮未抱死前地面制动力始终等于制动器制动力。此时制动器的制动力可全部转化为地面制动力。但地面制动力不可能超过附着力。

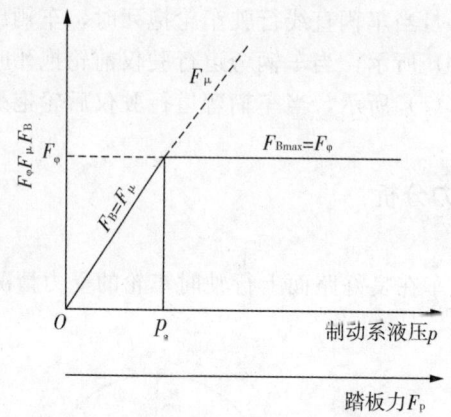

图 8-28 地面制动力、制动器制动力和附着力的关系

当制动系液压 $p$（制动踏板力）增大到某一值时，地面制动力达到附着力，即地面制动力达到最大值。此时，车轮即开始抱死不转而出现拖滑的现象。当再增大制动系液压力时，制动器制动力随着制动器摩擦力矩的增长仍按直线关系继续上升，但地面制动力已不再增加。

要想获得好的制动效果，必须同时具备两个条件，即汽车具有足够的制动器制动力，同时又要有附着系数较高的路面提供足够的地面制动力。影响附着系数的因素很多，如路面的状态、轮胎的花纹、车辆的行驶速度、轮胎与路面的运动状态等。在诸多因素中，车轮相对于路面的运动状态对附着力有着重要的影响，尤其是在湿路面上其影响更为明显。

### 3. 附着系数与车轮滑移率的关系

（1）车轮滑移率

当汽车正常行驶时，车速 $v$（即车轮中心的纵向速度）与车轮速度 $v_w$（即车轮圆周速度）相同，一般认为此时车轮在路面上做纯滚动。而当驾驶员踏下制动踏板时，由于地面制动力的作用，使车轮速度减小，车轮处于边滚动边滑动的状态，实际车速与车

轮速度不再相等,人们将车速和车轮速度之间出现的差异称为滑移。随着制动力的增大,车轮滚动成分越来越小,滑移成分越来越大。当车轮制动器抱死时,车轮已不再转动,汽车车轮在地面上做完全滑动。

为了表征滑移成分所占比例的多少,常用车轮滑移率 $S$ 来表示。车轮滑移率的定义如下式所示:

$$S = \frac{v - v_w}{v} \times 100\% = \frac{v - rw}{v} \times 100\%$$

式中:$S$——车轮滑移率;$v$——车速(车轮中心纵向速度,m/s);

$v_w$——车轮速度(车轮瞬时圆周速度,$v_w = rw$,m/s);

$r$——车轮半径($m$);$w$——车轮转动角速度(rad/s)。

车轮在路面上做纯滚动时,$v = v_w$,车轮滑移率 $S = 0$;车轮抱死在地面上纯滑动时,$w = 0$,车轮滑移率 $S = 100\%$;车轮在路面上边滚边滑时,$v > v_w$,车轮滑移率 $0 < S < 100\%$。车轮滑移率越大,说明车轮在运动中滑动的成分所占的比例越大。

(2) 车轮滑移率对附着系数的影响

为了说明附着系数与车轮滑移率的关系,以典型的干燥硬实路面上附着系数与车轮滑移率的关系进行介绍。图 8-29 所示实线为制动时纵向附着系数和车轮滑移率的一般关系,虚线为横向附着系数和车轮滑移率的一般关系。

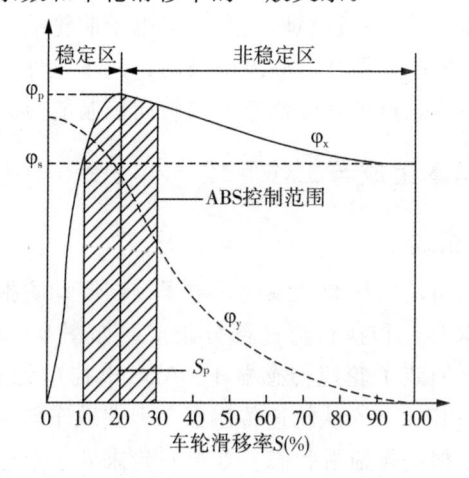

图 8-29 干燥硬实路面上附着系数与滑移率的一般关系

$\varphi$-附着系数;$\varphi_x$-纵向附着系数;$\varphi_y$-横向附着系数;$S$-车轮滑移率;$\varphi_p$-峰值附着系数;$S_p$-峰值附着系数时的车轮滑移率;$\varphi_s$-车轮抱死时纵向滑动附着系数

通常,当车轮滑移率 $S$ 由 0%~10% 增大时,纵向附着系数 $\varphi_x$ 迅速增大。当车轮滑移率处于 10%~30% 的范围时,纵向附着系数有最大值(图 8-29 中显示车轮滑移率在 20% 时,纵向附着系数最大)。该最大值称为峰值附着系数,用 $\varphi_p$ 表示,与其相对应的车轮滑移率称为峰值附着系数滑移率,用 $S_p$ 表示。由图中可知,当车轮滑移率继续增大时,附着系数逐渐减小。当车轮抱死时,即完全滑动时的纵向附着系数,一般称为滑动附着系数,用 $\varphi_s$ 表示。车轮抱死时的滑动附着系数 $\varphi_s$ 一般总是小于峰值附着系数 $\varphi_p$,通常干燥硬实路面上,$\varphi_s$ 比 $\varphi_p$ 要小 10%~20%,在潮湿的硬实路面上,$\varphi_s$ 比 $\varphi_p$ 要小

20%~30%。

由附着力 $F_\varphi$ 与附着系数 $\varphi$ 的关系（$F_\varphi=Fz\varphi$）可知，当地面对车轮法向反作用力 $F_z$ 一定时，则滑移率 $S$ 大约在 20% 左右时具有最大附着力，而地面制动力小于等于附着力，也只有在此时车轮与路面之间才能获得最大地面制动力，具有最佳制动效果。通常，称纵向附着系数最大时的滑移率 $S_p$ 为理想滑移率，也有的叫最优滑移率（峰值附着系数）。如果滑移率超过理想滑移率（即 $S>S_p$）时，附着力和地面制动力反而逐渐减小，使制动效能变差、制动距离增长，因此一般称从理想滑移率到车轮抱死完全滑动段为非稳定区。

横向（侧向）附着系数也是影响汽车行驶稳定性的重要参数之一。从图 8-29 中可以看出，当滑移率为零时，横向附着系数 $\varphi_y$ 最大。横向附着系数越大，汽车制动时方向稳定性和保持转向控制能力越强。但随着滑移率的增加，横向附着系数越来越小。当车轮抱死时，横向附着系数几乎为零，车轮与路面间的侧向附着力将近消失。其危害是较大的，主要是：

①方向稳定性差。由于横向附着力很小，汽车失去抵抗横向外力的能力，如果只是后轮抱死滑移而前轮还在滚动，即使受到不大的侧向干扰力，汽车也将产生侧滑（甩尾）现象。这些都极易造成严重的交通事故。

②失去转向控制能力。在汽车进行转向行驶时，如果只是前轮（转向轮）抱死滑移而后轮还在滚动，尽管驾驶员此时操纵转向盘，但由于前轮维持汽车转弯运动能力的横向附着力丧失，汽车仍将按原来惯性行驶方向滑动，汽车就可能冲入其他车道或冲出路面，汽车不能按驾驶员的意志行驶，使汽车失去转向控制能力。

## 二、ABS 系统的基本组成与工作原理

### 1. ABS 系统的基本组成

无论是液压制动系统还是气压制动系统，电子控制制动防抱死系统（ABS）均由传感器、电子控制单元（ECU）和执行器三部分组成。如图 8-30 所示，ABS 系统主要是在普通制动系的基础上加装了轮速传感器 1、ABS 电控单元 6、制动压力调节器 12。制动时，ABS 电控单元（ECU）6 从轮速传感器 1 上获取车轮的转速信息，经分析处理后判断是否有车轮处于即将抱死拖滑状态。如果车轮未处于上述状态，制动压力调节器 12 不工作，制动系统按照普通制动过程工作。制动轮缸的压力继续增大，此即系统的增压过程。如果电控单元判断出某一车轮即将抱死拖滑，即刻向制动压力调节器发出命令，关闭制动主缸及相关轮缸的通道，使得该轮缸的压力不再增加，此即 ABS 系统的保压状态。若电控单元判断出该车轮仍将要处于抱死拖滑状态，它将向制动压力调节器发出命令，打开该轮缸与储液室或储能器的通道，使得该轮缸的油压降低，此即 ABS 系统的减压状态。装配 ABS 制动系统的制动就是在高频地进行增压、保压和减压的往复过程中完成的。

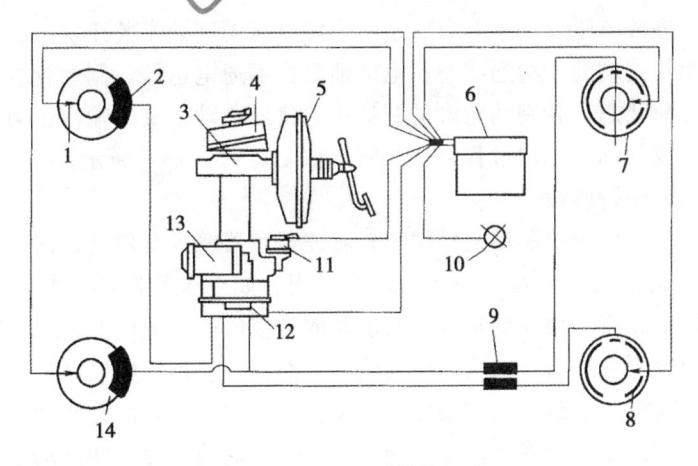

图 8-30　ABS 系统的组成

1-车轮转速传感器；2-右前轮制动器；3-制动主缸；4-储液室；5-真空助力器；6-ABS 电控单元；7-右后轮制动器；8-左后轮制动器；9-比例阀；10-ABS 警告灯；11-储液罐；12-制动压力调节器；13-电动泵总成；14-左前轮制动器

## 2. ABS 系统的工作原理

ABS 的工作过程可分为常规制动、制动压力保持、制动压力减小和制动压力增大等阶段。如图 8-31 所示。

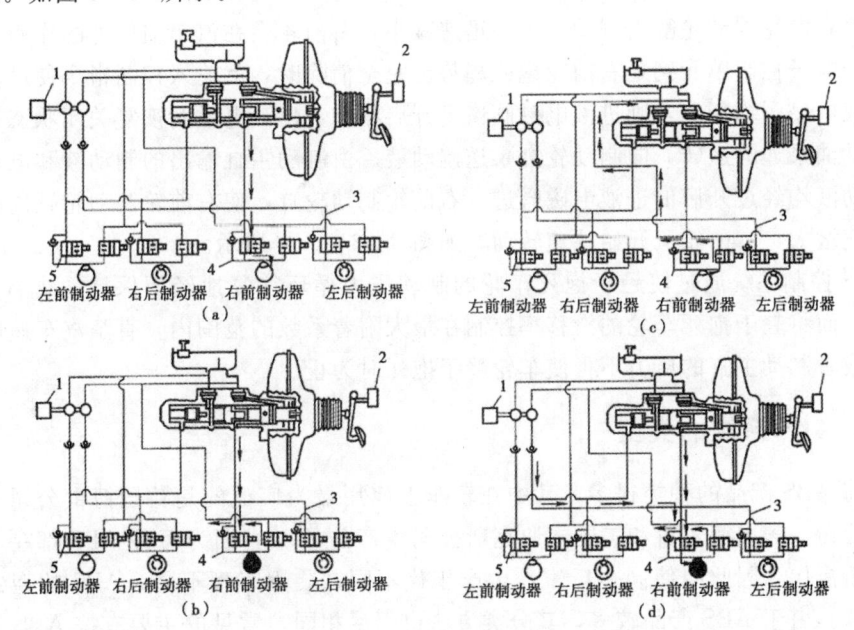

图 8-31　ABS 的工作过程

(a) 常规制动阶段；(b) 制动压力保持阶段；(c) 制动压力减小阶段；(d) 制动压力增大阶段

1-电动泵；2-制动开关；3-高压管路；4-低压管路；5-电磁阀

(1) 常规制动阶段

在常规制动阶段，ABS 系统不起作用，调压电磁阀总成中的进液电磁阀、出液电磁阀均不通电,进液电磁阀处于开启状态,出液电磁阀则处于关闭状态;制动主缸至各制动轮缸的制动管路均处于沟通状态;电动油泵也不通电运转,制动轮缸至储液器的制动管路均处于关断状态,各制动轮缸的制动压力将随制动主缸的输出压力而变化,此时的制动过程与常规制动系统的过程完全相同,如图 8-31 (a) 所示。

(2) 制动压力保持阶段

在制动过程中,电子控制单元根据车轮转速传感器输入车轮转速信号判定有车轮趋于抱死时,ABS 就进入防抱死制动压力调节过程。如电子控制单元判定右前轮趋于抱死时,电子控制单元就输出控制指令使右前轮的进液电磁阀通电而转入关闭状态,制动主缸中的制动油液不再进入右前轮的制动轮缸。而右前轮出液电磁阀仍不通电而处于关闭状态,则右前轮制动主缸中的制动液也不会流出。此时,右前轮制动轮缸的制动压力就保持一定,而其他未趋于抱死的车轮制动轮缸内的油液压力仍随制动主缸输出压力的增大而增大,如图 8-31 (b) 所示。

(3) 制动压力减小阶段

当右前轮制动轮缸的制动压力保持一定时,若电子控制单元判定右前轮仍然处于抱死趋势中,则输出控制指令使右前轮出液电磁阀也通电而转入开启状态,右前轮制动轮缸中的部分制动液经开启的出液电磁阀流回储液器,制动轮缸内的制动压力减小,右前轮的抱死趋势开始消除,如图 8-31 (c) 所示。

(4) 制动压力增大阶段

随着右前轮制动轮缸内制动压力的迅速减小,右前轮会在汽车惯性力的作用下逐渐加速。当电子控制单元判定右前轮抱死趋势已完全消除时,就输入控制指令使进液电磁阀和出液电磁阀均断电,则进液电磁阀恢复开启状态,出液电磁阀恢复关闭状态;同时也使电动油泵通电运转,向制动轮缸泵送制动液。由制动主缸输出的制动液和电动泵泵送的制动液均经过开启的进液电磁阀进入右前轮制动轮缸,使右前轮制动轮缸内的制动压力迅速增大,右前轮又开始减速转动,如图 8-31 (d) 所示。

ABS 控制系统通过使趋于抱死车轮的制动压力循环往复地经历保持—减小—增大的过程,而将趋于抱死车轮的滑移率控制在最大附着系数的范围内,直至汽车速度减小到很低或者制动主缸的压力不再使车轮趋于抱死时为止。

## 三、ABS 系统的类型

目前 ABS 产品的种类很多,其中在轿车上应用最为广泛的是德国博世公司、德国戴维斯公司、美国德尔科和美国本迪克斯公司生产的 ABS,因为每种 ABS 都在不断发展、更新换代,因此即使同一厂家,生产年代不同,装用车型不同,ABS 的型式也可能不一样。由于 ABS 产品较多,其分类方法也不尽相同,常见的主要有按 ABS 控制方式分类和按控制通道和传感器数目进行分类。

**1. 按控制方式分类**

按 ABS 控制方式分为两大类,即机械控制式 ABS 和电子控制式 ABS。目前机械式 ABS 在国外已趋于淘汰,因此本书提到的现代 ABS 系统,一般都是机电一体化的电子控制 ABS。

**2. 按控制通道和传感器数目分类**

在 ABS 系统中，将能够独立调节制动压力的制动管路称为控制通道。如果某个车轮的制动压力占用一个控制通道单独进行调节，我们称之为独立控制或者单轮控制。如果两个车轮的制动压力是共同占用电子控制器的一个控制通道一同进行调节的，我们称之为同时控制。如果同时控制的两个车轮在同一个轴上，常称之为同轴控制。在两个车轮一同控制时，如果以保证附着系数较小的车轮不发生抱死为原则进行制动压力调节的，这两个车轮就是按低选原则一同控制；如果以保证附着系数大的车轮不发生抱死为原则进行制动压力调节的，这两个车轮就是按高选原则一同控制。

（1）四通道式

四通道式 ABS 如图 8-32 所示，有四个转速传感器，在通往四个车轮制动分泵的管路中，各设一个制动压力调节装置，进行独立控制，构成四通道控制形式。

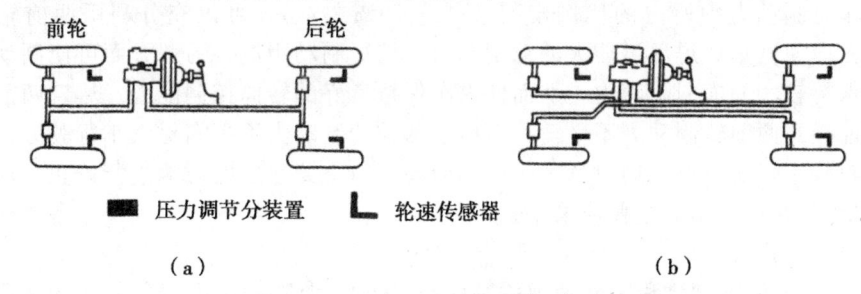

图 8-32　四通道四传感器 ABS
（a）双制动管路前后布置；（b）双制动管路对角线布置

四通道式 ABS 是根据各车轮轮速传感器输入的信号，分别对每个车轮进行独立控制的，因此附着系数利用率最高，制动时可以最大程度地利用每个车轮的最大附着力。四通道控制式特别适用于汽车左右两侧车轮附着系数相近的路面，不仅可以获得良好的方向稳定性和方向控制能力，而且可以得到最短的制动距离。但是如果汽车左右轮附着力相差较大，如，行驶在附着系数对分的路面上或者汽车两侧垂直载荷相差较大时，制动时两个车轮的地面制动力就会相差较大，因此会产生横摆力矩，使车身向制动力较大的一侧跑偏，不能保持汽车按预定方向行驶，会影响汽车的方向稳定性，加之成本较高，所以现用的 ABS 采用这种方式的并不多。

（2）三通道式

三通道式 ABS 如图 8-33 所示。一般三通道式 ABS 是对两前轮分别进行独立控制，而两后轮则按低选原则进行一同控制。

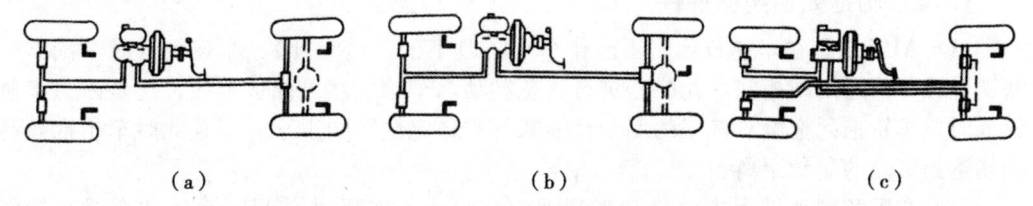

图 8-33　三通道式 ABS
（a）三通道四传感器 ABS；（b）三通道三传感器 ABS；（c）三通道四传感器 ABS（对角线布置）

图 8-33（c）所示对角线布置的双管路制动系统中，虽然在通往四个车轮制动分泵

（轮缸）的制动管路中，各设置了一个制动压力调节装置，但两个后轮制动压力调节装置却是由电子控制器按低选原则一同控制的，因此，实际上仍然是三通道式 ABS。

当两后轮按低选原则进行一同控制时，可保证汽车在各种条件下左右两后轮的制动力相等，即使两侧车轮的附着力相差较大，两个车轮的制动力都限制在附着力较小的水平，使两个后轮的制动力始终保持相等，保证汽车在各种条件下制动时都具有良好的方向稳定性。当然，在两后轮按低选原则进行一同控制时，可能出现附着系数较大一侧后轮的附着力不能充分利用的问题，使汽车的总制动力有所减少。但在紧急制动时，由于惯性发生轴荷前移，在汽车的总制动力中，后轮的制动力所占比例较小，尤其是轿车，使前轮的附着力比后轮的附着力大得多，通常是后轮制动力只占总制动力的 30% 左右，因此，后轮附着力未能充分利用的损失对汽车总制动力的影响并不大。

对两前轮进行独立控制，主要是考虑小轿车，特别是前轮驱动的汽车，前轮的制动力在汽车总制动力中所占的比例较大（可达 70% 左右），可以充分利用两前轮的附着力。一方面使汽车获得尽可能大的总制动力，缩短制动距离，另一方面可使制动中两前轮始终保持较大的横向附着力，从而使汽车保持良好的转向控制能力。尽管两前轮独立控制可能导致两前轮制动力不平衡，但由于两前轮制动力不平衡对汽车行驶方向稳定性影响相对较小，而且可以通过驾驶员的转向操纵对由此造成的影响进行修正。因此，三通道式 ABS 在小轿车上被普遍采用。

(3) 二通道式

二通道式 ABS 通常称为双通道式 ABS。为了减少制动压力调节装置的数量，降低成本，也有采用双通道式 ABS 的。但双通道式 ABS 难以在方向稳定性、转向控制能力和制动效能各方面得到兼顾，目前应用得很少。

(4) 一通道式 ABS

单通道式 ABS 通常是两前轮制动分泵的压力并未进行控制，制动时前轮仍会出现抱死现象，因而转向操纵能力未能得到改善，但对两后轮往往是按低选原则进行一同控制的。由于制动时两后轮不会抱死，能够显著地提高制动时的方向稳定性，在安全上是一大优点，加之具有结构简单、成本低等特点，所以单通道式 ABS 目前在一些轻型载货车上应用广泛。

## 四、ABS 系统的特点

各种 ABS 系统在具体结构和布置上存在着差别，但它们的控制对象都是趋于抱死的制动车轮，控制的目的都是使车轮的滑动率调节在最大附着系数的范围内。

**1. 电控防抱死系统的共性**

(1) ABS 系统在车速较低时不起作用（一般小于 10 km/h），车速较低时，汽车的制动过程与普通制动相同，此时若进行紧急制动，车轮仍然可能被抱死。这是因为车速较低时，车轮抱死拖滑对汽车的制动性能和行驶稳定性影响很小，而且此时车轮抱死制动能达到最短的制动距离。

(2) 在紧急制动过程中，只有当制动的车轮趋于抱死时，ABS 系统才会对车轮的制动压力进行调节；反之，制动车轮没有趋于抱死时，制动系统的动作过程与普通制动相同。

(3) 具有自诊断功能。该系统的电子控制单元能随时对系统的工作情况进行监测，一旦系统产生故障,电子控制单元将自动关闭 ABS 系统,同时点亮 ABS 警告灯,并且将故障信号以代码的形式存入其内存。此时,汽车进入普通制动状态。

**2. 电控防抱死系统的优点**

(1) 增加了汽车的行驶稳定性。由于制动时,车轮未被抱死,车轮与地面之间具有较大的附着系数,因此车轮有较强的抵抗横向干扰力的能力,很大程度上减少了汽车紧急制动时侧滑现象的发生。据资料统计,装备 ABS 系统的车辆能使因制动侧滑引起的事故下降 8% 左右。

(2) 增强了制动效能,缩短了制动距离。装备 ABS 系统的车辆在紧急制动时,由于对车轮的滑动率进行即时调节,使车轮与地面之间的纵向附着系数达到最大,因此车轮制动力最大。但有一点需要指出,当汽车在积雪路面或地面上有一层砂石时,车轮抱死反倒能缩短制动距离,改善制动效果,这是由于此时车轮抱死拖滑,车轮前的楔状积雪(或砂石)可阻止汽车前进。

(3) 延长了轮胎的使用寿命。汽车制动时,若车轮被抱死,则其磨损加剧,而且轮胎胎面的磨耗也不均匀,增加了汽车的使用成本。经测定,装备 ABS 系统的成本低于因此而节省的轮胎使用成本,所以,装备 ABS 系统具有一定的经济效益。

(4) 使用方便,工作可靠。装备 ABS 系统的车辆在制动操作上与普通的制动系统几乎没有什么区别,ABS 系统能够自动确定是否进入工作状态以及进行何种工作状态。特别是在冰雪路滑情况下,没有 ABS 系统的车辆必须采用一连串的点刹方式来进行制动,而装备 ABS 系统的车辆能够自动将制动效果保持最佳。

**五、ABS 系统主要部件**

**1. 传感器**

由于目前所有 ABS 系统(包括液压制动系统和气压制动系统)中都使用轮速传感器,而汽车减速度传感器和横向加速度传感器应用得较少,所以这里只介绍轮速传感器。

ABS 系统的轮速传感器主要有磁感应式和霍尔式两种类型。其主要功用是检测车轮运动状态,向电子控制单元(ECU)提供车轮的转速信号。

(1) 电磁式轮速传感器

电磁式轮速传感器由传感头和齿圈(转子)两部分组成。如图 8-34 所示。

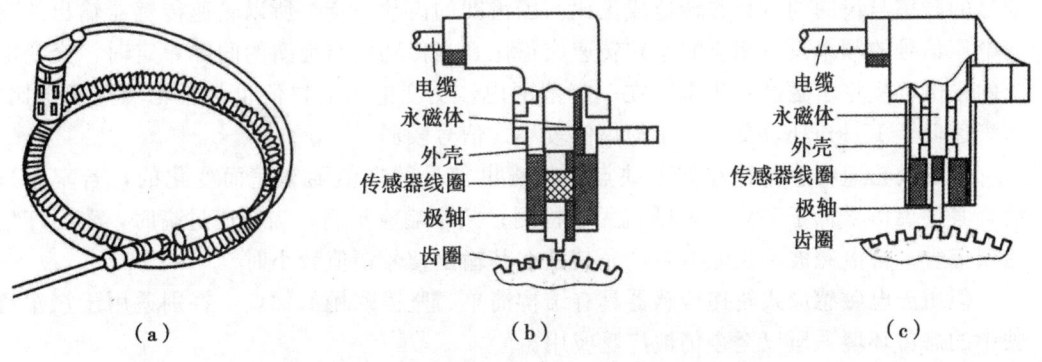

图 8-34 电磁式轮速传感器的外形与基本结构

(a) 传感器外形;(b) 凿式极轴轮速传感器的基本结构;(c) 柱式极轴轮速传感器的基本结构

传感头是一个静止的部件，一般安装在车轮附近不随车轮转动的部件上，如转向节、悬架构件等。传感头由永久磁铁、感应线圈、极轴等组成，封装在一个抗腐蚀的外壳内。齿圈（转子）一般安装在随车轮一同转动的部件上，如轮毂、制动盘、半轴等。极轴端部与齿圈之间的空气隙很小，通常只有 0.5~2 mm。为了避免灰尘与飞溅的水、泥等对传感器工作造成影响，在安装前可在传感器上涂覆防锈油。

对于有些两后轮进行一同控制的 ABS 系统，往往只在变速器或主减速器中安装一个轮速传感器，传感头装在主减速器或变速器壳体上，齿圈装在变速器输出轴上或主减速器输入轴上（有的直接用主减速器齿轮代替）。

电磁式轮速传感器根据极轴端部的形状，可分为凿式、圆柱式和菱形式三种，它们内部结构大同小异，其工作原理完全相同。

电磁式轮速传感器极轴形状不同，其安装方式也不同。图 8-35 所示为三种轮速传感器的安装情况。其中凿式轮速传感器属于径向安装方式；圆柱式和菱形式轮速传感器属于轴向安装方式。

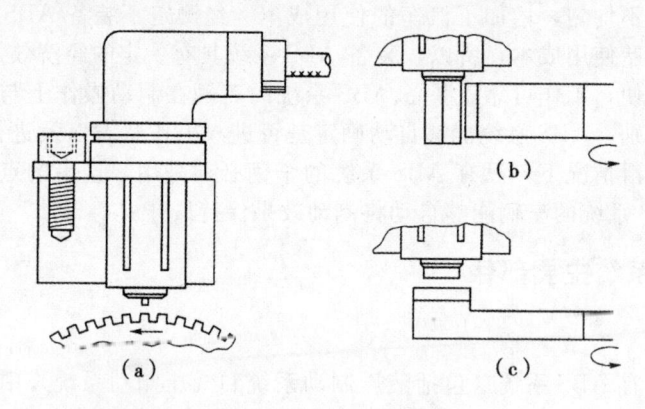

图 8-35 不同形状极轴传感器头的安装方式
(a) 凿式轮速传感器；(b) 菱形式轮速传感器；(c) 圆柱式轮速传感器

当齿圈随车轮一同旋转时，齿顶与齿槽交替对向极轴，从而使磁路磁阻发生变化。当齿顶对极轴时，磁隙最小，磁路磁阻最小，磁通最大；当齿槽对极轴时，磁隙最大，磁路磁阻最大，磁通最小。磁通的周期性变化使感应线圈的两端产生交变电压信号，此信号的频率与齿圈的齿数和转速成正比。因齿圈的齿数一定，所以轮速传感器输出的交变电压信号的频率只与相应的车轮转速成正比。当传感头与齿圈的间隙一定时，交变电压的幅值也决定于磁通变化率，在一定范围内，交变电压的幅值也与车轮转速成正比。当车速低于 15 km/h，交变电压的幅值较小，信号较弱。

电磁式轮速传感器存在如下缺点：其输出信号的幅值随车速而变化的，若车速过慢，其输出信号低于 1 V，ECU 就无法检测；频率响应不高，当转速过高时，容易产生错误信号；抗电磁波干扰能力差，尤其是在其输出信号幅值较小时。

但由于电磁感应式轮速传感器具有结构简单、坚固耐用的优点，特别适用于汽车行驶中的恶劣环境，所以至今仍被广泛应用。

(2) 霍尔式轮速传感器

霍尔式轮速传感器由齿圈和传感头组成。传感头由霍尔元件、永磁体和电子线路等组成。利用霍尔效应原理工作，其中霍尔元件输出的准正弦波电压，由电子电路转换成标准的脉冲电压波形输入 ECU。

霍尔式轮速传感器输出信号电压幅值不受转速的影响，频率响应高，抗电磁波干扰能力强，因此，不仅广泛用于 ABS 轮速传感器，也广泛应用于其他控制系统的转速检测。

**2. 执行器**

ABS 系统中最主要的执行器是制动压力调节器，其一般都设在制动总泵（主缸）与车轮制动分泵（轮缸）之间。其主要任务是：根据 ECU 的控制指令，自动调节制动分泵（轮缸）的制动压力。液压式制动压力调节器根据调压方式可分为流通式（也称为循环式或环流式）和变容式两种。

制动压力调节器根据其与制动总泵（和制动助力器）的结构关系，可分为整体式和分离式两种。分离式制动压力调节器自成一体，通过制动管路与制动总泵（和制动助力器）相连；整体式制动压力调节器与制动总泵（和制动助力器）构成一个整体。目前采用分离式制动压力调节器的占多数。

(1) 循环式制动压力调节器

循环式制动压力调节器的组成如图 8-36 所示，它主要由制动踏板机构、制动主缸、回油泵、储液器、电磁阀、制动轮缸等组成，在制动主缸与制动轮缸之间串联一电磁阀，直接控制轮缸的制动压力。

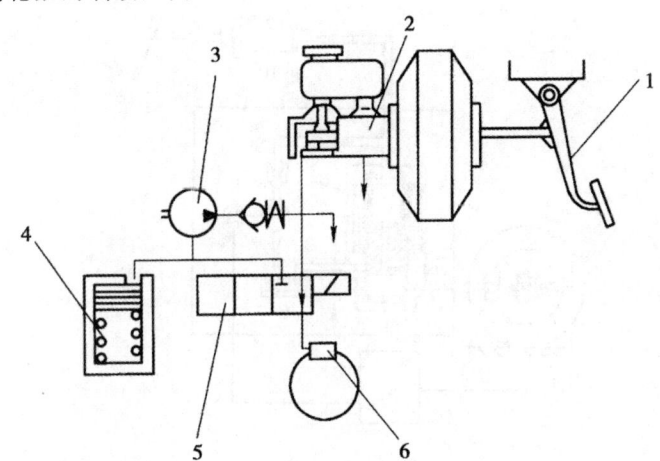

图 8-36 循环式制动压力调节器的组成
1-制动踏板；2-制动主缸；3-回油泵；4-储液罐；5-电磁阀；6-制动轮缸

① 常规制动过程：如图 8-37 所示。电磁线圈中无电流流过，电磁阀处于"升压"位置，此时制动主缸与轮缸相通，由主缸来的制动液直接流入轮缸，轮缸压力随主缸压力变化，此时 ABS 系统不工作，电动回油泵也不需要工作。

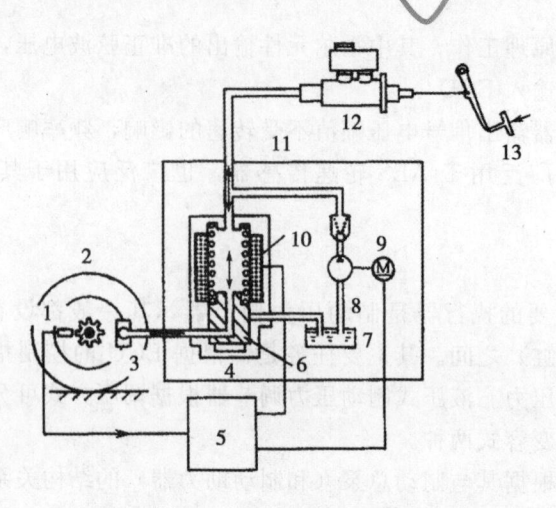

图 8 - 37  常规制动过程

1-轮速传感器；2-车轮；3-轮缸；4-电磁阀；5-ECU；6-柱塞；7-储液器；8-回液泵；9-电动机；
10-线圈；11-液压部件；12-主缸；13-踏板

②保压制动过程：当 ECU 向电磁线圈通入较小的保持电流（约为最大电流的 1/2）时，电磁阀处于"保压"位置，如图 8 - 38 所示。此时制动主缸、制动轮缸和回油孔互不相通，轮缸中压力保持不变。

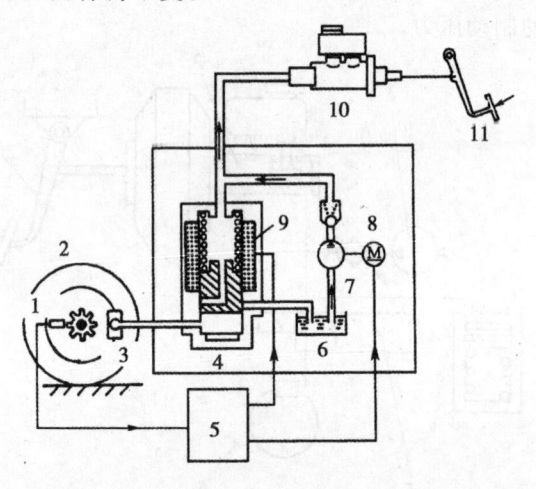

图 8 - 38  保压

1-轮速传感器；2-车轮；3-轮缸；4-电磁阀；5-ECU；6-储液器；7-回液泵；8-电动机；9-线圈；
10-主缸；11-踏板

③减压制动过程：当 ECU 向电磁线圈通入最大电流时，电磁阀处于"减压"位置，如图 8 - 39 所示。此时电磁阀将制动轮缸与回油通道或储液器接通，轮缸中制动液经电磁阀流入储液器，制动轮缸压力下降。与此同时，电动机启动，带动液压泵工作，将流回储液器的制动液输送回制动主缸，为下一个制动周期做好准备。

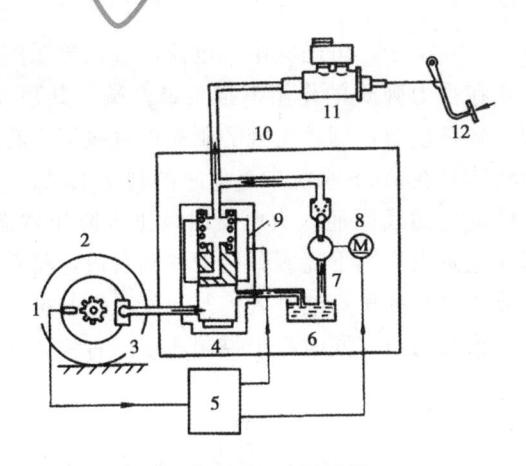

图 8-39 减压过程

1-轮速传感器；2-车轮；3-轮缸；4-电磁阀；5-ECU；6-储液器；7-回液泵；8-电动机；9-线圈；
10-液压部件；11-主缸；12-踏板

④增压制动过程：当制动压力下降后，车轮的转速增加，当电子控制单元检测到车轮转速增加太快时，便切断通往电磁阀的电流，使制动主缸与制动轮缸再次相同，制动主缸的高压制动液再次进入制动轮缸，制动力增加。

(2) 变容式制动压力调节器

变容式制动压力调节器是在原制动管路中，并联一套液压装置。工作时根据 ECU 的指令，该装置首先将制动分泵和总泵隔离，然后通过电磁阀的开启或电动机的转动等，该装置中控制活塞在调压缸中运动，使调压缸至制动分泵的容积发生变化。容积增大时，轮缸制动压力减小；容积减小时，制动轮缸压力增大；容积不变时，轮缸压力保持不变。

图 8-40 为变容式制动压力调节器的基本结构，主要由电磁阀、控制活塞、液压泵、蓄能器等组成。

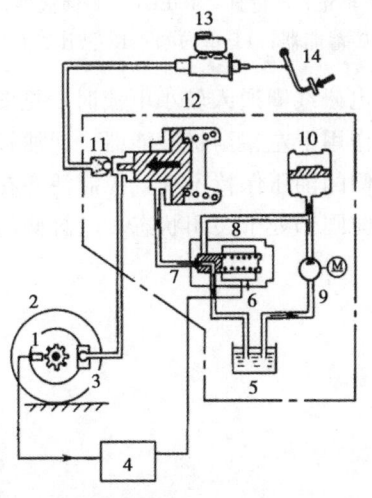

图 8-40 变容式压力调节器的组成与常规制动

1-轮速传感器；2-车轮；3-轮缸；4-ECU；5-储液器；6-线圈；7-柱塞；8-电磁阀；9-泵、电机总成；
10-蓄能器；11-单向阀；12-液压部件及控制活塞；13-主缸；14-踏板

常规制动时，见图 8-40 所示，电磁阀中无电流流过，电磁阀将控制活塞工作腔与回油管路接通，控制活塞在强力弹簧的作用下推至最左端，其顶端推杆将单向阀打开，使制动主缸与轮缸的制动管路接通，制动主缸的制动液直接流入轮缸，轮缸压力随主缸压力变化而变化。此种状态是在 ABS 系统未工作时的制动工况。

当 ABS 系统的 ECU 向电磁线圈通入大电流时，进入减压状态，见图 8-41 所示，此时，电磁阀内的柱塞在电磁力作用下克服弹簧力移到右边，将蓄能器与控制活塞工作腔管路接通，蓄能器（液压泵）的压力油进入控制活塞工作腔推动活塞右移，单向阀关闭，主腔与轮缸之间的通路被切断。同时由于控制活塞的右移，使轮缸侧容积增大，制动压力减小。

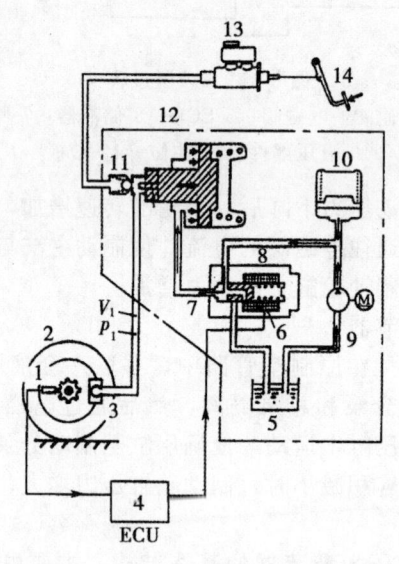

图 8-41 减压过程

1-轮速传感器；2-车轮；3-轮缸；4-ECU；5-储液器；6-线圈；7-柱塞；
8-电磁阀；9-泵、电机总成；10-蓄能器；11-单向阀；12-液压部件及控制活塞；13-主缸；14-踏板

当 ABS 系统的 ECU 向电磁线圈通入较小电流时，见图 8-42 所示，由于电磁线圈的电磁力减小，柱塞在弹力作用下左移至将蓄能器、回油管及控制活塞工作管腔相互关闭的位置，此时控制活塞左侧的油压保持不变，控制活塞在油压和强力弹簧的共同作用下位置保持不变，而此时单向阀仍处于关闭状态，轮缸侧的容积也不发生变化，则轮缸制动压力保持不变。

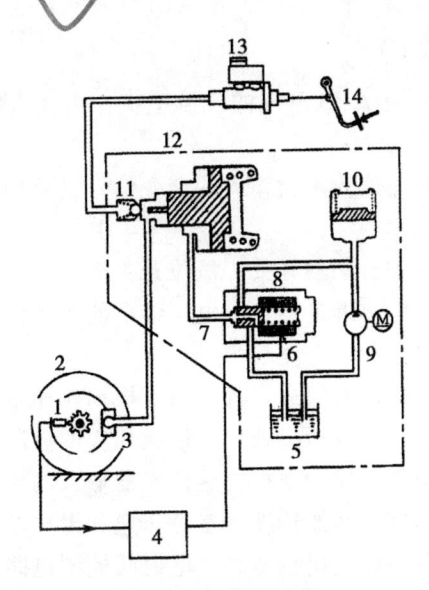

图 8-42 保压过程

1-轮速传感器；2-车轮；3-轮缸；4-ECU；5-储液器；6-线圈；7-柱塞；8-电磁阀；9-泵、电机总成；10-蓄能器；11-单向阀；12-液压部件及控制活塞；13-主缸；14-踏板

当 ABS 系统的 ECU 切断电磁线圈中的电流时，柱塞回到左端的初始位置，控制活塞工作腔与回油管路接通，控制活塞左侧的控制油压解除，制动液流回储液器，控制活塞在强力弹簧的作用下左移，轮缸侧容积减小，压力升高。当控制活塞左移至最左端时，单向阀被打开，轮缸压力将随主缸的压力增大而增大。见图 8-43 所示。

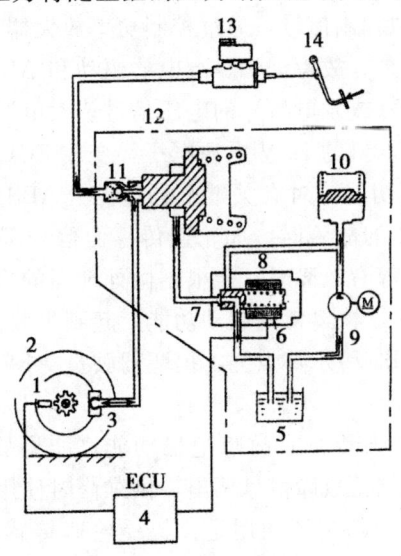

图 8-43 增压过程

1-轮速传感器；2-车轮；3-轮缸；4-ECU；5-储液器；6-线圈；7-柱塞；8-电磁阀；9-泵、电机总成；10-蓄能器；11-单向阀；12-液压部件及控制活塞；13-主缸；14-踏板

### 3. 电子控制单元（ECU）

电子控制单元（ECU）是 ABS 系统的控制中枢，由输入级电路、计算电路、输出级电路和安全保护电路组成。

输入级电路的功用是对轮速传感器输入的交变信号进行预处理，并将模拟信号变成计算机使用的数字信号。

输入电路还接受点火开关、制动开关、液位开关等外部信号。输入电路除传送轮速传感器监测信号外，还接受电磁继电器、泵电机继电器等工作电路的监测信号，并将这些信号经处理后送入计算电路。

计算电路一般由两个微处理器组成，其功用是根据轮速传感器等输入的信号，按照软件特定的逻辑程序进行计算、分析、处理，形成相应的控制指令。

计算电路按照特定的逻辑程序，根据轮速传感器输入的轮速信号，计算出车轮瞬时速度，然后得出加（减）速度、初始速度、参考车速和滑移率，最后根据加、减速度和滑移率形成相应的控制指令，向输出级电路（电磁阀控制电路）输出制动压力增大、保持或减小的控制信号。

当计算电路中的两个微处理器处理结果不一致时，微处理器立即使 ABS 系统退出工作，防止系统发生故障后导致错误控制。

计算电路不仅能检测自己内部的工作过程，而且还能监测系统中有关部件的工作状况，如轮速传感器、泵电机工作电路、电磁阀继电器工作电路等。当监测到这些电路工作不正常时，也立即向安全保护电路输出停止 ABS 系统工作的指令。

输出级电路的主要功能是将计算电路输出的数字控制信号（如控制压力增大、保持、减小信号），转换成模拟控制信号，通过控制功率放大器，驱动执行器工作。

安全保护电路由电源监控、故障记忆、继电器驱动和 ABS 警示灯驱动等电路组成。其主要作用是：接受蓄电池（或发电机）的电压信号，对电源电压是否在稳定范围内进行监控，同时将蓄电池和发电机的 12 V 电源电压，变成 ECU 内部需要的稳定的 5 V 电压；由于微处理器具有监测功能，对有关继电器电路、ABS 警示灯电路进行控制。当发现影响 ABS 系统正常工作的故障时，如轮速传感器信号不正常、电源电压过低以及计算电路、电磁阀控制电路等有故障时，能根据微处理器的指令，切断相关继电器的电源电路，停止 ABS 系统工作，恢复常规制动功能，起到失效保护作用。

同时，将仪表板上的 ABS 警示灯点亮，提醒驾驶员 ABS 系统已出现故障，应进行修理。

另外，现代 ABS 系统一般都具有故障记忆功能，能将故障信息存储在存储器内，以便在进行自诊断时，将存储的故障信息调出，供维修时使用。

由此可见，电子控制单元的主要功用是：接受轮速传感器及其他传感器输入的信号，进行放大、计算、比较，按照特定的控制逻辑，分析判断后输出控制指令，控制制动压力调节器进行压力调节；持续监控 ABS 的电子元件；还可外接诊断仪器进行维修作业。

## 8.2.2 驱动防滑系统（ASR）

### 一、驱动防滑系统概述

**1. 驱动防滑系统的功用**

驱动防滑系统英文简称 ASR，是 Acceleration Slip Regulation 的缩写，有的车辆称为牵引力控制系统，英文简称 TCS 或 TRC，是 Traction Control System 的缩写。

驱动防滑系统的功用是防止汽车在加速过程中打滑，特别是防止汽车在非对称路面或在转向时驱动轮滑转，以保持汽车行驶方向的稳定性、操纵性和维持汽车的最佳驱动力。

**2. 滑转率及其与附着系数的关系**

汽车在驱动过程中，驱动车轮可能相对于路面发生滑转。滑转成分在车轮纵向运动中所占的比例称为驱动车轮的滑转率，通常用"$S_A$"表示。

$$S_A = [(\omega - v)/\omega r] \times 100\%$$

式中：$r$——车轮的滚动半径；

$\omega$——车轮的转动角速度；

$v$——车轮中心的纵向速度。

当车轮在路面上纯滚动时，车轮中心的纵向速度完全是由车轮滚动产生的，此时 $v = \omega r$，其滑转率 $S_A = 0$；当车轮在路面上完全滑转（即汽车原地不动，而驱动轮的圆周速度不为 0）时，车轮中心的纵向速度 $v = 0$，其滑转率 $S_A = 100\%$；当车轮在路面上边滚动边滑转时，$0 < S_A < 100\%$。

与汽车在制动过程中的滑移率相间，在汽车的驱动过程中，车轮与路面间的附着系数的大小随着滑转率的变化而变化。在干路面或湿路面上，当滑转率在 15%～30% 范围内时，车轮具有最大的纵向附着系数，此时可产生的地面驱动力最大。在雪路或冰路面上时，最佳滑转率在 20%～50% 的范围内；当滑转率为零，即车轮处于纯滚动状态时，其侧向附着系数也最大，此时汽车保持转向和防止侧滑的能力最强。随着滑转率的增加，侧向附着系数下降，当滑转率为 100%，侧向附着系数变得极小，轮胎与路面之间的侧向附着力接近于零，车轮将完全丧失抵抗外界侧向力作用的能力。

**3. 驱动防滑系统的控制方式**

（1）发动机输出功率/转矩控制

一旦 ASR 电子控制单元检测到一个或两个驱动车轮发生滑转的情况，立即发出控制指令，控制发动机的输出功率/转矩，以抑制驱动轮的滑转。发动机输出功率/转矩控制通常有以下几种方法：

①调整供油量：减少或中断供油。

②调整点火时间：减小点火提前角或停止点火。

③调整进气量：减小节气门的开度。

（2）驱动轮制动控制

当汽车在附着系数不均匀的路面上行驶时，处于低附着系数路面的驱动车轮可能会滑转，此时 ASR 电子控制单元将使滑转车轮的制动压力上升，对该车轮作用一定的制动力，使两驱动车轮向前运动速度趋于一致。

（3）防滑差速锁控制

防滑差速锁能对差速器锁止装置进行控制，使锁止范围从 0 到 100%，并通过 ASR 有效控制驱动车轮的驱动力，从而提高汽车在滑溜路面起步和加速能力及行驶方向稳定性。

## 二、驱动防滑系统的基本组成和工作原理

### 1. 驱动防滑系统的基本组成

如图 8-44 所示为一典型的具有防抱死制动及驱动防滑功能的系统。其中驱动 ASR 系统与 ABS 系统共用轮速传感器和电子控制单元，只是在通往驱动车轮制动轮缸的制动管路中增设了一个 ASR 制动压力调节器，在由加速踏板控制的主节气门上方增设了一个由步进电动机控制的副节气门，并在主、副节气门处各设置了一个节气门位置传感器。

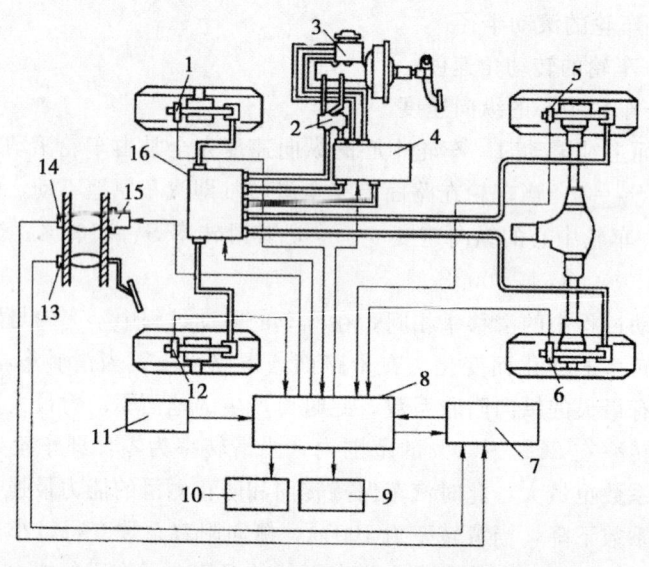

图 8-44 ABS/ASR 系统的组成

1-右前轮速传感器；2-比例阀和差压阀；3-制动主缸；4-ASR 制动压力调节器；5-右后轮速传感器；6-左后轮速传感器；7-发动机/变速器电子控制单元；8-ABS/ASR 电子控制单元；9-ASR 关闭指示灯；10-ASR 工作指示灯；11-ASR 选择开关；12-左前轮速传感器；13-主节气门位置传感器；14-副节气门位置传感器；15-副节气门驱动步进电动机；16-ABS 制动压力调节器

### 2. 驱动防滑系统的工作原理

当驱动防滑系统处于工作状态时，电子控制单元根据各轮速传感器检测到的转速信号，确定驱动车轮的滑转率和汽车的参考速度。当电子控制单元判定驱动车轮的滑转率超过设定的限值时，就使驱动副节气门的步进电动机转动，减小副节气门的开度。此

时，即使主节气门的开度不变，发动机的进气量也会因副节气门开度的关小而减少。如果驱动车轮的滑转率仍未降低到设定的控制范围内，电子控制单元又会控制 ASR 制动压力调节器和 ABS 制动压力调节器，对驱动车轮施加一定的制动力，则驱动车轮上就会作用一制动力矩，从而使驱动车轮的转速降低。

## 8.2.3 电控行驶平稳系统（ESP）

### 一、电控行驶平稳系统的功用与组成

电控行驶平稳系统（ESP）的功用是保持车辆在各种情况下的行驶稳定性，防止车辆由于行驶在不同的道路上因不同的附着力而产生的各车轮的打滑。该系统在不同车辆中的表达方式不同，但其功用是一致的，如奔驰、奥迪的 ESP，宝马的 DSC，三菱的 ASC/AYC，本田的 VSA，丰田的 VSC，它们都属于车辆行驶平稳系统。

电控行驶平稳系统（ESP）主要由传感器（轮速传感器、减速度传感器、横摆率传感器、转向角度传感器、制动液压传感器、节气门位置传感器等）、电子控制单元（ECU）、执行器及警示装置组成。

下面是各零部件的功用：

（1）轮速传感器：装在每个车轮上，用于检测车轮旋转的角速度。

（2）减速度传感器：水平安装于汽车重心附近地板下方的中间位置，用于检测汽车的纵向和横向加速度。

（3）横摆率传感器：装在汽车行李厢前部，与汽车垂直轴线平行，用于检测汽车横摆率（汽车绕垂直轴旋转的角速度）。

（4）转向角度传感器：装于转向盘后侧，检测转向盘的转向角度。

（5）制动液压传感器：装于液压控制装置上部，检测驾驶员进行制动操作时的制动液压力。

（6）节气门位置传感器：装于节气门体上，检测节气门的开度。

（7）电子控制单元：收集各传感器信息并进行计算处理，发出指令控制车轮制动力及发动机输出功率。

（8）液压控制装置：正常情况下执行制动助力功能；当车轮在加速或减速中出现滑移时，执行 ASR 和 ABS 功能；当汽车出现侧滑时，把受到控制的制动液压加到每个车轮上。

（9）节气门执行器：在 VSC 系统控制发动机功率时，由它来启闭节气门。

### 二、电控行驶平稳系统的基本工作原理

汽车在转弯过程中会出现打滑现象，当后轮出现打滑时产生转向过度（Over Steer），当前轮出现打滑时产生转向不足（Under Steer）。当以上两种情况出现时，电控行驶平稳系统就开始工作，其工作过程如下：

（1）转向过度。当汽车在行驶过程中，由于意外造成转向过度而使后轮打滑车辆抛

出转弯曲线,此时 ESP 系统把制动力加到外侧前轮,使车辆的转弯力矩减小,同时使后轮的打滑现象也减少,如图 8-45 所示。

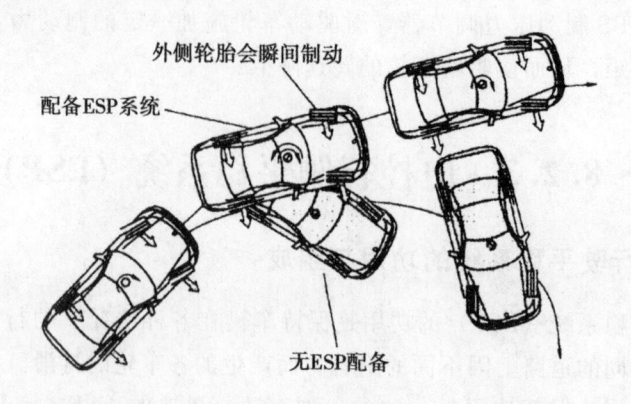

图 8-45 转向过度

(2)转向不足。当汽车行驶过程中,如果出现前轮打滑,电子控制单元会发出指令降低发动机转矩,并给内侧前轮施加制动力,使其向内侧移动,如同 8-46 所示,以达到驾驶稳定的效果。

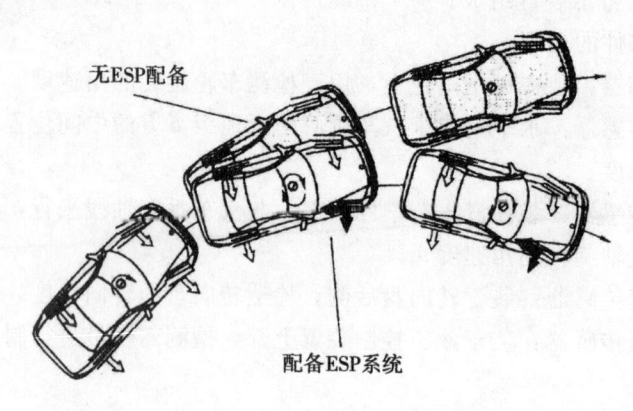

图 8-46 转向不足

# 参考文献

[1] 胡胜. 汽车底盘构造与维修 [M]. 北京：机械工业出版社，2017.
[2] 张莉莉. 汽车底盘构造与维修 [M]. 北京：北京邮电大学出版社，2014.
[3] 刘建华. 汽车底盘构造与维修 [M]. 北京：机械工业出版社，2016.
[4] 肖文光. 汽车构造与维修（底盘部分）[M]. 北京：北京理工大学出版社，2009.
[5] 孙培峰. 汽车底盘构造与维修 [M]. 杭州：浙江大学出版社，2007.
[6] 沈沉，刘宜. 汽车底盘电控系统原理与检修 [M]. 北京：机械工业出版社，2014.
[7] 陈社会. 汽车底盘理实一体化教材 [M]. 北京：人民交通出版社，2018.
[8] 周林福. 汽车底盘构造与维修 [M]. 北京：人民交通出版社，2007.
[9] 韩东. 汽车传动系统检修 [M]. 北京：北京理工大学出版社，2010.
[10] 徐寅生. 新编汽车底盘维修图解 [M]. 北京：金盾出版社，2006.
[11] 郭兆松. 汽车自动变速器构造与维修 [M]. 北京：清华大学出版社，2013.
[12] 李进，刘毅. 自动变速器构造与检修 [M]. 北京：人民邮电出版社，2018.
[13] 张立新. 汽车底盘机械系统检测与修复 [M]. 北京：机械工业出版社. 2016.
[14] 金加龙. 汽车底盘构造与维修 [M]. 北京：电子工业出版社，2005.
[15] 谭木忠. 汽车底盘构造与维修图解教程 [M]. 北京：机械工业出版社，2008.
[16] 陈建宏，许炳照. 汽车底盘机械系统检修 [M]. 北京：人民交通出版社，2009.
[17] 彭生辉，程国元. 轿车 ABS/ASR 维修技能实训 [M]. 北京：北京理工大学出版社，2005.
[18] 吉林大学汽车工程系. 汽车构造（下册）[M]. 北京：人民交通出版社，2006.
[19] 王中亭. 汽车概论（第二版）[M]. 北京：机械工业出版社，2006.
[20] 李雷. 汽车底盘电控系统检修 [M]. 北京：人民邮电出版社，2014.
[21] 王盛良. 汽车底盘技术及车身电控技术 [M]. 北京：机械工业出版社，2017.
[22] 李春明. 现代汽车底盘技术 [M]. 北京：北京理工大学出版社，2013.
[23] 陈旭. 汽车底盘原理与实用技术 [M]. 北京：机械工业出版社，2016.
[24] 刘东生. 汽车底盘构造与检修 [M]. 北京：机械工业出版社，2016.
[25] 刘艳莉. 汽车构造与使用 [M]. 北京：人民邮电出版社，2009.
[26] 陈家瑞. 汽车构造（下册）[M]. 北京：人民交通出版社，2006.
[27] 张红伟. 汽车底盘构造及维修 [M]. 北京：高等教育出版社，2007.